ROAD BOOK

egoth sport

Impressum

1. Auflage, 2019

ISBN: 978-3-903183-10-0
ISBN E-Book: 978-3-903183-63-6

Redaktion: Egon Theiner
Lektorat: Lisa Krenmayr

Coverbilder und alle weiteren Bilder: KTM, APA Picturedesk, Red Bull Content Pool, Swatch Freeride World Tour, ŠKODA, Wolfgang Hillinger, Privatarchiv Walkner

Grafische Gestaltung und Satz: Dipl.-Ing. (FH) Ing. Clemens Toscani
Printed in the Austria

Gesamtherstellung:
egoth Verlag GmbH
Untere Weißgerberstr. 63/12
1030 Wien
Österreich

Matthias
WALKNER

ROAD BOOK

Eva
WALKNER

egoth sport

INHALT

Mein Held Hiasi

von Marcel Hirscher

Unsere Freundschaft begann vor mehr als 20 Jahren bei einer zufälligen Fahrt am Lift. Wir waren damals Volksschüler, Matthias wohnte keine 15 Kilometer von mir entfernt und Skifahren war unsere gemeinsame Leidenschaft. Auf Bezirks- und Landesebene war er sehr erfolgreich und wer weiß, was daraus geworden wäre, wenn er nicht einen ganz anderen Weg eingeschlagen hätte.

Der Hiasi folgte aber seinem inneren Ruf und der hörte sich nun einmal nach dem Knattern eines Zweitaktmotors an. Schon damals erzählte er mir, wie lässig Motocross sei und dass ich es auch unbedingt einmal versuchen solle. Er beendete seine Skikarriere frühzeitig und schwang sich in den Motorcross-Sattel.

Weil ich auf der Piste blieb, verloren wir uns zwar für einige Jahre aus den Augen, mir blieb aber dieses Motorengeräusch in den Ohren. Hiasi hatte mich mit dem Motocross-Virus derart infiziert, dass ich Ferdl eines Tages gebeten habe, mir auch eine Maschine zu kaufen.

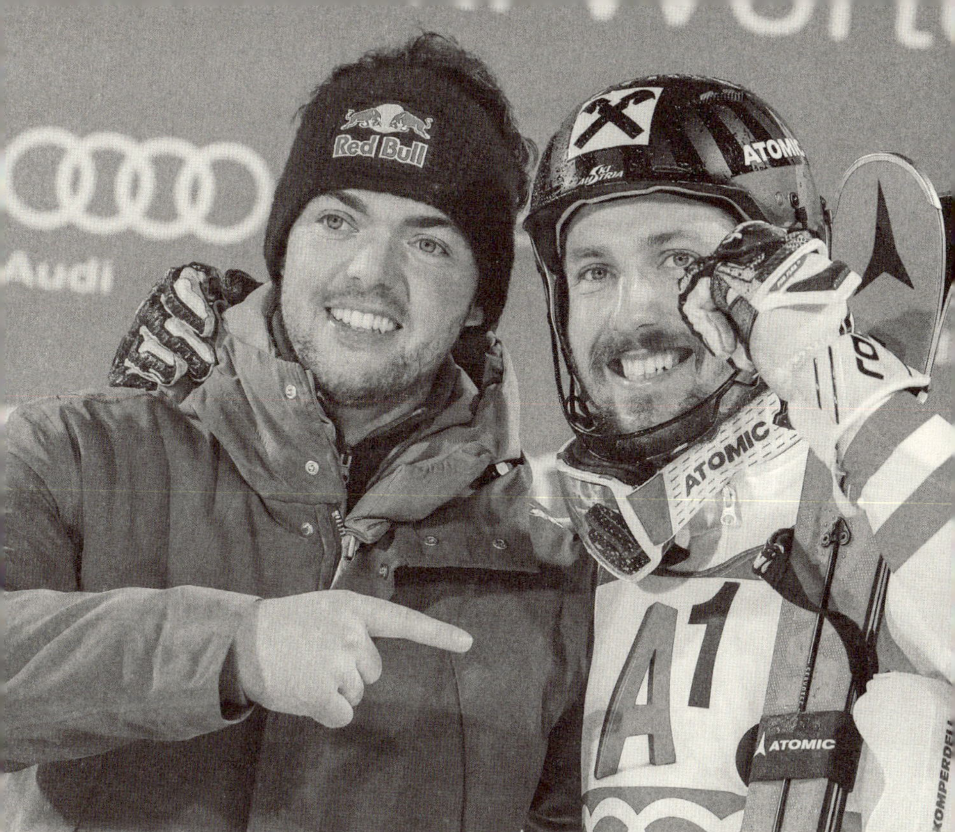

Dad – der schlaue Trainerfuchs – fand die Idee dieses Ausgleichssports offensichtlich derart gut, dass er mir ein Motocross-Gerät kaufte. Ich war damals 12 Jahre alt. Und dort, auf der Motocross-Strecke, auf die wir zum Trainieren hinfuhren, traf ich den Hiasi wieder. Der drehte mittlerweile, zwei Jahre älter als ich, schon ziemlich kräftig am Gashahn.

Hiasi hatte auch für diesen Sport großes Talent und vor allem den unbedingten Willen, es an die Spitze zu schaffen. Doch seine Mittel waren bescheiden. Motorsport hat in Österreich einfach zu wenig Stellenwert. Hier gibt es keine professionellen Strukturen, wie bei uns im Österreichischen

Skiverband. Bei Hiasi war alles Eigeninitiative. Jede Schraube, jedes Ersatzteil musste er sich selbst finanzieren.

In seiner ersten MX1-WM-Saison fuhr er Rennen mit gebrauchten Reifen, was etwa dem gleichkommen würde, wenn ich mit alten Skiern an den Start gehen würde ... unvorstellbar! Meinem Vater war das nicht wurscht. Ab Sommer 2010 war also der Ferdl bei den Rennen vom Hiasi dabei. Außerdem begann er ihn auch im Training – vor allem mit seiner Präzision und seinem geschulten Trainer-Auge – zu unterstützen.

In diesen Jahren haben wir viel Freizeit miteinander verbracht und dabei die verrücktesten Dinge angestellt. Also konkret war er es, der mir damals zeigte, was ein wilder Hund ist. Bei manchen seiner Aktionen blieb mir einfach nur der Mund offen stehen. Einmal stürzte er sich mit seiner Motocross-Maschine, in kurzen Hosen und ohne Helm, einen acht Meter langen Hang hinunter, ein anderes Mal machte er mit dem Straßen-Motorrad einen 32-Meter-Satz. Das wissen wir deshalb so genau, weil der Hiasi das natürlich sofort nachgemessen hat.

Als ihn endlich Heinz Kinigadner ansprach, um ihn in den Rallye-Sport zu holen, war das seine große Chance. Und er nützte sie! Ich war immer von seinen Fähigkeiten überzeugt, doch dass er bereits in seiner dritten Rallye-Saison das letzte große Abenteuer der Sportwelt gewinnen konnte und Dakar-Sieger geworden ist, das hätte ich ihm – so ehrlich muss ich sein – beim besten Willen nicht zugetraut. Bereit für jedes Risiko, bereit für ein Leben am Limit: genau aus diesem Holz ist er geschnitzt. Genau das braucht es offensichtlich, um solche Prüfungen zu bestehen und als Sieger daraus hervorzugehen. Hiasi, du bist mein Held!

Dein Freund,

Marcel

Bei der Dakar 2016

EIN FOLGEN-SCHWERER FEHLER

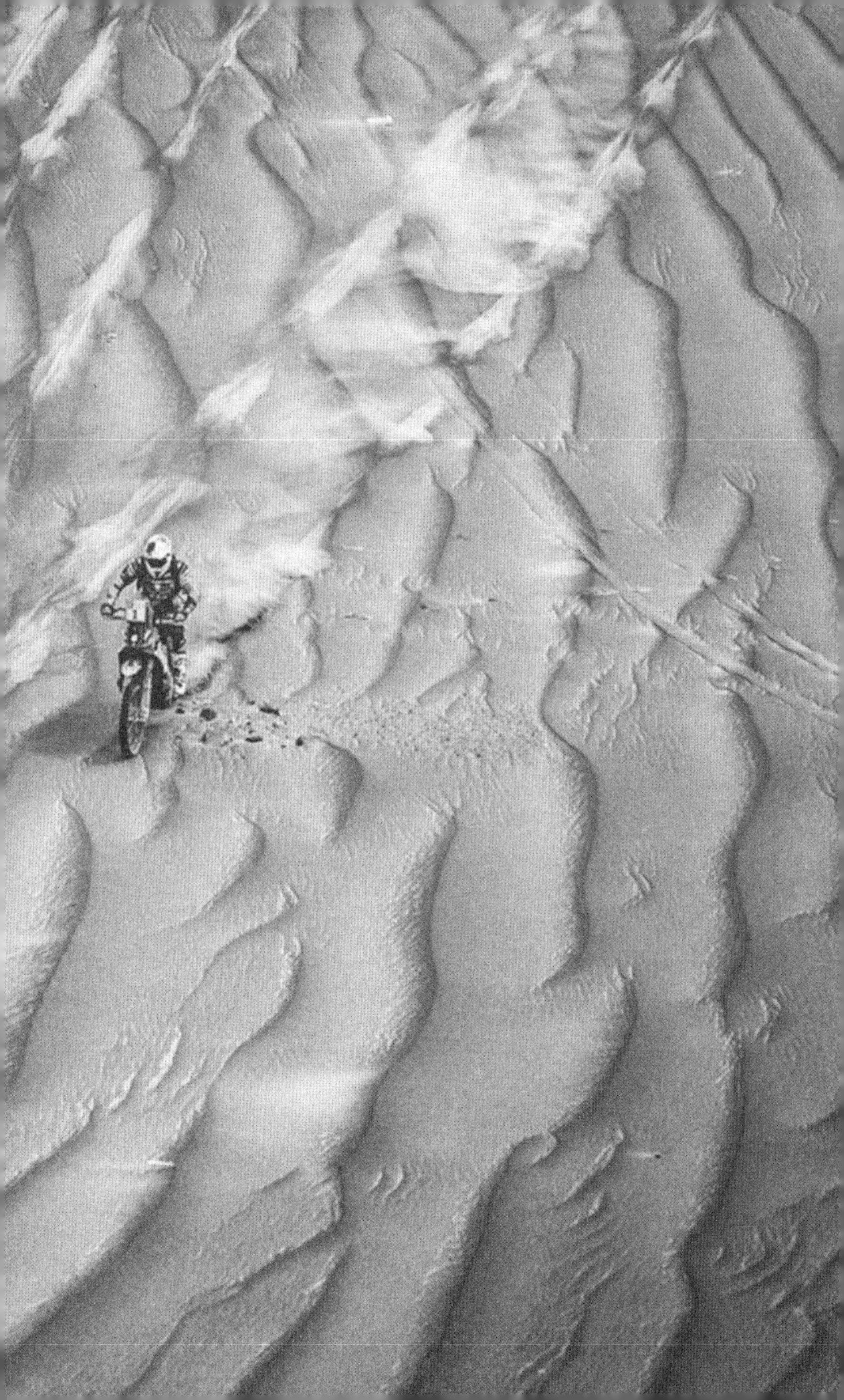

Es ist der 9. Januar 2016, es läuft die siebte Etappe der „Dakar" und ich liege auf Platz drei der Gesamtwertung. Doch das Klassement ist in diesen Augenblicken irrelevant. Bedeutender ist, dass ich auf dem Boden liege, das Motorrad neben mir, dass ich schwer zu Sturz gekommen bin gleich zu Beginn einer Etappe, die von Uyuni in Bolivien nach Salta in Argentinien führte.

***

Der Startort liegt auf 3671 m. Es war noch dunkel, als wir uns bereit machten für diese Sonderprüfung. „Warum müssen wir so früh wegfahren", sagte ich zu meinen Mechanikern, „es ist noch dunkel, die Sonne ist noch nicht einmal aufgegangen und in 10, 15 Minuten sollen wir schon Rennen fahren. Voll arg eigentlich."

Es war ein bisschen heller, als ich als Zweiter hinter Toby Price vom Staatspräsidenten Boliviens auf die Strecke geschickt wurde. Vollgas ging es direkt in den Sonnenaufgang. Ich sehe überhaupt nichts, dachte ich mir, die Sonne blendete, der Staub, den die Räder von Toby Price aufgewirbelt hatten, lag noch in der Luft, und in das Tal, in das wir zu fahren hatten, blies auch kein Wind. Ich fuhr so schnell es ging, vielleicht 80 Prozent von dem, was ich prinzipiell kann, doch die Sicht war einfach zu diffus. Wo ich bei guten Bedingungen 160 km/h hätte fahren können, waren es an jenem Morgen 130, 140, und dort, wo 65 km/h möglich gewesen wären, waren es 50.

Ich fuhr also blind im Staub und Dunst. Die dritte oder vierte Roadbook-Anmerkung war ein S, das sich durch einen Bach schlängelte und als ich dieses Gewässer durchfuhr, wusste ich zum ersten Mal, dass ich auf dem richtigen Weg war. Andere Kreuzungen oder Anhaltspunkte hatte ich bis zu diesem Zeitpunkt nicht beachtet, das Roadbook war relativ einfach und ich war damit beschäftigt, auf der Straße zu bleiben.

Nach 15 Kilometern ging die Streckenführung nach links, es blendete nicht mehr so sehr, doch weil die Sonne nunmehr von der Seite kam, ergab sich ein Wechselspiel von Licht und Schatten. Der Kurs sollte ab jetzt geradeaus gehen und ich dachte mir, dass ich nun wieder mehr Gas geben könne. Nicht dass die Sicht optimal gewesen wäre, ich fand es echt schwierig, den Unterschied zwischen einem Schatten und einem Loch zu erkennen. Ich las im Roadbook, dass eine 1,5 km lange Gerade in Richtung eines Dorfes führte, in dem ein Tempo-Limit eingehalten werden musste. Passt, bis dorthin kannst du Gas geben, sagte ich mir.

Auf dieser langen Geraden war eine Danger-2-Stelle verzeichnet. Diesen Hinweis hatte ich nicht wahrgenommen. Habe ihn überlesen, übersehen.

Als ich an diese Stelle kam, war die Straße weggeschwemmt. Weggebrochen, sodass eine Baustellen-Ausweichstelle eingerichtet worden war. Ich sah die Auswaschung erst, als ich über den kleinen Hügel fuhr, der sich am Straßenrand gebildet hatte, und ich wusste im gleichen Moment, dass es sich nicht ausgehen würde. Das Loch war rund eineinhalb bis zwei Meter lang und knapp eineinhalb Meter tief.

Es gibt Entscheidungen, die in Sekundenbruchteilen getroffen werden müssen. Wenn ich in einem Auto auf eine Wand zurase und weiß, den Aufprall nicht mehr verhindern zu können, ist es dann besser, mit geringerer Geschwindigkeit reinzudonnern? Oder ist es besser, nochmals aufs Gas zu steigen, um sicherzugehen, dass der Airbag ja aufgeht?
Ich hatte ein extrem schlechtes Gefühl im Bauch. Mein Kopf sagte mir, dass es sich nicht ausgehen würde, über das Loch zu springen. Was tun? Meine Entscheidung in Bolivien lautete, die Geschwindigkeit zu erhöhen und das Unmögliche zu probieren. Nachher, so viel ist klar, ist man immer gescheiter.

Mit dem Vorderrad landete ich auf der Straße, mit dem Hinterrad nicht. Ich setzte mit der Motorschutzplatte auf, wurde Vollgas in den Boden gestaucht. Der Schwung sorgte dafür, dass es mich überschlug.

***

Jetzt liege ich da und bin damit beschäftigt, mich abzutasten. Mein linker Oberschenkel ist gebrochen, das hat der Lenker, der die Rolle vorwärts ebenfalls mitgemacht hat, erledigt. Der Knochen zerbeult die Hose, der Körperteil fühlt sich schwammig und weich an. Hoffentlich ist es kein offener Bruch, bete ich. An Aufstehen ist nicht zu denken. Das rechte Knie weist maximale Flexibilität auf, da wird es auch einige Bänder zerfetzt haben, denke ich mir. Aber meine Hauptsorge gilt dem Rücken, ich habe extreme Schmerzen. Schwillt es an?, frage ich mich. Werden Nerven abgedrückt?, sorge ich mich. An bleibende Schäden, eine Querschnittslähmung beispielsweise, will ich gar nicht denken. Bleib einfach ruhig liegen! In ein paar Minuten wird Hilfe zur Stelle sein.

Es vergeht eine Minute, dann noch eine. Da ich mich mit mir selber beschäftige, kommt mir die Warterei gar nicht lange vor. Wieder eine Minute später höre ich ein Motorengeräusch. Es ist jenes der Maschine von Paulo Goncalves. Der portugiesische Honda-Pilot bleibt stehen, steigt ab, eilt zu mir. „Mein Oberschenkel ist gebrochen und der Rücken schmerzt", sage ich ihm, „bitte bleib bei mir und pass auf, dass meine Situation hier nicht aus dem Ruder läuft." Ich fürchte, dass überengagierte Helfer meine schweren Verletzungen noch verschlimmern könnten.

Goncalves drückt den roten „Sentinel" auf seinem Motorrad, eine Art Notruf-Knopf. Wenn dieses Zeichen abgesetzt wird, dann wissen die Organisatoren, dass Schwerwiegendes passiert ist. Die Organisatoren melden sich bei ihm, er erklärt, was passiert ist, und bekommt die Information, dass ein Hubschrauber schon unterwegs sei. Die Zeit, die Goncalves verliert, um mir beizustehen, ehe er weiterfährt, elf Minuten, wird ihm gutgeschrieben. So sieht es das Reglement vor: Jeder ist verpflichtet, anderen Fahrern zu Hilfe zu eilen, wenn diese am Boden liegen. Zeitliche Nachteile entstehen dadurch aber nicht.

Fünf Minuten später landet der Hubschrauber.
Aber es ist der falsche. Es ist das Fluggerät für die Medienschaffenden des Veranstalters. Dieser fliegt die Strecke immer wieder ab, und da der Unfall nah am Start passiert ist, war der Hubschrauber quasi nur ums Eck. Die Leute steigen aus und einer hält mir auch gleich eine Kamera ins Gesicht: „Erzähl, was ist passiert? Wie geht es dir?" Ich finde die Arbeit des Reporters nicht verwerflich. Die Rallye Dakar lebt von Bildern und Geschichten und vom Mythos des Gefährlichen. Wenn der Drittplatzierte schwer verletzt da liegt, dann hat dies News-Wert und spült Wasser auf die Mühlen des langen, extremen, herausfordernden Events. Doch wenn der eigene Körper höllisch schmerzt, dann finde ich solche Fragen unpassend und aufdringlich. „Bitte, geh, das ist jetzt nicht der richtige Zeitpunkt, um Interviews zu geben." Ich bin bestimmt und ernst, aber nicht aufbrausend oder ungut. Er versteht und geht.

Wieder ein paar Minuten später landet der Hubschrauber, auf den ich gewartet habe.

Der Notarzt untersucht mich und tastet mich ab. Ich bekomme ein schmerzlinderndes Mittel, das nicht wirkt. Mir wird eine Halskrause angelegt, und ich werde auf eine Plastiktrage gehoben. Meine Schmerzensschreie, die ihren Weg raus aus dem Körper suchen, verbeiße oder verschlucke ich. Im Hubschrauber bekomme ich Schmerzmittel,

Morphin, das sofort wirkt. Ich sehe mich in einem Bett aus Watte und Wolken liegen, ich spüre keine Pein mehr und verliere jegliche Hemmung, die ich in bewusstem, nüchternem Zustand habe. Zu fünft schälen sie mich aus meiner Motorradmontur, bis ich nackt vor ihnen liege. Weiteres Weichteilgewebe wird beschädigt, der Oberschenkel hängt an der Haut, sein Knochen ist scharf und spitz.

Der Flug geht ins Lazarett, das einem Bierzelt ohne Tischen und Bänken gleicht und mit einer Vielzahl von Feldbetten ausgestattet ist. Lebensgefährlich Verletzte werden sofort ins Krankenhaus weitertransportiert, für alle anderen – so auch für mich – heißt es: bitte warten, bis die Etappe abgeschlossen ist. Das ist einerseits verständlich, denn die vorhandenen Ressourcen könnten für schwerwiegendere Fälle benötigt werden, andererseits schwer verdaulich, wenn man selbst betroffen ist.

Ich will nicht sagen, dass sich die Ärzte und Pfleger im Lazarett nicht um mich gekümmert hätten. Doch letztlich liege ich mich auf der Plastikbahre, von der ich nicht genommen wurde, wund, hänge an einem Tropf und werde von Stunde zu Stunde vertröstet. Meine Fragen, wann es denn endlich ins Spital ginge, haben Standardantworten – „bald, bald" – zur Folge.

***

Ausflüchte hört auch meine Schwester Eva. Auf einer speziellen APP der „Dakar" verfolgt sie wie auch unsere Eltern die Etappen ihres Bruders mit, so detailliert und zeitnah wie nur möglich, von Wegpunkt zu Wegpunkt. Sie sieht die Live-Übertragung der Etappe und liest, dass ich gestürzt sei. In einer ersten Information ist von einer Schulterverletzung die Rede, Aufruhr herrscht im Hause Walkner: Hoffentlich nichts Schlimmes, denken sich alle. Wenig später wird korrigiert, es ist offiziell, dass es sich um einen Oberschenkelbruch handelt.

Weil ich nicht erreichbar bin, versucht Eva über KTM-Sportchef Alex Doringer weitere Informationen zu erlangen. Als wir telefonieren können – ich habe mir das Handy eines Arztes ausgeliehen – hört mich meine Schwester zum ersten Mal tiefunglücklich und verzweifelt weinen. „Bitte hilf mir, ich weiß nicht mehr weiter", sage ich ihr, „niemand spricht Englisch, und ich habe keine Ahnung, wie es hier weitergehen wird ..."

Eva kontaktiert das medizinische Zentrum der Rallye Dakar, spricht über ihren Bruder, dessen Sturz und möchte erfahren, wie denn nun die weitere Vorgangsweise sei. Matthias läge ja schon ein paar Stunden im Lazarett, wann würde denn endlich der Weitertransport ins Krankenhaus stattfinden, besonders den Umstand beachtend, dass alle ja nicht genau wüssten, wie schwer die Rücken- und Beinverletzungen nun denn seien.

Während ich tatenlos herumliegen muss, wird Eva von Stunde zu Stunde vertröstet. Es dauert nicht mehr lange. Der Helikopter ist schon unterwegs. Der Helikopter kann aufgrund eines Sandsturms nicht starten. Er kommt in einer Stunde. Und so weiter. Die Telefonate zwischen Eva, mir und dem „medical center“ kosten meiner Schwester sicher 400, 500 Euro, doch jedes Mal, wenn ich sie höre, geht es mir ein klein wenig besser, und die Hoffnung, dass alles gut werden wird, flackert wieder auf. Sie ist meine Nabelschnur zur Außenwelt.

Doch die Situation zehrt an unser aller Nerven. Ich bin fix und fertig, Eva bemüht sich in ihrer Kommunikation mit dem Ärzteteam um Respekt und Gelassenheit, verliert am Ende des langen Tages aber dann auch die Fassung: „Wenn irgendwas sein wird, wenn Folgeschäden bei Matthias bleiben, dann macht euch auf etwas gefasst! Dann mache ich euch dafür verantwortlich. Es kann ja nicht sein, dass bei einem der größten Motorsportevents der Welt ein Verletzter nicht in ein Krankenhaus geflogen werden kann – egal, ob es ein Profi, ein Amateur, mein Bruder oder nicht mein Bruder ist.“ Eva wird selten laut und sauer, aber wenn, dann richtig.

***

„Wann geht es endlich weiter ins Spital?“
„Bald, bald.“
Ich starre an die Decke des Zeltes, und ich lasse das Geschehene nochmals Revue passieren. Danger-2-Eintragungen im Roadbook bedeuten in der Regel eigentlich, dass die Straße eng ist, weil links oder rechts Teile von ihr weggebrochen sind, analysiere ich. Sie sind eigentlich für Autos oder Laster relevanter als für uns Motorradfahrer. Warum gibt es auch ein einziges Roadbook für alle verschiedenen Teilnehmer?! Mir wird klar, dass ich nicht hundertprozentig bei

der Sache war, als der Unfall passierte. In meinem Innersten haderte ich immer noch mit dem Veranstalter und mit dem Umstand, dass die Startzeit dermaßen früh angesetzt worden war: Was macht es denn für einen Unterschied, ob wir um zwei oder drei oder vier Uhr im Ziel sind? Das Tempo war für meine Verhältnisse nicht allzu hoch, ich hatte somit nicht den Eindruck, riskant unterwegs zu sein. Nur abgelenkt. Nur unkonzentriert. Bis zu jenem Schatten, der sich als Loch entpuppte.

Spätestens im Lazarett wird mir schmerzlich vor Augen geführt, dass ich auch bei meiner zweiten „Dakar"-Teilnahme das Ziel nicht sehen werde. Dies war mein Minimalanspruch: nach den vielen Erfahrungen aus dem Vorjahr, das Rennen bis zum Schlusstag bestreiten zu können. Ernährung, Schlaf, Markierungen im Roadbook, Teamarbeit – so viele Dinge liefen 2016 schon besser als 2015. Dies begann bei Kleinigkeiten wie dem Putzen des Helms und der Vorbereitung der Montur für den nächsten Tag und führte über einen eigenen Koch bis zu selbst mitgebrachten Lebensmitteln wie Olivenöl, Honig, Datteln, Haferflocken, Mandelmus, Wasser oder Astronautennahrung. Ich hatte mich besser auf die Höhe vorbereitet und nicht nur am Kitzsteinhorn für zweimal vier Tage, sondern auch in einem Höhenzelt, in dem ich bei mir zuhause 150 Stunden schlief. In dieses pumpt ein Generator Luft hinein, die mit weniger Sauerstoff angereicht ist. In Summe kam ich mit 250 Höhenstunden nach Südamerika.

Als in Buenos Aires die „Dakar" eröffnet wurde, hieß das Ziel tatsächlich erst einmal: durchkommen. Aber mit einem großen Aber. Wenn ich durchkäme, dachte ich mir, und wenn ich keine groben Fehler machen würde, wenn ich abrufen könnte, was ich kann, und wenn alles einigermaßen passen würde, dann könnte ich auch auf dem Podest stehen. Sehr viele „Wenn“, sicher! Aber nachdenken, auch träumen war erlaubt. Klar war aber auch: einmal verfahren, eine Penalty erhalten – und aus einer Podestplatzierung würde nichts mehr werden.

In der ersten Woche wollte ich in der Gesamtwertung auf Schlagdistanz bleiben, in der zweiten, nach dem Ruhetag, angreifen. So lautete mein Plan. Auf der fünften Etappe wurde ich Dritter, einen Tag später lag ich auf Platz zwei und auf Rang drei in der Gesamtwertung.

Wieder einen Tag später liege ich in einem verfluchten Feld-Lazarett, in dem nichts weitergeht.
Mein KTM-Team war über meinen Ausfall und meine Verletzung informiert worden, doch sie alle waren draußen, um unsere anderen Fahrer zu unterstützen. Ich nehme wahr, dass sich das Sanitätszelt immer mehr füllt, doch ich bin zu sehr mit mir selbst beschäftigt, als dass ich Anteil nehmen könnte an den Problemen der anderen. Ich finde keine Position, in der das Liegen schmerzfrei möglich wäre, Fuß und Ferse schlafen mir ein, weil ich das Bein nicht bewegen kann. Der Oberschenkel schmerzt, das Kreuzweh nimmt zu, jede noch so kleine Bewegung ist eine Qual für meinen Körper. Sie denken, dass es bei mir nicht so schlimm ist, und deswegen lassen sie mich liegen, rede ich mir ein, dabei kann ich mich immer weniger bewegen. Oh Gott! Ich sehe, wie der Oberschenkel im-

mer mehr blutet, und spüre, wie der Rücken immer mehr schmerzt. Es ist, als läge ich auf einer heißen Herdplatte und dürfte diese nicht verlassen.

„Wann fahren wir endlich ins Krankenhaus?"
„Bald, bald."
„Wann fahren wir endlich los?"
„In einer Stunde."

Wahrscheinlich habe ich an diesem Tag hundert Mal oder öfter danach gefragt. Doch im Lazarett sind alle gleich. Acht Stunden nach meiner Einlieferung geht es tatsächlich los: mit dem Hubschrauber zum Flughafen, mit dem Sanitätsflieger in die Hauptstadt Boliviens, mit dem Krankenwagen durch die Rush Hour der 800.000 Einwohner zählenden höchstgelegenen Kapitale der Welt. Kurz vor 18 Uhr war ich zusammen mit einem französischen Fahrer, der sich beide Hände gebrochen hatte, im „Hospital del Nino" von La Paz.

Das Krankenhaus ist schmutzig und grauslich und überfüllt. Im Stiegenhaus warten heruntergekommene, ärmliche Personen. Ich frage mich, ob ich hier am richtigen Ort bin, doch ich bin verletzt, alleine und somit doppelt hilflos. Kommunikation ist nicht möglich, niemand scheint hier Englisch zu sprechen. Ich werde in einer Halle auf ein Bettgestell gelegt und mit meinen Schmerzen eine Stunde dort gelassen. Als es zum Wirbelsäulenröntgen geht, ersuche ich um Schmerztabletten. Ich bekomme irgendwelche Pillen; ihren Zweck erfüllen sie nicht. Die Aufnahmen bringen keine neuen Erkenntnisse. Nichts passiert, sagt man mir, aber ich bin sicher, dass ich mir einen Schaden zugezogen habe, nichts Knöchernes vielleicht, aber etwas, das man nicht sieht: eine rausgedrückte Bandscheibe beispielsweise, oder eine Verstauchung der Wirbelsäule. Hin und wieder zwickt es mich noch heute, und ich führe dies auf den Unfall im Januar 2016 zurück.

Wieder ein paar Stunden später tritt ein Arzt an mein Lager. Ich atme auf. Christian Fuentes ist ungefähr 40 Jahre alt, schaut einigermaßen seriös aus und er spricht die englische Sprache – endlich jemand, mit dem ich mich unterhalten kann.

"Please try your very best. It is in your hands to change my life for better or worse", sage ich ihm.

Er lächelt freundlich zurück und antwortet auf Englisch: „Mach dir keine Sorgen, du bist in guten Händen." Und dann kommt er noch mit einer Frage auf mich zu, die ich in dieser Situation nicht erwartet hätte. Ob er denn nicht noch schnell ein Foto mit mir machen könne, für seine Freunde. Diese hätten über das Fernsehen mitbekommen, dass der Matthias Walkner nach La Paz ins Krankenhaus gebracht worden wäre. Und weil er und seine Kollegen „Dakar"-närrisch seien, wolle er ihnen zeigen, wen er da als nächstes operieren würde. Das Selfie entstand quasi am OP-Tisch.

Du sagst zu dem Arzt, unter dessen Messer du dich begibst, nicht Nein. Ich bin prinzipiell ein zugänglicher Typ, wenn jemand ein Foto oder ein Autogramm von mir haben möchte. Es sollte nur der Zeitpunkt passen. Jener in La Paz ist ein wirklich nicht so idealer. Doch ich denke mir auch: Cool, wenn er dich kennt, reißt er sich jetzt sicher zusammen. Das mag vielleicht nicht stimmen, doch der Gedanke beruhigt mich ein wenig.

Mitten in der Nacht, kurz vor 1 Uhr des 10. Januar, 19 Stunden nach meinem Unfall, werde ich in den Operationssaal geschoben. Der Anästhesist beugt sich über mich, die Vollnarkose wirkt quasi sofort, und ich bin wie weggebeamt. Weg vom Schmerz, den mir mein Körper verursacht, weg von den Gedanken an das Gewesene und an das Kommende, die mich quälen.

***

Als ich erwache, ist mein Oberschenkel blau und extrem geschwollen. Und er schmerzt. Fassungslos blicke ich auf das Essen, das man mir bringt: zwei Scheiben Toastbrot, mit je zwei Blättern Schinken und Käse. Das war's. Doch es gibt auch positive Momente.

„Hier, mein Handy. Ruf bei deiner Familie zu Hause an."

Die Krankenschwester, die mich am Tag nach der Operation betreut, ist nett und hilfsbereit, und mit ihrer Unterstützung gelingt es mir, mich direkt mit meinen Eltern und meiner Schwester Eva in Verbindung zu setzen. Kontaktiert werde ich auch von der Red Bull-Vertretung in Bolivien, und ich schätze einmal mehr, dass mein Sponsor global so gut aufgestellt ist. In den nächsten Tagen kommt immer einer von ihnen vorbei, bringt nicht nur ein Tablet mit Internetanschluss, sondern auch Essen und Getränke und fragt, ob er etwas für mich tun könne. Ich danke für die Speisen, denn obwohl ich mich erst seit wenigen Tagen im Krankenhaus befinde, spüre ich Kraft- und Gewichtsverlust. Doch nicht nur Red Bull, auch KTM kümmern sich um mich und schicken bei der ersten Gelegenheit, die sich bietet, einen der unseren an mein Krankenbett. Zu diesem Zeitpunkt ist die „Dakar" noch nicht beendet, doch es sieht bereits sehr gut für uns aus. Letztlich siegt der Australier Toby Price deutlich vor KTM-Markengefährten Stefan Svitko aus der Slowakei. Ich hätte der dritte im Bunde sein können – oder sollen.

Den Krankenhauskittel, den ich anstelle meiner Motocross-Kleidung trage, schwitze ich dreimal am Tag durch. Es ist schmerzhaft, auf einer Matratze zu liegen, in der wohl mehr Plastik als Federn enthalten sind. Dr. Fuentes lässt sich das eine oder andere Mal blicken, doch die meiste Kommunikation habe ich mit Eva, die sich engagiert informiert, wie es mir geht, wie der Heimtransport organisiert sei und in welches Krankenhaus ich in Österreich käme. Wollte ich mit dem Spitalspersonal sprechen, so funktionierte dies – über Google Translate. Sie konnten nicht Englisch und ich nicht Spanisch. Google kann, wenn auch nicht fehlerfrei, alles. Glaubt man zumindest, und in Notsituationen noch mehr.

Wenn man verletzt und hilflos ist, dann ist auch die Reise nach Hause zuerst einmal eine Qual. Als ich entlassen werde, will ich der Krankenpflegerin 200 Euro geben, um ihr die Kosten auf ihrem Handy einigermaßen zu ersetzen.

Denn sie hatte mir Wildfremdem ihr Mobiltelefon für die gesamte Dauer meines Aufenthalts überlassen und es auch bei Turnuswechsel nicht an sich genommen. Solange ich im Hospital del Nino war, hatte ich quasi mein eigenes Telefon. „Nein, das ist schon in Ordnung, nein das passt schon so", gab sie mir zu verstehen.

Ich weiß auch heute nicht, wie viel Krankenhauspersonal in Bolivien verdient, vielleicht 300, 400 Euro, in einem Land, in dem der Mindestlohn bei rund 100 Euro pro Monat liegt. Ausrechnen konnte ich mir, dass ich sicherlich 100, 200 Euro vertelefoniert hatte. „Nein, nein, das nehme ich nicht an", sagte sie mir.

Also gebe ich das Geld einer Kollegin und bitte sie, nach meiner Abreise meine Außenstände für mich zu begleichen. Ich hätte mich schlecht gefühlt, nicht nur die Empathie, Hilfsbereitschaft und Freundlichkeit des Personals in Anspruch genommen, sondern auch noch für materielle Verluste gesorgt zu haben.

„Gracias, Mister Fuentes", sage ich meinem Chirurgen, als ich in den Krankentransport Richtung Flughafen steige. Zwischenstation ist Buenos Aires, wo ich in einer Privatklinik nochmals durchgecheckt und für reisetauglich befunden werde. Tags darauf sitze ich in der Business Class einer Air France-Maschine nach Paris, und auch wenn „Business" angenehm und relaxed klingt, und auch wenn ein Krankenbetreuer mit mir unterwegs ist, muss ich doch festhalten, dass der Interkontinentalflug dennoch kein Honigschlecken war. Die Verletzungen im rechten Knie waren nicht operativ behoben worden, weswegen ich mit diesem Fuß nicht auftreten konnte. Der Oberschenkelbruch auf der anderen Seite verhinderte das linke Bein als Standbein zu verwenden.

Und jetzt musst du über dem Atlantik zweimal auf die Toilette. Viel Spaß und viel Erfolg.

Ich für meinen Teil hätte nichts dagegen gehabt, in einen Behälter zu pinkeln. Aber das wäre wohl nicht business-like gewesen.

Die Zeit verstreicht, die Qualen bleiben. In Paris muss ich auf den Anschlussflug warten, der mich nach München bringt. Als ich in der Empfangshalle meiner Zieldestination meine Familie und Freunde sehe, kommen mir die Tränen. Ich bin geschafft. Am Ende. Und so glücklich, endlich daheim zu sein.

Im Salzburger Unfallkrankenhaus werde ich eine Woche lang untersucht und durchgecheckt. Dr. Fuentes habe sehr gute Arbeit gemacht, bestätigt man mir, der Rücken hätte bis auf eine Stauchung und einen Bluterguss keine größeren Verletzungen abbekommen. Das Kreuzband sei gerissen – wir entschieden, das rechte Knie ohne chirurgischen Eingriff zu stabilisieren.

***

Es ist Ende Januar 2016 und für mich beginnt die wohl härteste Phase eines Sportlerlebens. In den nächsten sieben

Monaten befinde ich mich für die notwendigen Rehabilitationsmaßnahmen täglich im Red Bull-Trainingszentrum in Thalgau.

Dieses Zentrum ist exklusiv für Sportler errichtet worden, die vom weltweit bekanntesten Energy-Drink-Hersteller unterstützt werden. Es ist eine Einrichtung, die keine Wünsche offen lässt. Auf meinem Weg zurück habe ich einen persönlichen Betreuer, der mir 26 Wochen lang nicht von der Seite weicht. Gearbeitet wird besonders in drei Bereichen: physiotherapeutisch, trainingstechnisch und psychologisch.

In der Physiotherapie liegt das Hauptaugenmerk darauf, dem Oberschenkel und dem Knie wieder zu ihrer natürlichen Beweglichkeit zu verhelfen. Ich habe ein richtiges Loch im Oberschenkel, sehr viele Weichteile und Muskeln sind verletzt worden. All dies muss wieder heilen. Im Training geht es um die Stabilisation des Knies und um den allgemeinen Muskelaufbau. Im psychologischen Bereich wollen wir den Kopf und die geistige Flexibilität fit halten.

Die ersten drei, vier Wochen sind der Therapie gewidmet, dann kann ich schon ein recht variantenreiches Trainingsprogramm angehen, auf dem Ergometer, mit der Handkurbel, am Rudergerät oder mit gymnastischen Übungen. Ich betreibe Sport wie andere ins Büro gehen, Montag, Dienstag, Donnerstag von 9 bis 17 Uhr, Mittwoch und Freitag von 9 bis 13 Uhr.

Da ich gerade in den ersten Wochen große Fortschritte mache, bin ich guten Mutes und denke gar nicht daran, dass ich eventuell nicht wieder Motorrad fahren könnte. Die Operation in La Paz ist gut verlaufen, die Heimreise habe ich überstanden, hier in Thalgau werde ich von Experten auf ihrem Gebiet betreut. Ich verschwende keine Gedanken daran, dass ich bei der nächsten „Dakar" fehlen könnte.

Doch der Heilungsprozess ist kein geradliniger. Nach knapp vier Monaten gerät er anscheinend ins Stocken. Der Zustand des Knies bessert sich nicht weiter, und der Oberschenkel, der nach einem früheren Röntgenbild schon relativ gut ausgesehen hatte, wächst nicht so zusammen, wie erhofft und prognostiziert. Eigentlich sollte ich zu diesem Zeitpunkt schon wieder fahren können, denke ich mir und teile meine Sorge mit meiner Familie und meinem Team. Doch es braucht alles seine Zeit.

Die ärztliche Abteilung im UKH Salzburg kommt zum Schluss, dass mit einer Stoßwellentherapie, bei der der Knochen oberflächlich verletzt wird, die Blutzirkulation im Schenkel angeregt und der Heilungsprozess beschleunigt werden könne. Für mich bedeutet dies unter anderem auch: zurück zu den Krücken. Diese hatte ich nach knapp zwei Monaten Rehabilitation nicht mehr benötigt, und nun, nach 15 Wochen, stehe ich wieder mit meinen Gehhilfen da. Das ist ein Rückschlag auf allen Ebenen, und jeder, der mich sieht, fragt teilnahmsvoll, wie es mir denn ginge. Ehrlich? Echt beschissen.

Wiederum einen Monat später hat die Stoßwellentherapie ihre Wirkung gezeigt, der Knochen verheilt besser und besser, und 21 Wochen nach dem Umfall sitze ich das erste Mal im Stegenwald wieder auf dem Motorrad. Wieder einen Monat später, im September 2016, trete ich in Chile bei der Atacama-Rallye an, und da merke ich schon, wie weit ich eigentlich noch weg bin von jenem Fahrer, der ich vor dem Sturz war. Die Schnellkraft in den Füßen ist nicht da, das Knie ist instabil, der Kopf blockiert, weil er mir anordnet, meine rechte Seite nicht überzustrapazieren. Die Feinmotorik, ganz klar, fehlt auch noch. Jeden Tag verliere ich rund zehn Minuten auf den Etappensieger, im Endklassement werde ich Sechster.

„Ich habe keinen Scheiß gebaut und bin gesund geblieben", sage ich in einem Interview, „aber der Rückstand ist zu groß." Besser ergeht es mir in Marokko im Oktober. Ich gewinne die vorletzte Etappe, fühle mich streckenweise in einer Form wie vor dem Unfall und werde Gesamt-Fünfter. Wenn ich weiterhin solche Fortschritte mache, dann könnte bei der nächsten „Dakar" schon etwas gehen, denke ich. Es sind ja noch drei Monate Zeit.

***

Ich bin nicht einer, der an den Satz glaubt, dass alles für irgendetwas gut ist. Ich zelebriere auch nicht dieses „come back stronger", wie es andere verletzte Sportler machen. Für mich ist das Jahr 2016 für gar nichts gut gewesen, es war einfach nur eine beschissene und verlorene Zeit.

Die aus dem Unfall resultierenden Folgen werde ich mein ganzen Leben spüren. Das kann ich nicht ändern, und ich bin zuerst einmal froh, dass ich wieder Motorrad fahren kann und ein ganz normales Leben leben kann. Ich kann nicht mehr so viel laufen, fahre dafür mehr Rad. Ich bin mehr mit Tourenski unterwegs als mit Rennski. Das sind Kompromisse, die ich eingehen muss.

Aber betrachten wir dieses Jahr aus einem anderen Blickwinkel. Wenn ich etwas mitnehmen soll aus dieser Leidenszeit, dann ist es gewonnene Erfahrung. Mir ist lebhaft bewusst geworden, was Gefahr bedeutet und welche Auswirkungen Unfälle haben. Gefahren lauern überall, auf dem Motorrad bei einem Rennen ebenso wie im Alltag. Ich denke, dass ich heute konzentrierter handle als noch vor einigen Jahren. Ich achte darauf, Schlampigkeitsfehler zu vermeiden, und wenn ich meine Gedanken dabei ertappe, dass sie vom Wesentlichen abdriften, dann hole ich sie zurück: Konzentriere dich, sage ich mir dann, bleib bei der Sache. Denn so eine mühsame Zeit wie damals willst du doch nicht wieder erleben, oder?!

Selbstvertrauen baut sich im Laufe einer Karriere auf und wieder ab und wieder auf. Anfänglich bin ich mit 90 Stundenkilometern durch ein Flussbett mit lauter Rollschotter gefahren, immer schön vorsichtig, auf dass ich nicht stürzte. Je besser es ging, umso schneller wurde ich, und plötzlich war ich mit 130, 140 km/h unterwegs. Solange nichts passiert, lernt man nicht die Grenzen kennen. Solange nichts passierte, dachte auch ich mir, ein kleiner Gott auf dem Motorrad zu sein. Mein Selbstvertrauen wuchs und wuchs, das Motorrad hält viel aus, ich wurde immer schneller und immer frecher ...

... bis es eben einmal einen gescheiten „Tuscher" tut, und dann schmerzt es. Bei mir war es dieser Unfall und er ist jetzt nicht einmal ob des zu schnellen Fahrens zustande gekommen, sondern einfach aufgrund mangelnder Konzentration. Der schwerste Unfall meiner Laufbahn öffnete mir die Augen, ich dachte zurück an risikoreiche Aktionen in der Vergangenheit und musste mir eingestehen, dass ich einige Male einfach nur Glück gehabt hatte und nicht so gut durchgekommen war, weil ich alles im Griff gehabt hätte. Wie sollte ich auch hunderte Steine, die vor mir liegen, kontrolliert meistern?

Ich glaube nicht, dass ich heute ein besserer Motorradfahrer bin als vor meinem Unfall. Vorher konnte ich extrem gut am Limit fahren und war sicher einige Prozent schneller als heute. Nunmehr minimiere ich das Risiko, ich will ja meinen Sport noch länger ausüben, ich versuche, mit den Gefahren und Chancen gut umzugehen, stecke dort zurück, wo ich es für notwendig erachte. Flussbetten und Dünen sind unberechenbare Untergründe – sie haben meinen Respekt. Dafür gebe ich an anderen Stellen, auf schnellen Pisten beispielsweise, so richtig Gas, um wieder Zeit zu gewinnen. Was meine große Stärke geworden ist: die Navigation, das Lesen des Roadbooks. Man lernt nie aus im Leben. Auch ich nicht.

Die Lehre aus dem Jahr 2016 hätte ich nicht gebraucht, um „Dakar"-Sieger zu werden. Ich gehe gedanklich sogar noch einen Schritt weiter und sage, dass ich ohne diesen depperten Unfall auf dem Podest gestanden wäre und das wichtigste Motorradrennen der Welt schon ein Jahr früher gewonnen hätte.

Reine Theorie. Nichts kann bewiesen, nichts widerlegt werden.

2007
in Davos

HAIE IN DEN BERGEN

Es ist Ende Januar 2007, ich arbeite an meinem ersten Filmprojekt. Trotzdem ist es an diesem Tag ganz, ganz weit weg.
Ich liege auf dem Bauch, mir ist schummrig vor Augen und das einzige, an das ich denke, ist, dass mich dieser verdammte „Shark" vielleicht das Leben kostet. Regungs- und hoffnungslos schnappe ich nach Luft. Es ist, als hinge ich an einem Galgen, mit einem Seil um den Hals, das sich immer mehr zusammenzieht. Ich werde jetzt ersticken, sage ich mir, so fühlt es sich also an, wenn man stirbt …

***

Sharks sind Haie und sie sind in der weitläufigen Meinung gefährlich. Dass ein Hai Leben kosten kann, ist also mehr als nachvollziehbar: vor der Küste Australiens oder Südafrikas oder Südamerikas. Doch ich liege auf einem nordseitigen Hang oberhalb von Davos.

Ich bin noch jung in der Freeride-Szene, habe noch nicht wahnsinnig viel Erfahrung und mir eine Linie ausgesucht, ohne zu bedenken, dass auf dieser wenig Schnee liegen könnte, und dass sie mit Steinen durchsetzt ist. Potentielle Gefahrensituationen wie nur leicht überdeckte Steine sind Kriterien, die ich außen vor lasse – ich weiß es eben nicht besser.

Ich fahre auf einen kleinen Rücken hinunter, steche nach links in eine Rampe – aber bei diesem Linksschwung, den ich relativ schnell fahre, stoppt es mich abrupt. Ich habe den „Shark", diesen von Schnee bedeckten Stein, der wie eine Haifischflosse aus dem Boden herausragt, nicht gesehen, wie denn auch, wenn er zwar komplett, aber nur dezent überdeckt ist. Auf solche Heimtücke bin ich einfach nicht vorbereitet. Mich hebt es aus, rückwärts segle ich 15, 20 Meter durch die Luft und lande auf einem anderen spitzen Stein. Eine kleine Oberflächenlawine kommt mir hinterher, ich werde nicht verschüttet, aber vom Schnee zugedeckt.

Wie ich später erfahren werde, sind sechs Rippen gebrochen, aber nicht nur das, sie haben durch den Aufprall auch ihre natürlichen Positionen verlassen und bohren sich in Muskeln, Organe und Haut. Sie stechen in die Lunge, füllen diese mit körpereigener Flüssigkeit und bringen sie zum Kollabieren – ich kann kaum mehr atmen, mit jedem Luftzug habe ich das Gefühl, stranguliert zu werden. Ich würge und keuche und glaube zu ersticken. Die Milz ist geprellt. Die Nieren sind eingerissen. Einerseits fühle ich, was alles nicht in Ordnung ist, andererseits bin ich mir im Unklaren, ob es nicht noch weitere Probleme an meinem Körper gibt, ob ich stark blute, oder ob weitere Knochen lädiert sind und zu offenen Brüchen geführt haben. Ich habe Verletzungen, die ich niemandem wünsche. Kreuzbandrisse sind auch nicht angenehm, aber bitte, bitte, lieber noch zehn weitere Knieschäden als jene, die mir gerade große Schmerzen verursachen. Panik kommt hoch. Ich kann kaum atmen. Ich kann mich nicht rühren, weil jede noch so kleine Bewegung, gar jene mit dem kleinen Finger, schmerzt. Das war es also, sage ich mir. Ich werde sterben.

In meiner Wahrnehmung liege ich viele Minuten hilflos im Schnee, doch in der Realität ist Filmer Sam Gyger sofort bei mir. „Sam, wie schaut es aus? Blute ich? Schaut irgendein Knochen raus?"

Vorsichtig tastet er mich ab, befreit mich vom Oberflächenschnee, legt eine Decke über mich, redet mir gut zu und versucht, mich zu beruhigen. „Nein, kein Blut, und es sieht alles sehr gut aus. Der Helikopter ist schon unterwegs", sagt er mir. Wenn man verletzt ist und Schmerzen verspürt, dauert immer alles ewig lang. Während wir auf den Heli warten, erlebe ich im Unterbewussten den Moment meiner Landung immer und immer wieder. Der Hang hat ja perfekt ausgesehen, denke ich mir und beruhige mich: Nein, du hast nicht zu viel riskiert, das hier war einfach nur riesengroßes Pech. Der Neuschnee hat die verdammten „Sharks" überdeckt, eigentlich bin ich auf einem Minenfeld gelandet. Aber woher sollte ich das wissen?

Mein Bewusstsein hat ganz auf Überlebensmodus geschaltet. Versuche langsam zu atmen, rede ich mir ein, je intensiver du es machst, umso größer sind die Schmerzen und umso schneller hyperventilierst du. Ich friere, der Nordhang liegt an diesem späten Nachmittag bereits im Schatten, und ich warte sehnlichst auf die Schweizerische

Rettungsflugwacht, die Rega. Doch die ist gerade an diesem Tag besonders ausgelastet. Bis der Notarzt nach einer Stunde bei mir ist, bebe ich am ganzen Körper. Jede noch so kleine Bewegung schmerzt – somit auch jedes Zittern.

Sie wollen mich in eine Vakuummatratze packen, um mich für den Transport zu stabilisieren. Im selben Moment, in dem sie mich aufheben wollen, brülle ich vor lauter Agonie los. „Wollt ihr mich umbringen? Es schmerzt so sehr! Ihr könnt mich nicht bewegen, das geht nicht!" Der Notarzt meint: „Setzen wir eine Infusion mit schmerzstillenden Mitteln."

„Ihr könnt jetzt nicht meine Jacke aufschneiden, mir ist so kalt wie noch nie zuvor in meinem Leben."

***

In Notsituationen werden keine endlosen Dialoge und Diskussionen geführt. In meiner Lage gibt es genau diese beiden Möglichkeiten: entweder die Kleidung opfern, eine Infusion erhalten und (in meiner Vorstellung) möglicherweise erfrieren oder aber mit den Schmerzen umgehen müssen. Ich spanne meinen Körper irgendwie an und stabilisiere ihn dadurch, werde auf die Seite und in die Matratze gedreht. Der Flug ins Krankenhaus kann beginnen. In der Notaufnahme folgt dann die Erlösung von der Kälte, ich erhalte eine Heizdecke, doch ich blicke die Krankenschwester ungläubig an, die mir mein Lawinenverschüttetensuchgerät, kurz LVS-Gerät, abnehmen und mir meine Jacke und meinen Rückenprotektor ausziehen will. „Nein,

nein, nicht ausziehen“, wehre ich mich dagegen, „schneidet einfach alles runter“. Das macht sie dann letztlich auch.

Wahrscheinlich hat sich das Krankenhauspersonal darüber Gedanken gemacht, dass ich im Nachhinein finanzielle Ansprüche stellen könnte. Der Rückenprotektor kostet 300 Euro. Aber meine zerschnittene Ausrüstung ist mir in diesen Momenten des Leidens wirklich nicht wichtig. Die nächsten drei Tage liege ich auf der Intensivstation des Krankenhauses in Davos. Um die Schmerzen zu lindern, hänge ich am Morphiumtropf. Einmal in der Stunde oder einmal alle zwei Stunden, jedenfalls immer, wenn ich es benötige, möge ich den Knopf selbst drücken, sagt mir die Schwester, dann fließt der Peinkiller wieder. Ich mache dies nur ein einziges Mal selbst, regelmäßig machen es die Schwestern quasi im Vorübergehen. Mir wird jedes Mal so richtig schlecht, sodass ich fast schon Angst vor der nächsten Dosis habe und mich mit all meinen verbliebenen Kräften dagegen auflehne. Hinzu kommt der Faktor, dass ich prinzipiell eine Gegnerin von Tabletten, Spritzen und Infusionen bin. Ich brauche das Zeug nicht, denke ich mir trotzig. Ich bin stark und hart im Nehmen. Die meiste Zeit konzentriere ich mich also auf mich selbst und darauf, ruhig zu atmen und den Schmerz auszuhalten. Ich telefoniere mit meiner Familie, mit Freunden und mit meinen Kollegen vom Filmprojekt. Wartet auf mich, sage ich ihnen, in drei Wochen bin ich wieder fit. Der Wunsch ist Vater des Gedankens, auch meiner Gedanken. Am dritten Tag esse ich dann eine halbe Birne. Eine Stunde später kommt durch die nächste Dosis Morphium einer Schwester das Obst wieder hoch. Wenn sich deine Situa-

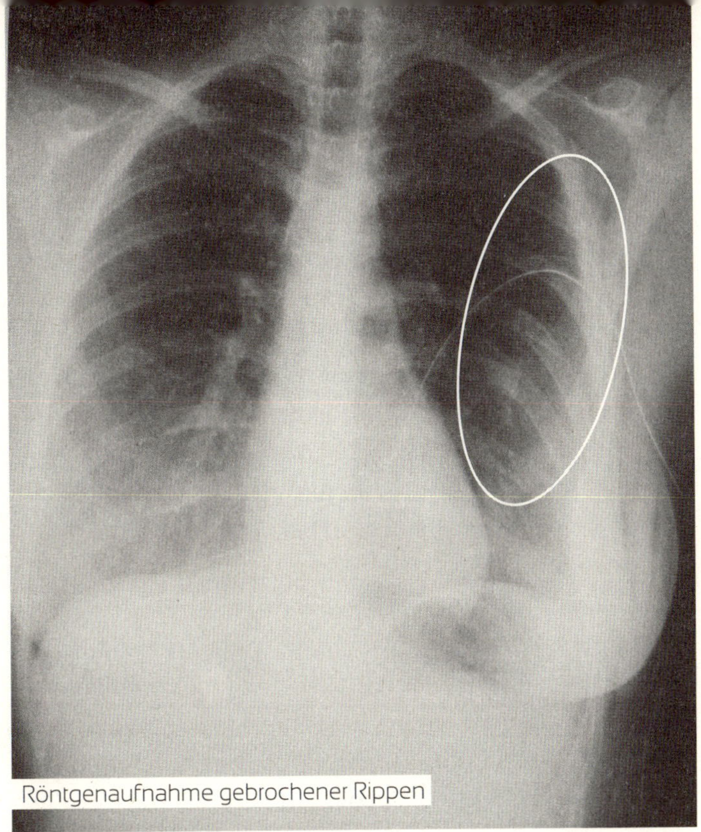
Röntgenaufnahme gebrochener Rippen

tion nicht bessert, dann müssen wir es mit einem Kreuzstich versuchen, sagt man mir. Bei dieser Lokalanästhesie wird mit einer Nadel in den Wirbelkanal eingedrungen. Mit dorthin eingespritzten Schmerz- und Betäubungsmitteln werden die zum Rückenmark führenden Nerven für eine begrenzte Zeit ausgeschaltet — und damit in einer bestimmten Körperregion alle Schmerzempfindungen. Vielleicht empfinde ich den Vorschlag der Ärzte als Drohung. Jedenfalls will ich diesen Stich ins Kreuz unbedingt vermeiden. Mein Gesundheitszustand verbessert sich ein wenig, am vierten Tag kann ich die Intensivstation verlassen.

Nach mehr als einer Woche in Davos lasse ich mich in die EMCO Privatklinik nach Bad Dürrnberg im Salzburger Land verlegen. Obwohl ich in der Schweiz gut umsorgt wurde, bin ich froh, in ein vertrautes Umfeld zu kommen und näher an meiner Familie und den Menschen zu sein, die mich kennen. In Bad Dürrnberg bin ich in besten Händen, Dr. Peter Lechenauer ist dort tätig. Er ist seit jeher mein behandelnder Arzt, keiner kennt mich und meine Krankengeschichte besser als er. Knapp zwei Wochen lang stehe ich dort unter seiner Obhut, und bei Gott: Ich benötige jede Unterstützung!

Nach meinen ersten Lungenübungen erklärt mir das Personal, dass ich eine Lunge hätte, deren Volumen vergleichbar mit jenem einer 95-jährigen Frau sei. Bei einer Übung geht es darum, in eine Röhre zu pusten und vier Kugeln in die Höhe zu blasen. Ich bemühe mich, so gut ich nur kann. Es bewegt sich gerade ein bisschen was beim ersten dieser Bällchen. Ich kann es nicht glauben, das Ding muss kaputt sein, bin ich überzeugt. „Blas doch du einmal", sage ich zu meiner Mutter und denke mir: Wenn ich es nicht zusammenbringe, dann sie auch nicht. Aber wumm! Sogleich tanzen alle vier Kugeln in der hineingeblasenen Luft.

Als ich in Davos am Berg lag, war ich einfach nur unbeweglich und kaputt. In Bad Dürrnberg erst wird mir klar, wie schlecht es um mich bestellt ist. Mein Lungenvolumen ist am Arsch, sage ich mir, und es tut mir gut, von den Experten zu hören, dass sich dieser Umstand wieder bessern wird. Ein Drainagebeutel, in dem sich die Flüssigkeiten aus meiner Lunge sammeln, ist mein ständiger Begleiter. Mein damaliger Freund kümmert sich auch um mich, wir gehen gemeinsam viel spazieren und reden über den Unfall, den Sport, das Leben. Wenn ich etwas kann, dann mich in meine Aufgaben zu verbeißen und Ziele, die ich mir setze, auch zu erreichen. In der EMCO Klinik will ich nur so rasch wie möglich gesund werden. Deswegen weigere ich mich, mit dem Aufzug in den ersten Stock zu fahren, sondern nehme die Stiege. Ich weiß nicht, wie lange ich für ein Stockwerk brauche. Nach zwei Stufen muss ich eine Pause von ein paar Minuten einlegen, dann schaffe ich wieder zwei. Mir kommt vor, als müsste ich gerade den Mount Everest „by fair means" besteigen, so wenig Sauerstoff nehme ich auf. Wieder schaffe ich zwei Stufen. Pause. Ich habe null Kondition, null Lungenvolumen. Ich muss schlucken, um nicht zu weinen. Wieder gehen zwei Stufen. 10, 15 Minuten später habe ich den ersten Stock erreicht.

Zwei Wochen nach meiner Einlieferung kann ich nicht mehr. Auch wenn ich mich in einer sehr schönen Privatklinik befinde, in der ich bestens betreut werde, so ist es doch zuallererst ein Krankenhaus. Ich sage zu Peter Lechenauer, dass ich nach Hause will. Er rät mir, doch noch ein paar Tage anzuhängen, aber mein Entschluss steht fest.

„Gib mir bitte die Entlassungspapiere", sage ich zu ihm. „Ich unterschreibe alles." „Eva, warte noch ein paar Tage, das ist keine gute Idee."
„Ich kann, ich mag nicht mehr." Medikamente mag ich nicht, Krankenhäuser noch viel weniger, und zuweilen

denke ich auch, alles besser zu wissen als das Fachpersonal. Ich setze meine Unterschrift überall dorthin, wo es notwendig ist, und entlasse mich de facto selbst.

Raus aus der Klinik ist das erste, was ich mache, mich unter Leute zu begeben. Ich glaube, schon wieder ein normales Leben führen zu können und fahre in den Europark Salzburg. Spaziere käsebleich und mit den Kräften am Ende durch das größte Einkaufszentrum der Stadt – und rufe zwei Tage später, gegen 22 Uhr, Dr. Lechenauer an. Meine Selbstentlassung und mein Ausflug ins reale Leben waren doch nicht so eine brillante Idee. Ich weine am Telefon. „Peter, ich hab solche Schmerzen, was soll ich tun? Hilf mir!", bettle ich ihn an.

„Nimm deine Schmerztabletten und gib deinem Körper Ruhe", empfiehlt er mir und redet mir ernst ins Gewissen: dass ich mich wahrscheinlich zu viel bewegt hätte und dass meine Rekonvaleszenz Wochen, ja Monate, in Anspruch nehmen würde.

Lechenauer hat – wie immer – Recht, und ich denke – wie meistens –, dass ich es ohnehin besser weiß. Ich beschäftige mich mit meinen Lungenübungen, blase in die Röhre, sehe, wie ich Fortschritte mache und bin ganz stolz, als endlich alle vier Kugeln abheben. Ich mag Bewegung und bin viel unterwegs, als Spaziergängerin oder Radfahrerin, doch jedes Mal, wenn ich es übertreibe, lässt mich mein Körper, der auch erst wieder zusammenwachsen muss, schmerzhaft dafür büßen.

Einige Monate später wage ich es, eine Skitour in Angriff zu nehmen. Passt ja ohnehin schon wieder alles, sage ich mir, bin ja fit, spüre fast nichts mehr von den Verletzungen. Denke ich.

Fitte Herren der Altersklasse 60+ laufen mir 28-jährigen Profisportlerin davon. Ich kann es nicht fassen. Sind die fit, denke ich mir – bis ich realisiere, dass das Tempo eigentlich sehr gemütlich und an mich angepasst ist, sich aber für mich wie ein Renntempo anfühlt.

***

Wenn ich gefragt werde, ob mich mein Unfall 2007 geprägt hat, dann müsste ich wohl sagen: ja, sicher. Ich würde aber auch hinzufügen, dass alle Erlebnisse, positive wie negative, einen Menschen prägen und seinen weiteren Lebensverlauf beeinflussen. Es hat im Laufe meiner Karriere kein einziges Mal einen Moment gegeben, in dem ich mich gefragt habe, warum ich mir das Ganze überhaupt antue. Dafür liebe ich Skifahren, und alles, was damit zusammenhängt – die Berge, den Winter, die Kälte –, einfach zu sehr. Zugegeben, es gibt Höhen und Tiefen, aber die gibt es in jedem Job, in jedem Leben.

Angst ist wichtig. „Die Angst ist dein bester Freund", sagt Kletterer Alexander Huber. Wer keine Angst empfindet, geht über seine Grenzen, und dann kann es beim Freeriden sehr schnell sehr böse ausgehen. Gesunde Angst ist wichtig und hilft mir, Respekt vor der Aufgabe zu empfinden und konzentriert zu bleiben. Es braucht die mentale Stärke, um mit der Angst richtig umzugehen.

***

Konzentration, Respekt, Angst, Todesfurcht: Ich habe Tränen in den Augen, als ich 2017 am Start des Ski-Freeride World Tour Events in Verbier in der Schweiz stehe. Ich habe große Angst. In den Tagen zuvor habe ich mich mit dem Hang beschäftigt und weiß, dass sich in diesem Steine ohne Ende befinden. In der Nacht vor dem Wettkampftag hat es geschneit – die Gesteinsbrocken sind nunmehr unerkennbarer geworden. Haie schwimmen auch lautlos an ihre Opfer heran, ehe sie zubeißen, die „Sharks" in den Bergen warten im Verborgenen darauf, dich zu Sturz zu bringen und zu verletzen. Wenn es „sharky" ist, gleicht mein fahrerisches Niveau mehr dem eines ängstlichen Anfängers, der zwei-, dreimal im Jahr auf Ski steht, als einer Profi-Skifahrerin. Man würde nicht glauben, dass ich Profi bin, viel eher mich fragen, was ich auf diesen Brettern verloren hätte. Oben am Start in Verbier bin ich ein nervliches Wrack. Es geht mir verdammt schlecht. Die Skibrille verdeckt meine Tränen und ich ziehe mich gedanklich und emotional zurück.

Bei diesem „Xtreme Verbier" sind die Chancen auf eine World Tour Titelverteidigung gering. Meine Landsfrau Lorraine Huber aus Vorarlberg hat in Andorra und Fieberbrunn gewonnen, sie müsste abgeschlagen im Klassement landen, damit ich noch an ihr vorbeiziehen könnte. Aber aufgrund von Angst und Furcht und höchstwahrscheinlicher Chancenlosigkeit auf den Titel erst gar nicht antreten? No way! Ich verfolge immerhin schon seit Jahren das Ziel, den Xtreme Verbier für mich zu entscheiden. Aufgeben ist und war noch nie eine Option für mich.

Und jetzt will ich mir diesen Titel holen!

Ich ziehe es, allen „Sharks“ zum Trotz und an der Grenze des psychisch Machbaren, voll durch. Das Vertrauen in mich selbst und mein Können, meine mentale Stärke und zu wissen, dass ich das kann, beruhigt mich und lässt mich in diesen Flow-Zustand kommen. Dieses Mal haben die Haie keine Chance gegen mich. Ich gewinne in Verbier, beim wohl prestigereichsten Wettbewerb unserer Freeride-Serie. Mein letztes Ziel auf der World Tour habe ich somit erreicht. Die Tränen im Ziel sind Tränen der Freude, der Erleichterung, des Stolzes.

Vom ersten Motorrad zum MX3-WM-Titel

EIN TRIO AUF EINEM LANGEN WEG

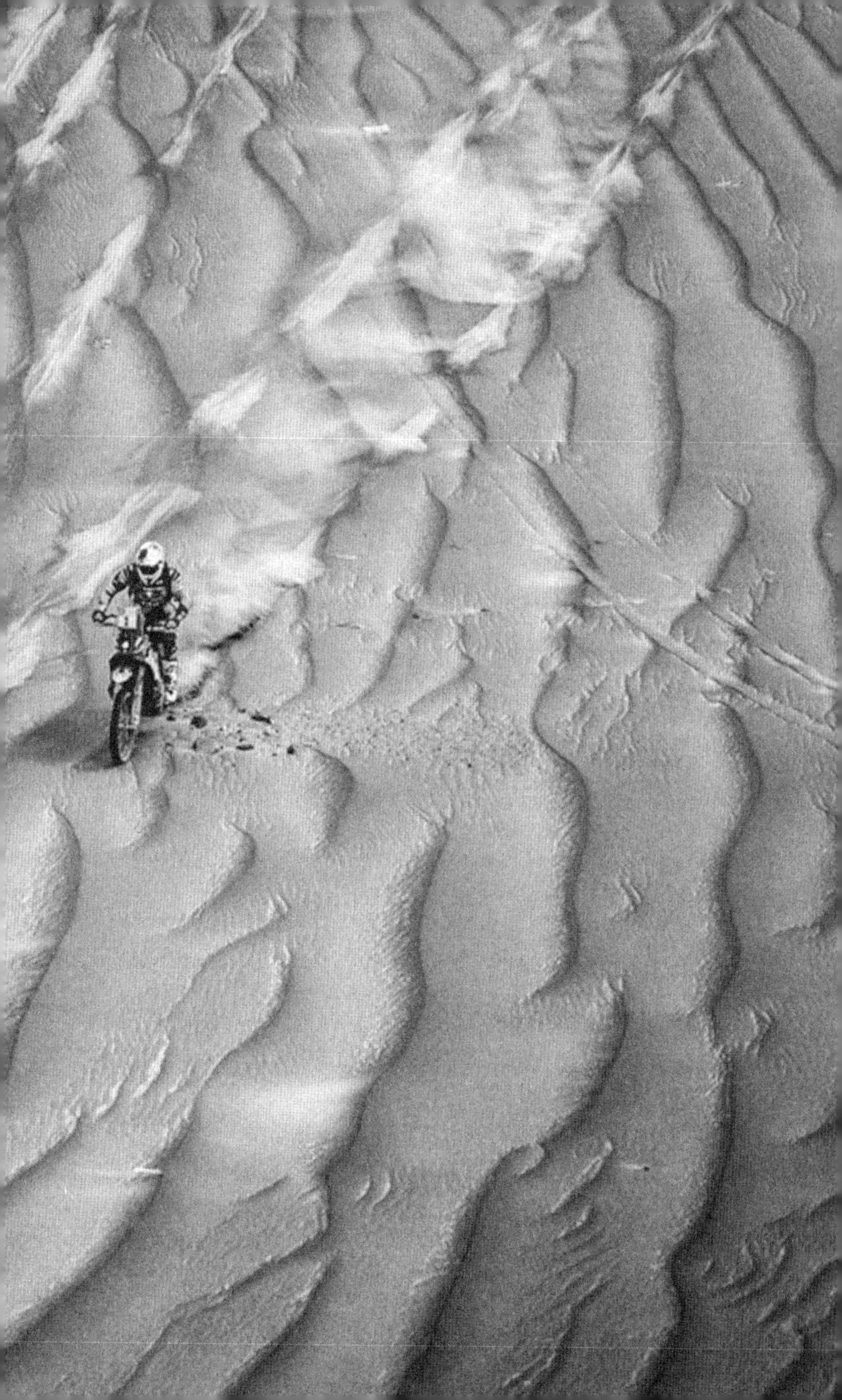

Es ist der 23. September 2012 und ich bin am Ziel meiner Träume. Weltmeister! Motocross-Weltmeister in der MX3-Klasse! In Teutschenthal in Sachsen-Anhalt, knapp 600 Kilometer von meinem Heimatort Kuchl entfernt, juble ich mit meiner Familie, Freunden, KTM-Mitarbeitern und Fans über einen Erfolg, der nicht nur für mich immens wichtig, sondern auch für den österreichischen Motorsport relevant ist. Der letzte Weltmeister aus Österreich war Heinz Kinigadner in der 250ccm-Klasse, er gewann auf KTM in den Jahren 1984 und 1985. Es müssen 27 Jahre vergehen, ehe sich erneut ein Österreicher als Weltbester behauptet. Dass Kini selber, und auch KTM-Chef Stefan Pierer, in der Stunde meines Erfolgs dabei sind und mir gratulieren, freut und ehrt mich besonders.

Es ist eine Saison voller Höhen und mit wenigen Tiefen. In 18 WM-Rennen komme ich lediglich ein einziges Mal nicht unter die ersten zehn, im Gegensatz dazu aber elfmal auf das Podest. Im italienischen Arco feiere ich ebenso wie im britischen Matterley Basin Laufsiege, zweimal bin ich auch Tagessieger. Vor dem finalen Rennwochenende liege ich mit 26 Punkten Vorsprung in Führung, Platz drei im ersten der zwei Läufe in Teutschenthal sichert mir bereits den Titel. „Wenn du am Start mit 40 anderen in die erste Kurve gehst, denkst du ohnehin nicht an den Titel", diktiere ich Medienvertretern in ihre Blöcke. „Es würde mich freuen, wenn jetzt mehr darüber berichtet würde, dass es in Österreich auch ein paar Motocross-Fahrer gibt. Vielleicht sagen ja ein paar Leute: ‚Der Walkner ist ein klasse Bursch'. Es ist nämlich schon ordentlich schwer, in Österreich auf diesem Niveau Motocross zu fahren. Dabei ist es so eine coole, abwechslungsreiche und anspruchsvolle Sportart." Jedenfalls bin ich überglücklich, die große MX3-Europa-Tour 2012, die in den Niederlanden begann und über Frankreich, Bulgarien, Italien, Kroatien, Slowenien, die Slowakei und Großbritannien nach Deutschland geführt hat, so positiv beendet zu haben.

***

Zuerst bin ich auf dem Moped meines Opas unterwegs, mein erstes Motorrad bekomme ich als 13-Jähriger von meinem Vater. Wir müssen es vor meiner Mutter verstecken, und als sie es in der Garage sieht, sagen wir ihr, dass es geliehen sei. Sowohl mein Vater wie auch ich wissen, dass die Gattin und Mama keine allzu große Freude hätte, würde ich dem Motorsport verfallen.

Bevor mich der Motorradsport in seinen Bann zieht, beginne ich aber wie meine Schwester Eva mit dem Skisport, erziele gute Erfolge, werde 1997 Salzburger Jugendmeister und ein sehr guter Freund von Marcel Hirscher. Es ist eine Freundschaft, die bis heute anhält. Den Sprung in einen Kader schaffe ich nicht und ich wende mich Alternativen zu. Zwei Wochen, nachdem ich das Motorrad bekommen habe, bestreite ich mein erstes Rennen und komme auf Platz zwei. Ich nehme am Kärntner Cup, am Oberösterreichischen Cup und am McDonald's Cup teil, 2002 am Auner Cup. In diesem Jahr beginne ich eine Lehre in einem Motorrad-Shop, zwei Jahre später komme ich mit KTM in Kontakt und werde Testpilot.

Mir zur Seite steht mein älterer Bruder Gerald, er ist eines meiner Vorbilder. Als wir jünger waren, teilten wir ein Zimmer. Ich bin damals noch ein Kind, er schon ein Hauptschüler, aber wir werden zur gleichen Uhrzeit von unseren Eltern schlafen geschickt. Eine halbe Stunde später schleicht Gerald sich dann immer hinaus – bis ich es eines Tages merke. Dann bleibe ich wach und ermahne ihn: „Gerald, leg' dich wieder nieder." Ich werde nicht einfach gewesen sein. Gerald wird dann Fliesenleger und macht eine Ausbildung zum Fitnesstrainer, arbeitet in der Baubranche als Hafner und ist seit 2015 bei KTM. Wenn ich mir seinen Lebensweg ansehe, dann weiß ich, wie strapazierfähig ein Mensch ist: Mein Bruder jammert nie, und ich tue es auch nicht.

Dabei gäbe es Grund genug. Die ersten Jahre meiner Motocross-Laufbahn sind echte Lehrjahre. Bei einem Lauf zur Österreichischen Meisterschaft in Langenlois ist die Feststellschraube der Kupplung locker, wir müssen nacharbeiten und treffen um 30 Sekunden zu spät vor dem Start-Areal ein. „Ich hatte einen technischen Defekt", sage ich, dies wird anerkannt und ich werde noch hineingelassen. Doch ein anderer Fahrer reklamiert, letztlich darf ich nicht starten.

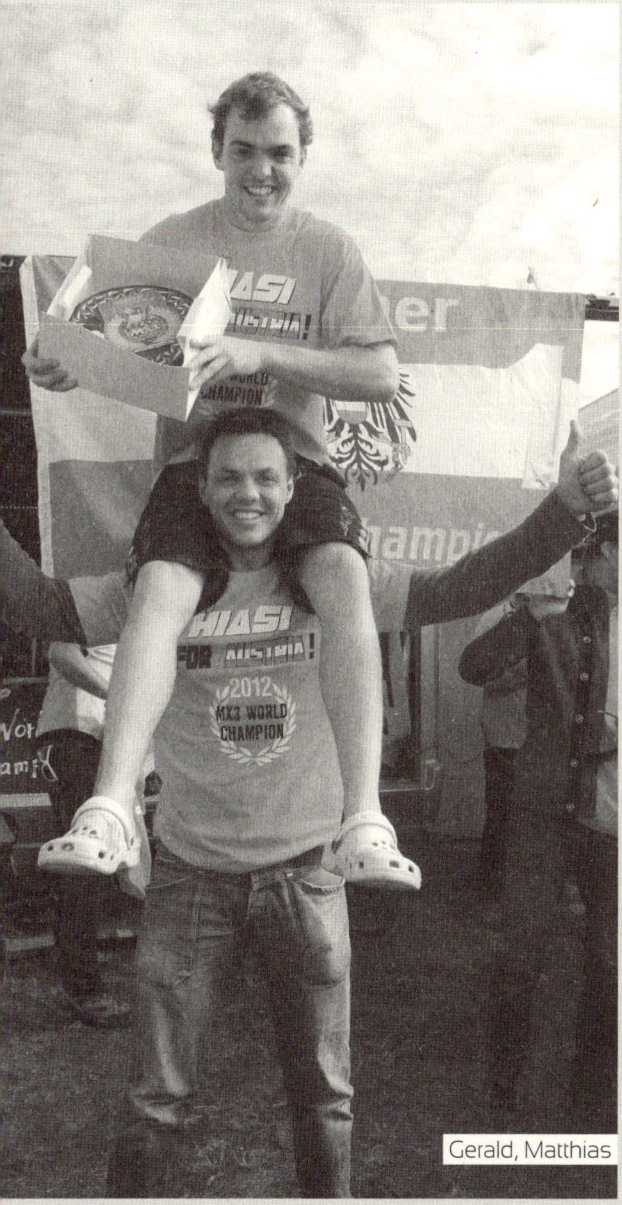

Gerald, Matthias

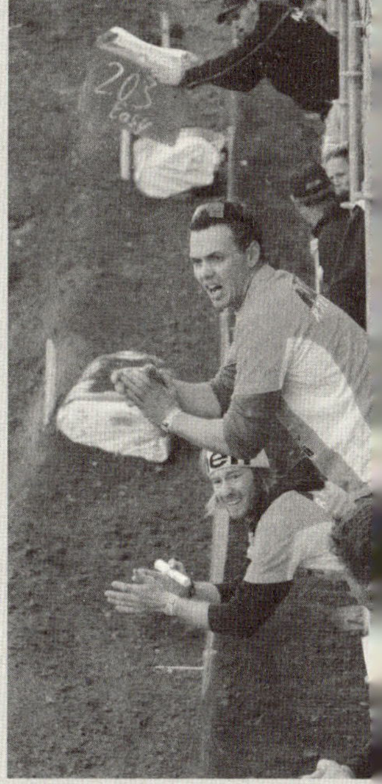

2005 gebe ich mein Europameisterschaftsdebüt, und was sich vorher zwischen Vorarlberg und Burgenland abgespielt hat, verlagern Gerald, der sich in den Wettkampfmonaten nach Möglichkeit berufliche Auszeiten nimmt, und ich auf Routen zwischen Portugal und Deutschland. Mit einem IVECO-Campingbus tingeln wir durch Europa, ich bin für das Fahrerische, er für das Technische und die Organisation verantwortlich. Und er hat es nicht leicht, meinem Naturell entsprechend verstreue ich meine Utensilien im Bus und um diesen herum. Dies bekommt später auch noch mein Förderer und Freund Wolfgang Hillinger mit, 2010 muss er mir in Schweden seine Motorradstiefel leihen – weil ich meine vergessen habe. Doch was mich andererseits auszeichnet, ist im Chaos einen kühlen Kopf zu behalten. Ich weiß, dass das, was ich vergessen haben könnte, nichts anderes als materielle Güter sind, die ich schlimmstenfalls woanders auch erstehen könnte. Treffen solche Umstände ein, nennt Gerald mich „Wurstkopf" und ich zucke gleichgültig mit den Schultern.

Rennen gewinnt man unter der Woche, lautet unsere Devise, es wird viel getestet und trainiert. Wenn ich mein Bestes gebe, dann ist Gerald zufrieden, dann ist die Platzierung auch zweitrangig. Doch zuweilen fliegen zwischen uns die Fetzen, besonders dann, wenn die Dinge nicht so laufen, wie wir es uns vorstellen, wenn das Fahrwerk nicht so eingestellt ist, wie ich es möchte, oder wenn er ob der einen oder anderen Sache verärgert ist. Einmal schlägt er das Plexiglas-Klappfenster am Campingbus mit solcher Härte zu, dass eine Ecke davon rausbricht und die zwei Teile zusammengeklebt werden müssen.

Zuweilen zweifelt Gerald an meinen Chancen. Bei einem ADAC-Masters in Norddeutschland läuft das Training nicht sonderlich gut.
„Zum Rennen brauchst erst gar nicht antreten“, meint Gerald.
„Passt, fahren wir“, provoziere ich ihn.

Er fängt an zu packen und sich reisefertig zu machen. Zuerst glaube ich, dass er blufft. Doch da er nicht mehr damit aufhört, ziehe ich zurück: „Komm, bleiben wir noch da.“

Ist das Rennen vorbei, liege ich auf der Matratze im hinteren Teil des Campingbusses. Dieser ist so adaptiert, dass er Platz für Motorrad und Zubehör bietet, einen Klapptisch, ein Waschbecken, eine Gasplatte hat (und einen Kühlschrank, der häufig nicht geht). Die meiste Zeit ist der Bus überladen, dreieinhalb Tonnen wird er zuweilen schon gehabt haben. Unterwegs ist Gerald mit 120 Stundenkilometern, zuweilen fährt er von 6 Uhr früh bis 2 Uhr nachts – jeden Lastkraftwagenlenker hätte man mit solchen Fahrzeiten aus dem Verkehr gezogen. Besonders auf dem Weg zurück in die Heimat hat er es eilig, weil tags darauf wieder der Beruf das Sagen hat. Und so diskutieren wir einmal mehr, ob wir nun eine Pause von zwei oder fünf Stunden machen wollen. „Ich bin gerade Rennen gefahren, ich brauche möglichst viel Schlaf“, sage ich ihm. „Und ich habe eine Arbeit, die morgen auf mich wartet, ich will rasch weiter“, antwortet er. Es gibt einen Satz, mit dem ich zu verstehen gebe, wenn er sich einer Grenze nähert: „Ich mag jetzt nicht darüber reden.“

***

Meine Laufbahn verläuft in den ersten Jahren steil nach oben. Anfang der 00er Jahre kann ich mich auf nationalem Niveau von Jahr zu Jahr steigern und lande bei den Rennen auf Platz fünf, dann auf dem Podest, dann ganz oben auf dem Podium. 2005 bestreite ich in Schwanenstadt mein erstes EM-Rennen und komme unter die ersten zehn. Dabei bin ich zu diesem Zeitpunkt erst fünf Jahre in dieser Szene unterwegs. Das ist nicht besonders lang, allerdings bin ich mit 20 nicht mehr sonderlich jung für diesen Sport. Ich habe zu spät begonnen, hätte technische Feinheiten – fahren im Sand, fahren von Rillen – früher lernen sollen. Es sind Nuancen, die darüber entscheiden, ob ich zwei Stundenkilometer schneller oder langsamer unterwegs bin. Mir gehen zehn Jahre im Motorradsport ab, ich hätte mit vier oder fünf Jahren beginnen sollen.

Die Doppelbelastung als Rennfahrer einerseits und als KTM-Testfahrer andererseits führt zu einer Überlastung. Ich leide an Infekten, Halsschmerzen, leichtem Fieber, schnappe jeden Virus auf. Gebe ich der falschen Person die Hand, bin ich schon krank. Heute kenne ich meinen Körper. Ich bin 1,78 m groß und wiege 85 kg. Das sind keine Idealmaße und ich bestehe auch nicht nur aus Muskeln und sehe nicht aus wie ein Coverboy eines Hochglanzmagazins. Doch die fünf, sechs Kilogramm, die ich zu viel wiegen mag, geben mir Substanz und helfen mir, nicht krank zu werden. Zu meiner Motocross-Zeit esse ich hauptsächlich Nudeln, Reis und Thunfisch, heute achte ich auf eine gesunde und ausgewogene Ernährung. Und ja: Ich esse gerne!

Am 6. August 2006 trete ich im „Monaco des Motocross-Sports" im belgischen Namur an. Erstmals qualifiziere ich mich für einen MX2-WM-Lauf, ich werde vor den Augen von Wolfgang Hillinger, Tom Haider und 40.000 weiteren Zuschauern Elfter. Im Rennen selbst werde ich 19. Und hole ich die ersten WM-Punkte. 2007 und 2008 lebe ich die meiste Zeit in Italien und fahre für das Errevi-Team von einem Rennen zum anderen. Erfolgserlebnisse sind selten, auch, weil es schwierig ist, nach bis zu 30-stündigen Fahrten im Bus, beispielsweise von Norditalien nach Portugal, Leistung auf dem Motorrad zu erbringen. Im Jahr komme ich auf 90.000 Kilometer. Es sind wahrlich harte Lehrjahre.

2009 gewinne ich als 22-Jähriger in Lacapelle-Marival, Frankreich, erstmals einen Europameisterschaftslauf in der 250ccm EM-X2-Klasse. Ich weiß, dass ich Erfolg haben kann, aber ob es für den ganz großen Wurf reichen wird?

***

Es muss 2009 oder 2010 gewesen sein, als mich ein Herr mit Schnauzer in Stegenwald fahren sieht. Dort wird eine Motocrossbahn eröffnet, ich ziehe auch meine Runden und er ist anscheinend beeindruckt von meinem Speed, denkt sich aber, dass ich eine bessere Technik haben könnte. Mein Vater und er kennen sich, beide sind auf Landescupebene Motorradrennen gefahren und haben sich bei Skirennen im Schülerbereich, bei denen Eva, Marcel und ich dabei waren, wiedergesehen. „Ich würde mich um den Matthias kümmern", sagt Ferdinand zu Matthias sen., „aber macht mir keinen Vorwurf, wenn etwas passieren sollte."

Ferdinand Hirscher ist der Vater von Marcel, der auf dem Weg zu einer außerordentlichen, ja: einzigartigen Skikarriere ist. Was will er mir schon beibringen, denke ich, als er mir anbietet, mich zu betreuen. Ich bin seit zehn Jahren in diesem Sport, er gar nicht. Er sagt, dass Motocross-Sportler Einzelkämpfer seien und dass meine Arbeit, mein Risiko unterstützt und belohnt gehörten. Nutzt es nichts, schadet es auch nichts, denke ich, und stimme einer Zusammenarbeit zu. Ferdinand „Ferdl" Hirscher will kein Geld und auch keinen Spesenersatz, und er ist mit Herz und Seele bei der Sache.

So sehr, dass wir einige Male konträre Positionen einnehmen. Die Rechtskurve ist die erste Baustelle, die Ferdl ausmacht. Er sieht die Ähnlichkeit zwischen Ski- und Motorsport und das Wirken der Fliehkräfte, erkennt meine massive Fehllage, die mich nach außen drückt und erklärt

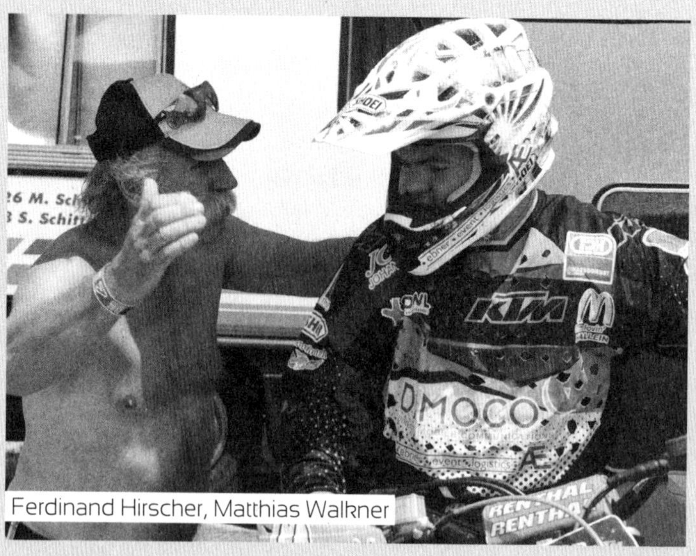

Ferdinand Hirscher, Matthias Walkner

mir, wie ich auf dem Motorrad zu sitzen hätte. Das ist Blödsinn, gebe ich ihm zu verstehen. Er zeigt mir Videos der Weltbesten, die er studiert hat, beharrt hartnäckig auf seinem Standpunkt, bis ich nachgebe. Manchmal ruft er andere herbei.

„Du sitzt falsch auf dem Motorrad“, sagt mir Ferdinand.
„Nein, tue ich nicht, ich sitze innen.“
„Hiasi, nein, du sitzt außen“, sagt mein Freund Raimund. Innen- und Außenwahrnehmung sind zwei verschiedene Paar Schuhe.
Es ist eine harte Schule, durch die mich Ferdinand Hirscher gehen macht. Wir trainieren zwei- oder dreimal in der Woche, zuweilen denkt er sich, dass er es wieder bleiben lässt, zuweilen fährt er mich an und sagt: „Entweder du tust jetzt so, wie ich es sage oder wir lassen es.“ Hirscher packt mich hart an, doch wir beide werden weder beleidigend noch sind wir nachtragend.

Es entwickelt sich eine echt gute – und letztlich erfolgreiche – Trainingsgemeinschaft. Es geht ums Kurvenfahren, es geht auch um Starttrainings. Vielleicht bin ich auch nur um zwei Zehntelsekunden schneller in der ersten Kurve, doch diese Sekundenfragmente können rennentscheidend sein, weil ich andere nicht überholen und niederkämpfen muss. In Mehrnbach in Oberösterreich baut Hirscher die Zeitnehmungsanlage aus dem Winter auf, ich starte über hundert Mal. Beim nächsten Rennen bin ich der Erste in der ersten Kurve. Es geht um Details und Details von Details: wie ich die Finger an der Kupplung halte, wie ich den Gasgriff betätige und so weiter. In Freilassing lässt mich Hirscher einmal so lange im

Kreis fahren, mit immer tieferer Schräglage, bis ich mit dem Lenker den Boden berühre. Stundenlang diskutieren wir über Linien und Drifts, und mit der Zeitnahme beweist er mir, dass Driften schneller sein kann. Er lässt mich mit dem Physiotherapeuten von Marcel trainieren, was seine Worte, dass ich unfit sei, belegt und meinen Glauben, fit zu sein, widerlegt. Grenzen verlegen lautet sein Motto, damit pusht er mich.

Wann immer es ihm möglich ist, steht er mir auch bei den Rennen in seiner Art zur Seite. Er sitzt im Bus und schnitzt ein besseres Profil in die Reifen. Er schimpft mit mir, wenn ich bei einem WM-Lauf in Slowenien, bei dem es 2013 um die Titelverteidigung geht, am Startbalken anstoße und als Letzter wegkomme. „Hör auf damit", sagt er mir. Im zweiten Lauf mache ich denselben Fehler wieder. Er setzt sich ins Auto und fährt nach Deutschland, wenn ich ihm sage, dass das Training schlecht verlaufen sei. Und er ruft mich nach einem Rennen in Tschechien und einer langen Heimfahrt mitten in der Nacht an, um mir zu sagen, dass er im Videostudium zwei schöne erste Kurven gesehen hätte, die dritte aber nicht mehr so richtig gepasst hätte. Hirscher graust, wenn am Renntag das Setup des Motorrads verändert wird. „Das muss im Training geschehen und nicht zehn Minuten vor dem Start!". Oder wenn er sieht, wie Reifen komplett verdreckt sind und ein Regenrennen in fünf Minuten beginnt. Er lässt nicht gelten, dass ich mich auf die Mechaniker verlasse. „Du bist der Protagonist, du musst 20 Minuten vor dem Start checken, ob alles passt!" Er mag es nicht, wenn ich mich kurz vor dem Start mit meiner Brille beschäftige. „Du hast 500 Kilometer Zeit auf der Anreise, das zu machen, und du hast Mechaniker!"

Vielleicht hätte Ferdinand Hirscher die Zusammenarbeit mit mir wirklich beendet, wenn er nicht mein Potenzial gesehen und mich als liebenswürdige Person wahrgenommen hätte. Sich selbst nimmt er nicht allzu wichtig. „Wer weiß, was ohne mich geschehen wäre", sagt Ferdl einmal, „mein Anteil ist überschaubar, Mut und Risiko müssen vom Athleten kommen." Jedenfalls ist es für ihn eine Herausforderung, das im Skisport über Jahre aufgebaute Know-how in eine andere Sportart zu transferieren. Herausforderung bestanden, kann ich nur sagen.
Ferdinand Hirscher hat mir gezeigt, was Professionalität, Detailtreue und Verbissenheit wirklich bedeuten. Zwar halte ich mir zugute, auch in meinen Anfängen durchaus gewusst zu haben, was ich tat, was ich wollte und zielorientiert unterwegs gewesen zu sein. Doch Ferdl hat mich auf ein anderes Niveau geführt.

Unsere Zusammenarbeit geht immer noch weiter. Als ich in den Rallye-Sektor wechsle, ist er ein wenig skeptisch und denkt sich, dass ich die Strapazen eines Etappenrennens mit sehr langen Teilstücken nicht durchhalten würde. Jedenfalls befasst sich Ferdl mit dem Erstellen von Roadbooks, und wir trainieren Kurvenfahren auf Schotter in der Grube der Fa. Ehrensberger in Tenneck.

Einmal erstellt Hirscher ein Roadbook, das über verschiedene Grundstücke rund um Annaberg führt.

„Ich habe jeden Bauern gefragt, ob wir durchfahren dürfen. Alles, was im Roadbook steht, kannst du fahren."

Wir fahren los, nach 20 Minuten stehen wir am Flusslauf der Lammer. Eingezeichnet ist, über den Fluss zu fahren und dann rechts abzuzweigen. Ich erlaube mir einen kleinen Scherz, fahre nicht über das Gewässer, sondern zuerst 200 m nach links, kehre um, dann 200 m nach rechts.

„Du Trottel. Die Ambitionen auf einer ‚Dakar' wären hier zu Ende", schimpft Ferdl mit mir. „Siehst du nicht, was im Roadbook steht?"

Ich grinse. „Na ja, ich hätte nicht gedacht, dass du über diesen Bach fahren kannst."
„Du sollst nicht denken, sondern fahren, was geschrieben steht!"
Und dann geht es weiter.

Als ich die „Dakar" 2018 gewinne, schicke ich ihm am Sonntag, den 21. Januar um 00:09 Uhr MEZ, eine SMS.

Servus Ferdl!!!

Hoffe, bei dir ist alles klar. Bei mir hat sich heute schon so einiges verändert und dafür wollte ich dir nochmals danken!!!

Weil das Über-Talent bin ich sicher nicht, und beste körperliche Voraussetzungen habe ich auch nicht – aber wie es aussieht ein großes und starkes Herz!!

Hab dir und dem Hirscher-Clan diesen Erfolg echt mitzuverdanken, weil ohne dich und deine perfekte Haltung dem

Sport gegenüber, hätte ich das nie geschafft ... hast mir echt die Augen geöffnet zum Thema richtige Einstellung!!
Besten Dank nochmals und bis bald

Liebe Grüß, Hiasi

Es freut mich zu hören, dass Ferdl meint: „Allein für diese Zeilen hat sich die jahrelange Arbeit mit dem Walkner ausgezahlt".

***

Doch zurück zu meinen Motocross-Jahren, oder noch besser: zurück in die 1990er Jahre.

Während ich meine ersten Gehversuche auf Ski mache, ist Wolfgang Hillinger bei der Korsika-Motorradrallye als Betreuer mit Heinz Kinigadner, Georg Teufl und Max Wiener unterwegs. Die Sportler sprechen über die Schwierigkeit, Sponsoren zu finden, und Hillinger denkt sich: Wenn ich einmal die Möglichkeit hätte, einen Athleten zu unterstützen, dann würde ich dies auch tun.

Jahre später ist Hillinger erfolgreicher Unternehmer und erhält vom Bad Ischler Peter Eichhorn den Tipp, mich näher zu beobachten, denn „aus dem wird einmal was". 2003 ist Hillinger der Speaker beim Rennen in Ohlsdorf bei Gmunden, bei dem ich auch antrete. Es ist der Wettbewerb, bei dem Hannes Kinigadner schwer verletzt in einem Rettungshubschrauber abtransportiert wird, und bei dem zuvor Hillinger noch geflachst hatte: „Wenn hier ein Hubschrauber landet, dann doch nur, um Tic Tac Toe einzufliegen." Die

Girlieband ist prominent, und weil er es laut in das Mikro sagt, hat er sofort Dutzende um sich herum, die sich informieren: „Was, die kommen hierher!?"

Wenig später sitzen Wolfgang und ich in einem Gasthaus zusammen, er sagt mir, dass er mich gerne unterstützen wollen würde, und ich gebe ihm zu verstehen, dass schon viele mit leeren Versprechungen zu mir gekommen seien, und frage, ob er auch einer von denen sei. Wolfgang ist es aber wirklich ein Anliegen, positiven Einfluss auf meine Motocross-Karriere zu nehmen, wobei er den Erfolg nicht unbedingt als vorrangig sieht. Ich erbitte mir Bedenkzeit, sage dann zu.

Aus einer Zusammenarbeit wird eine tiefe Verbundenheit und Freundschaft. Wolfgang mischt sich nicht in sportliche Belange ein, er verschafft mir aber mit seiner finanziellen Unterstützung die Möglichkeit, mich bestmöglich aufzustellen. Ich fahre für ein italienisches Team, ehe wir entscheiden, unser eigenes zu gründen. Diese Entscheidung führt dazu, dass sich vor Hillinger plötzlich Fragen und Probleme auftürmen: es ist nicht so einfach, eine Teamzulassung vom Internationalen Motorrad-Verband FIM zu erhalten. Doch ab 2010 bin ich im Hillinger KTM MX-Racing Team unterwegs. Unsere Logistik ändert sich. Anstelle eines Campingbusses haben wir nun ein Motorhome (u. a. mit sechs Schlafplätzen, Platz für zwei Motorräder und Ersatzmaterial) zur Verfügung, das 14 Meter lang ist und eine niedrige sechsstellige Eurosumme gekostet hat. Zusammen mit Wolfgang und Gerald bin ich mit Mechaniker Patrick Lindenthaler und Stefan Amtmann unterwegs, letzterer fährt

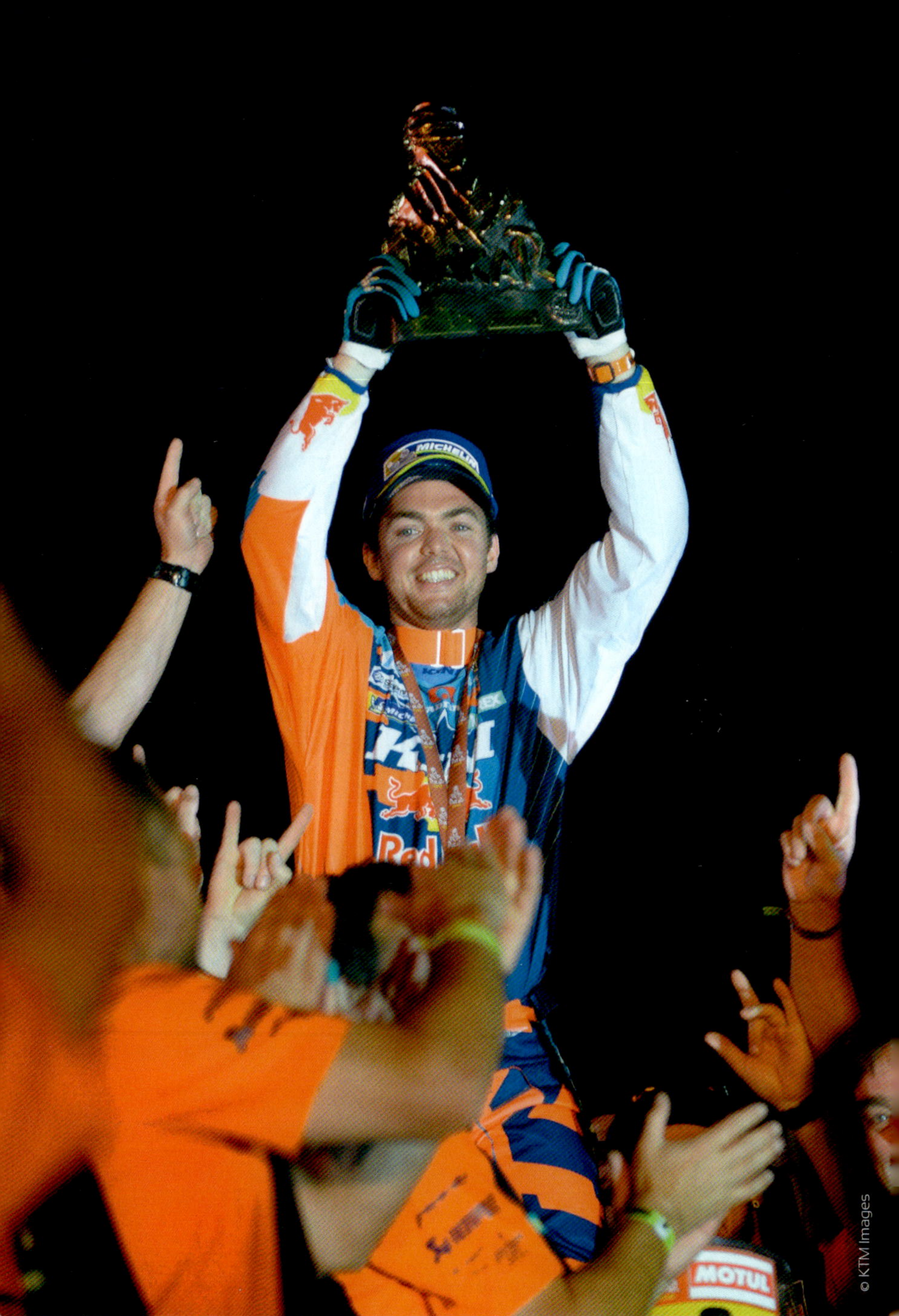
MICHELIN
MOTUL

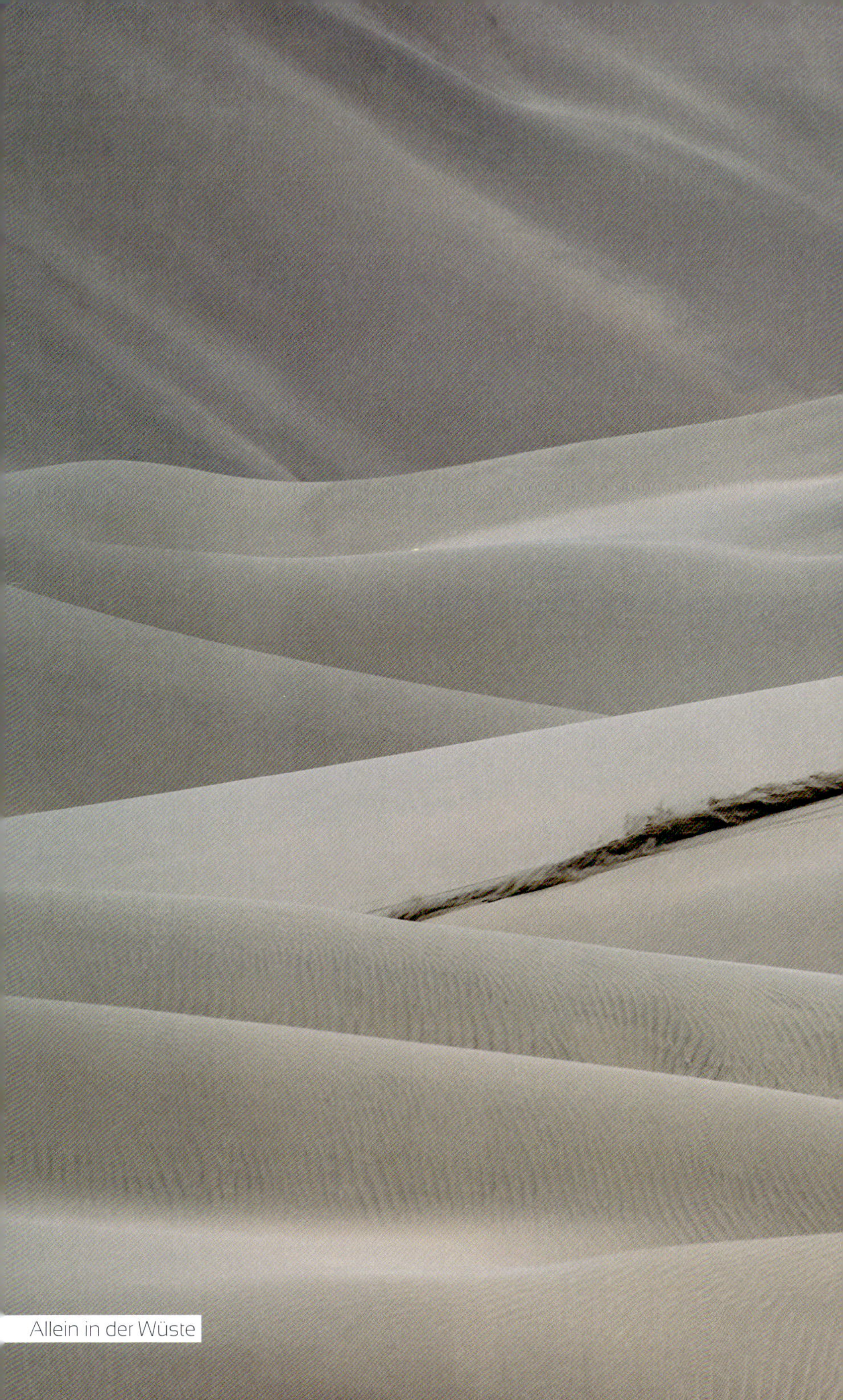
Allein in der Wüste

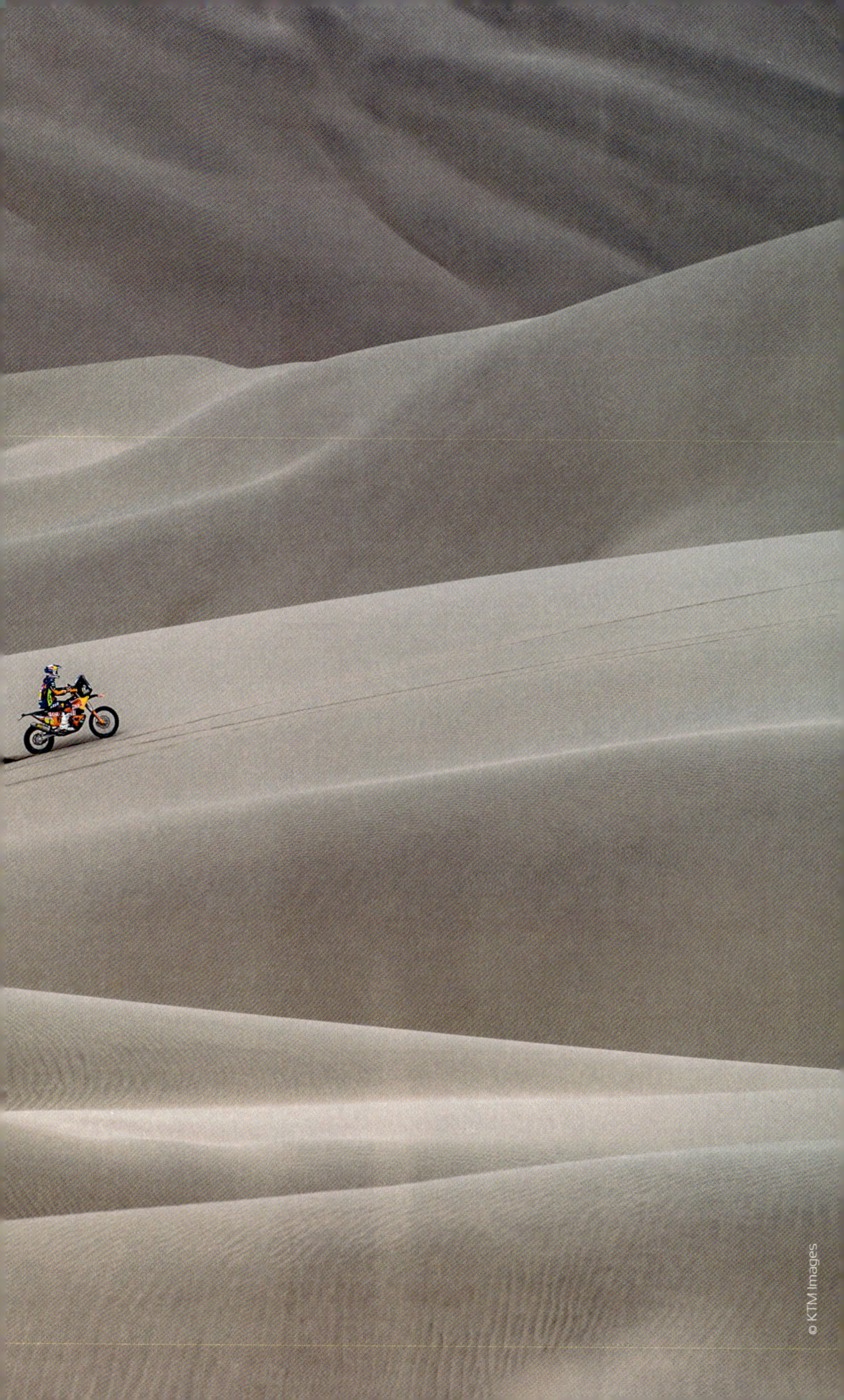

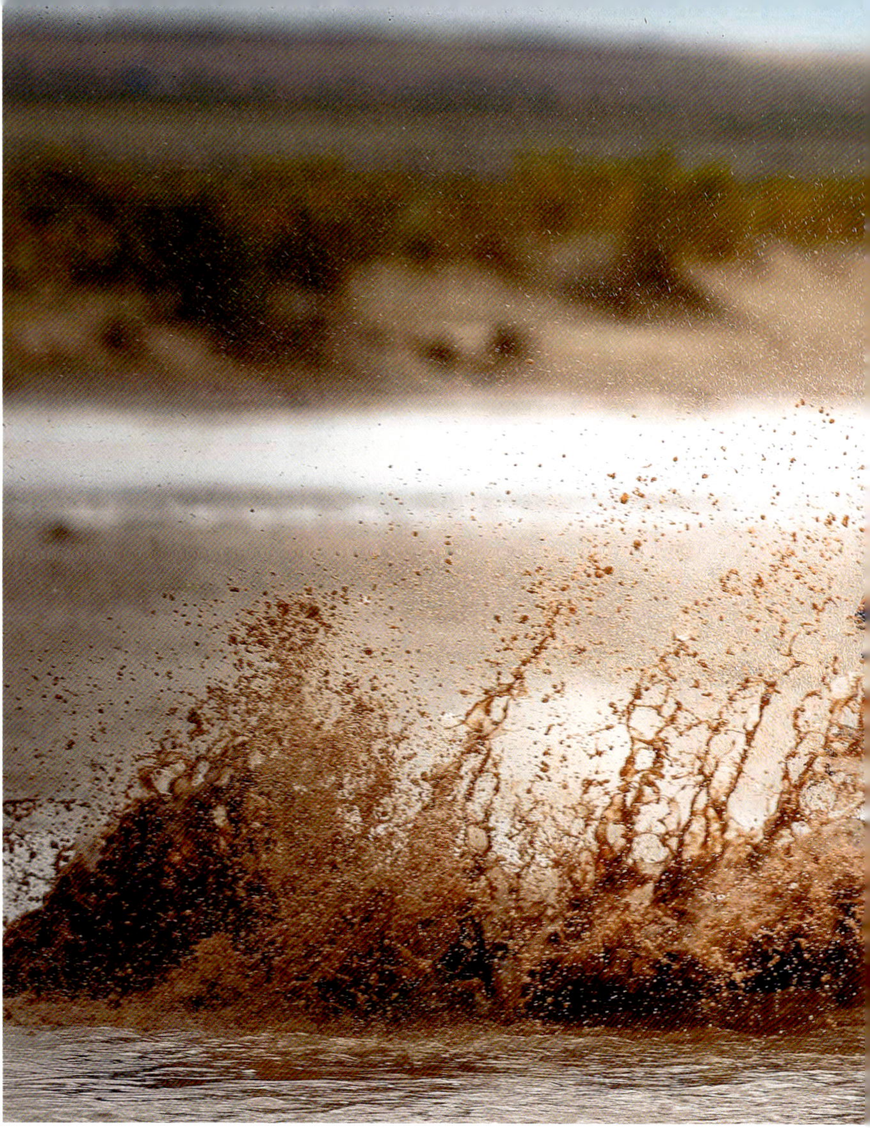

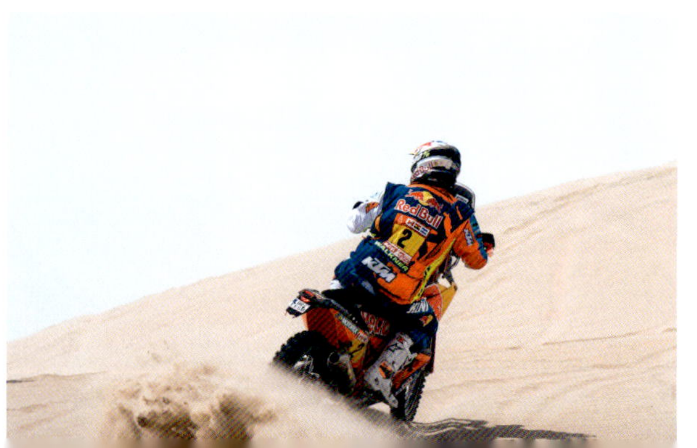
Red Bull
2
KTM

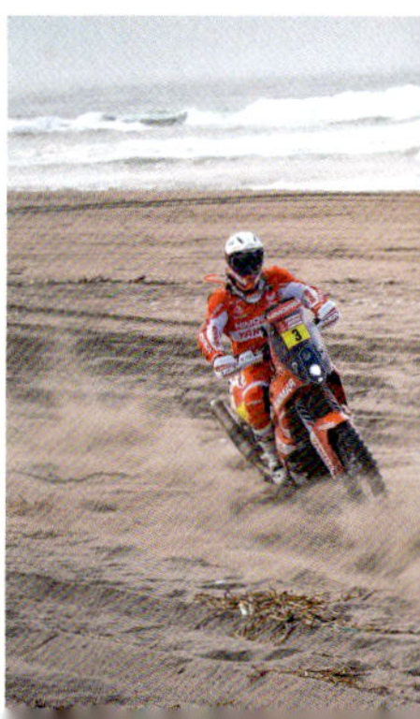

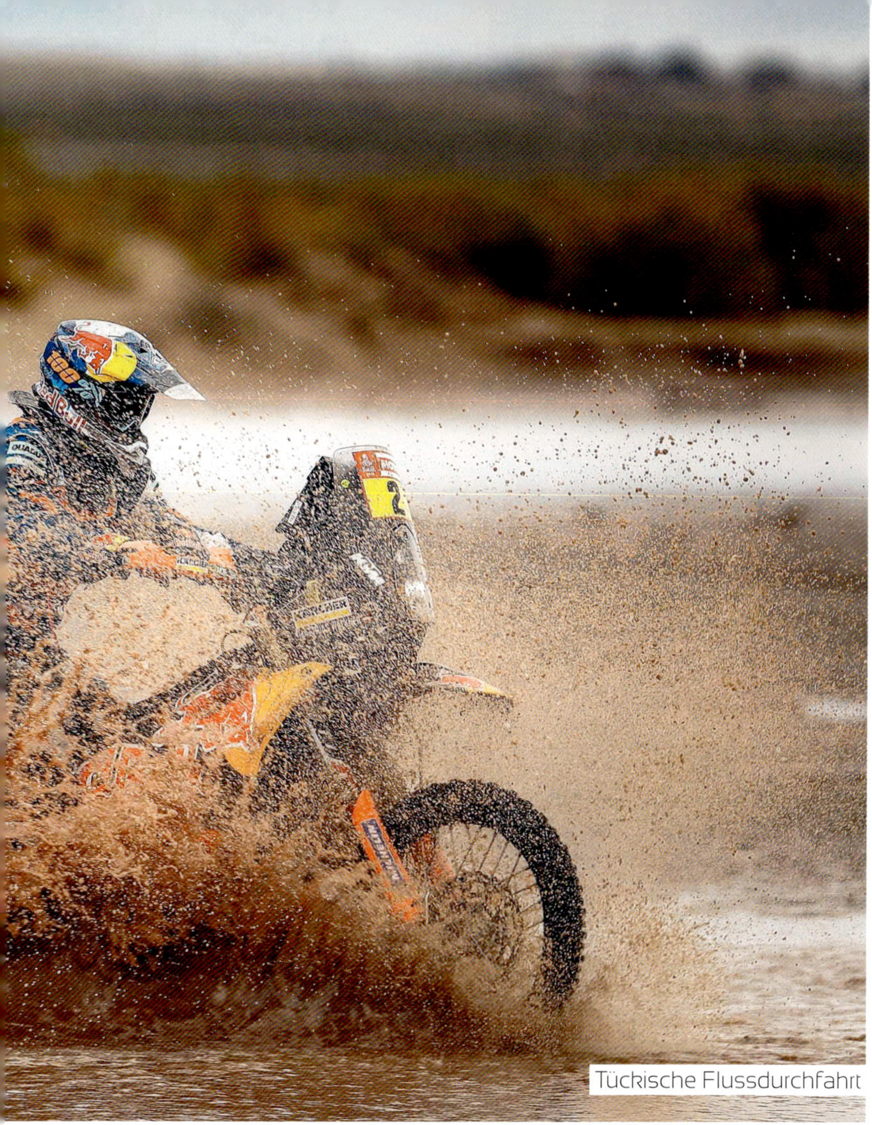

Tückische Flussdurchfahrt

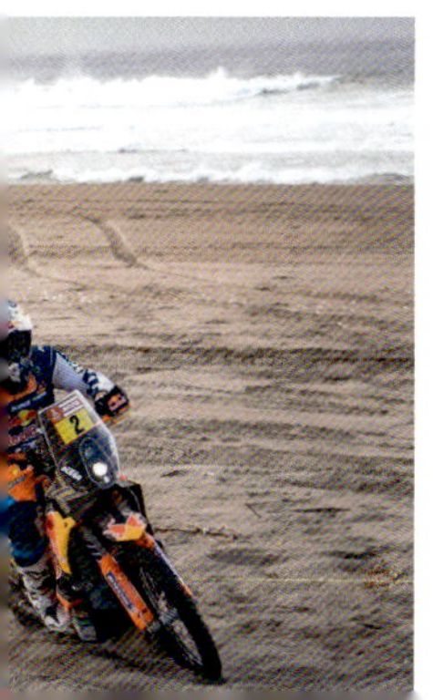

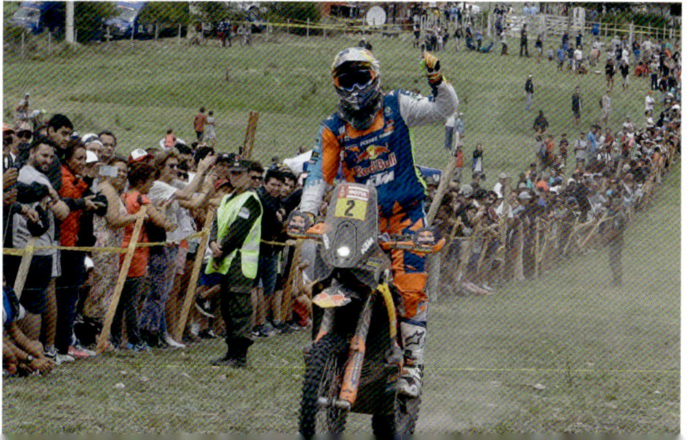

alle: © KTM Images

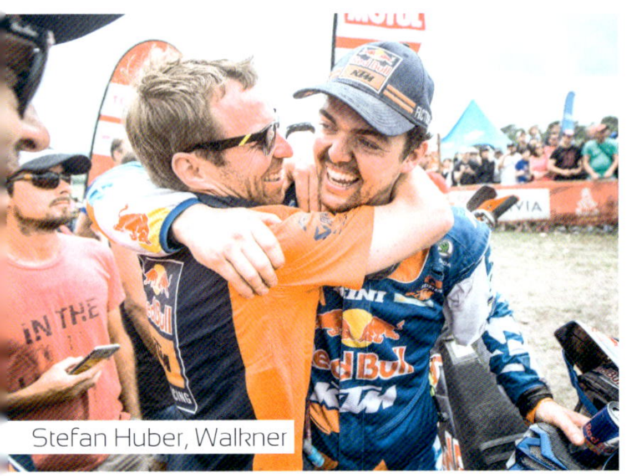

Stefan Huber, Walkner

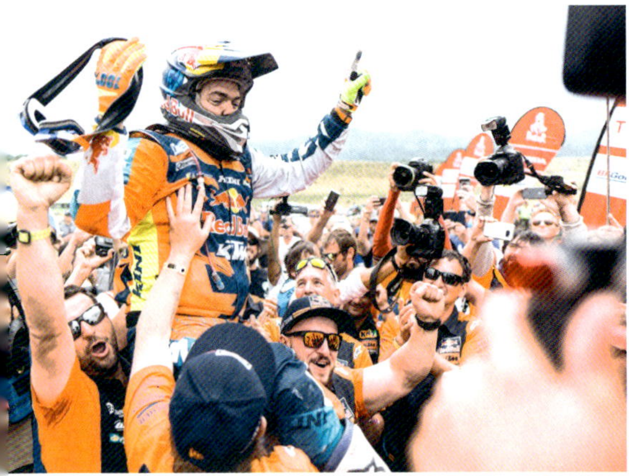

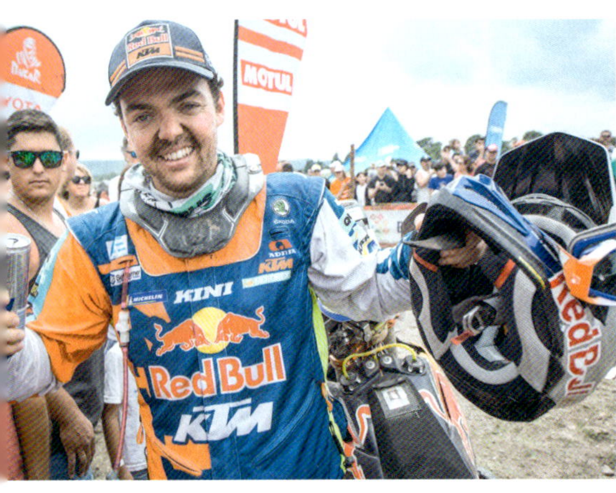

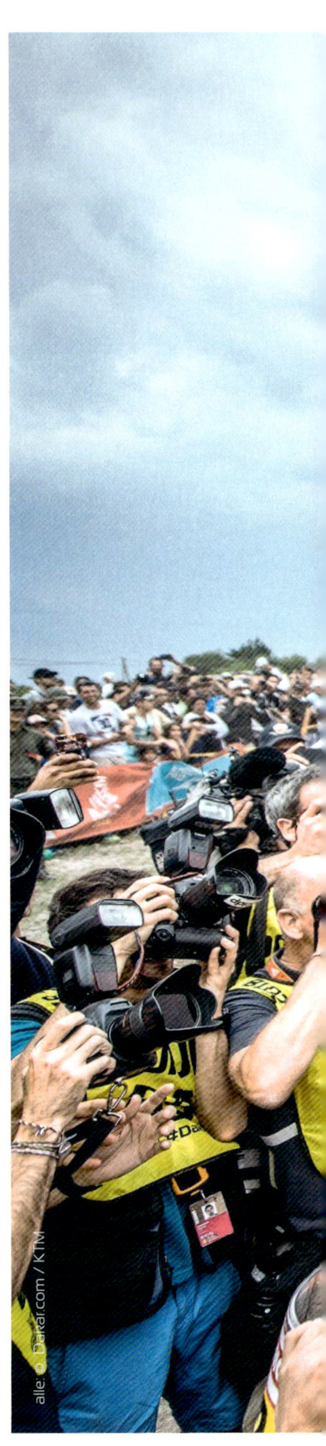

alle: © Dakar.com / KTM

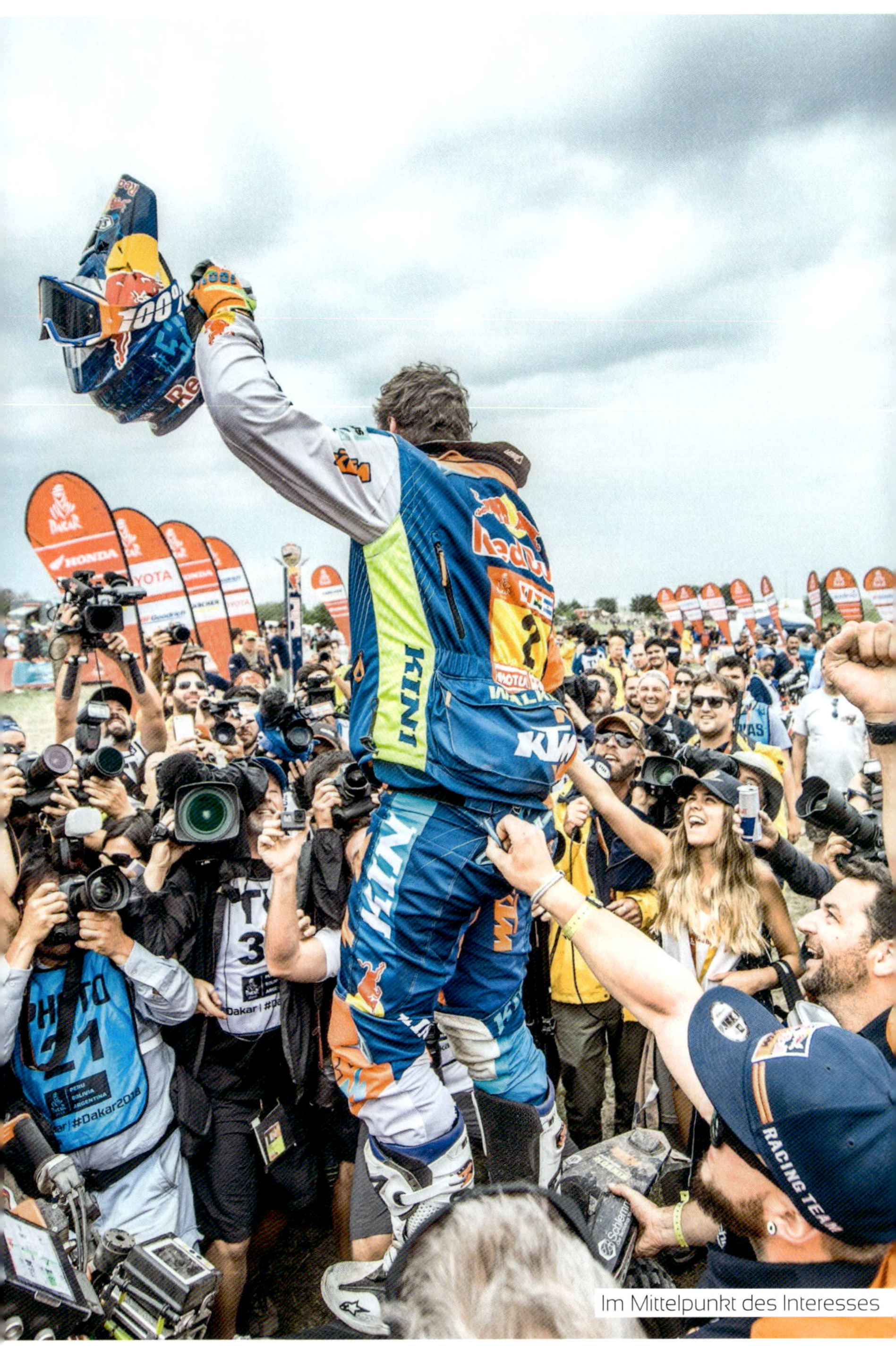

Im Mittelpunkt des Interesses

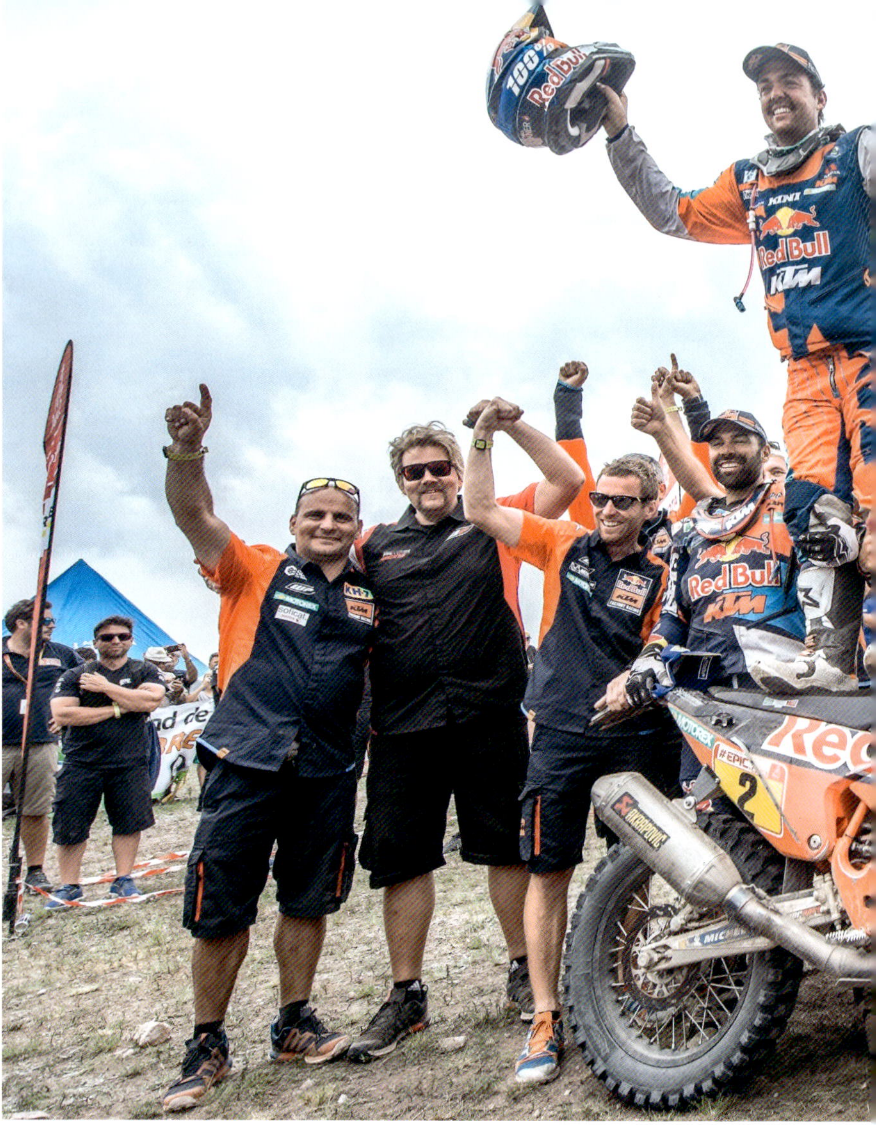

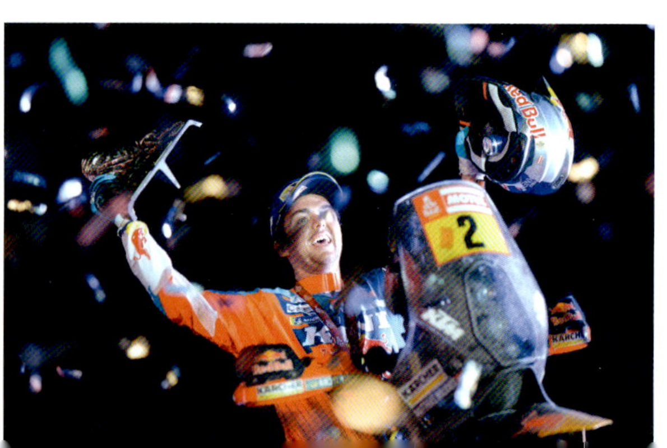
Red Bull
2

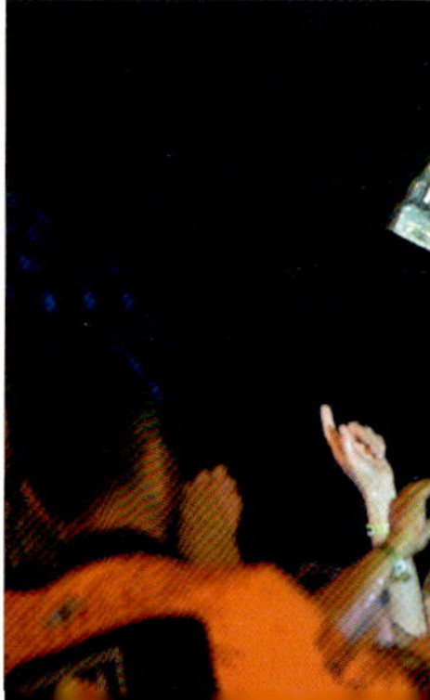

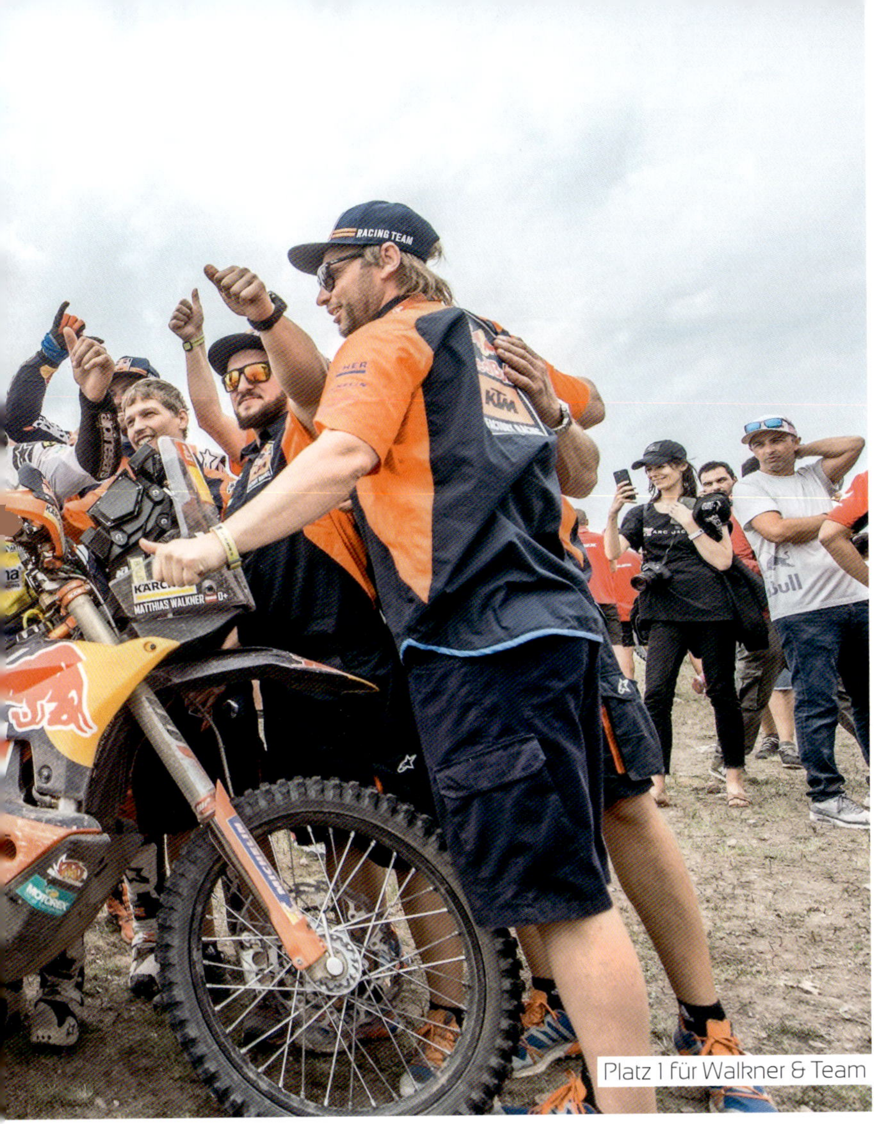

Platz 1 für Walkner & Team

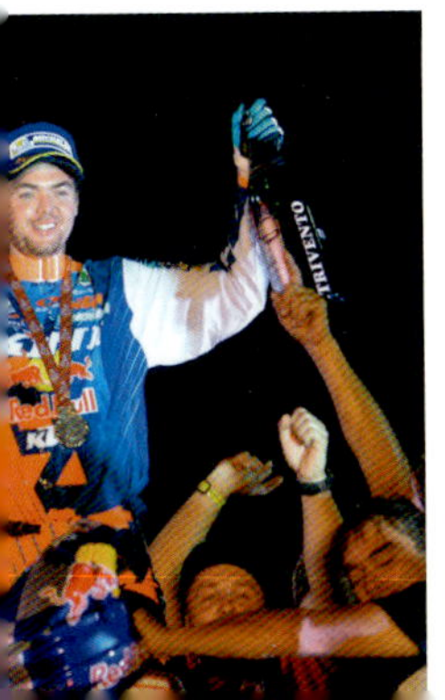

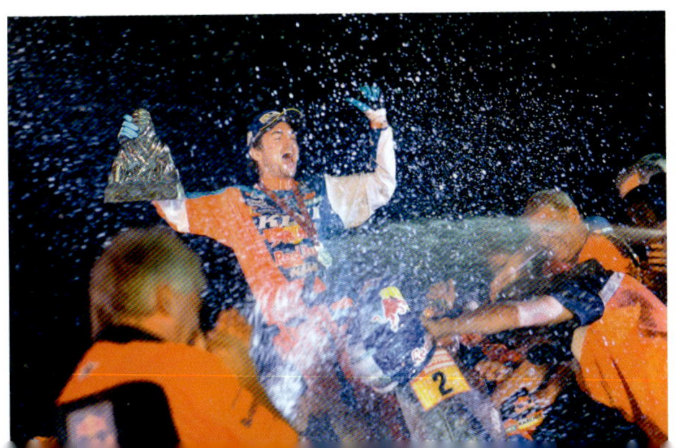

alle: © Dakar.com / KTM

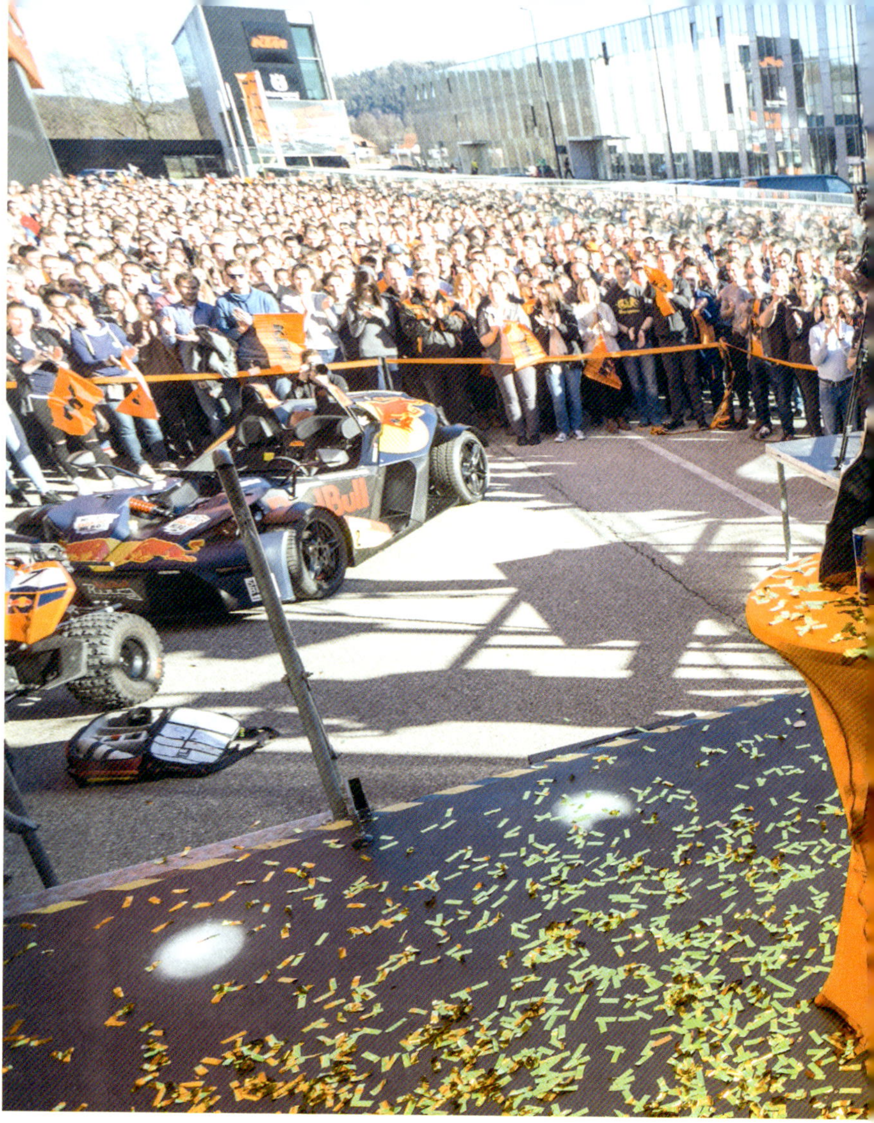

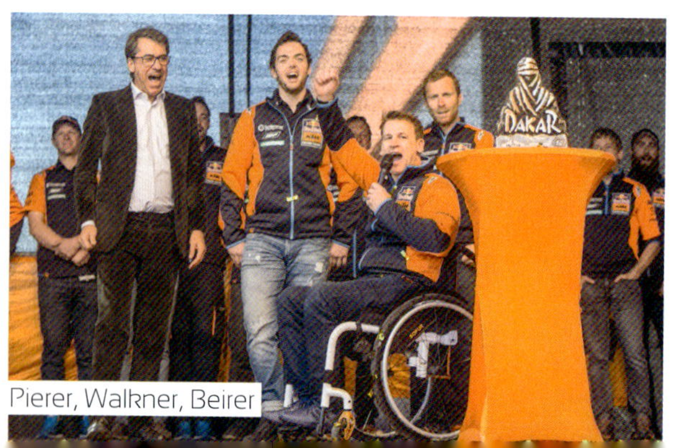

Pierer, Walkner, Beirer

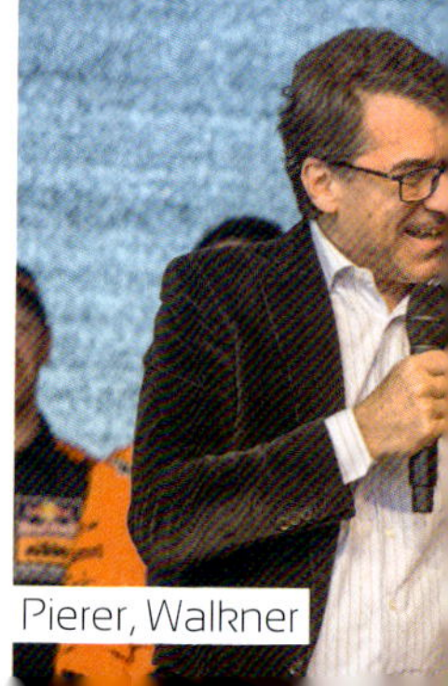

Pierer, Walkner

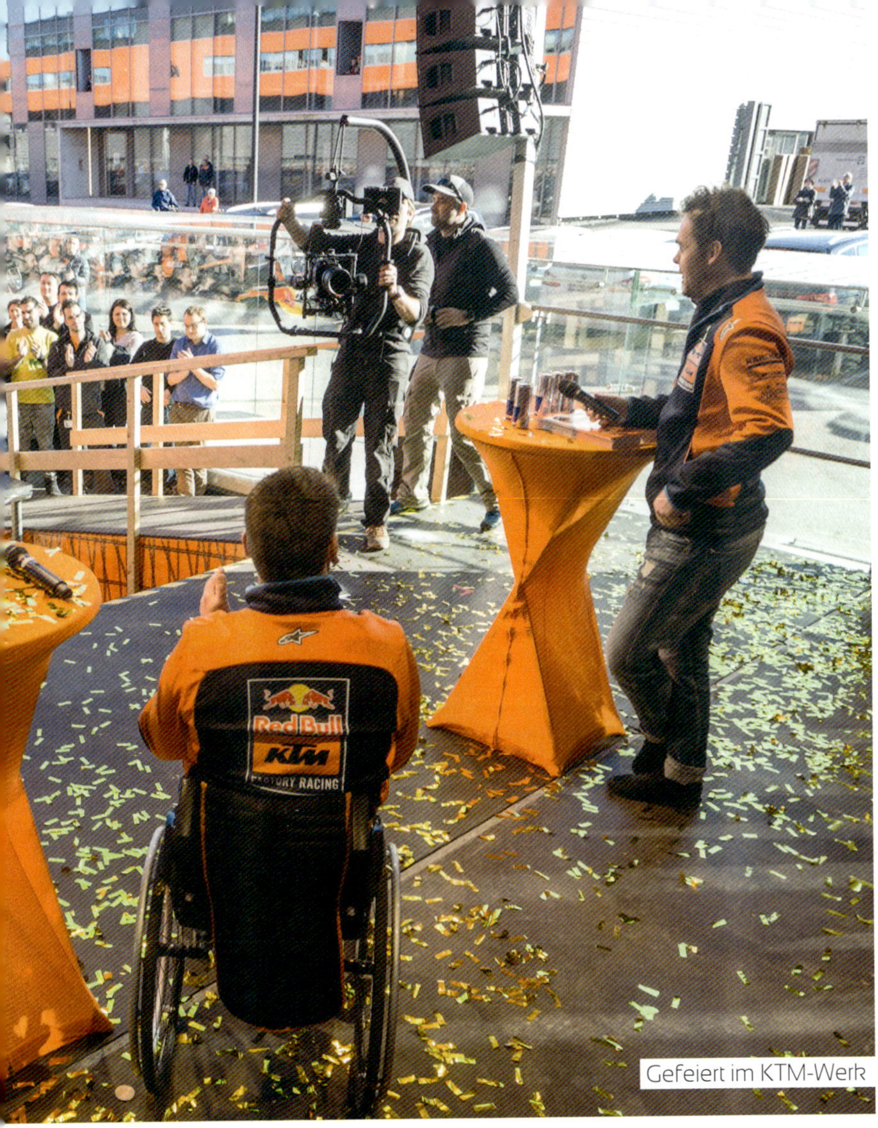

Gefeiert im KTM-Werk

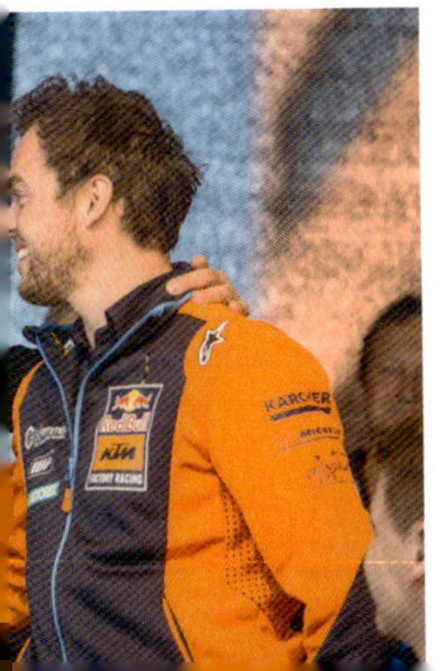

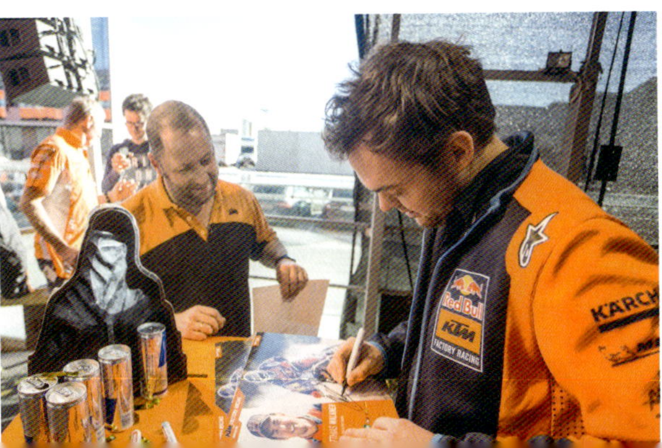

alle: © H. Mandl / KTM

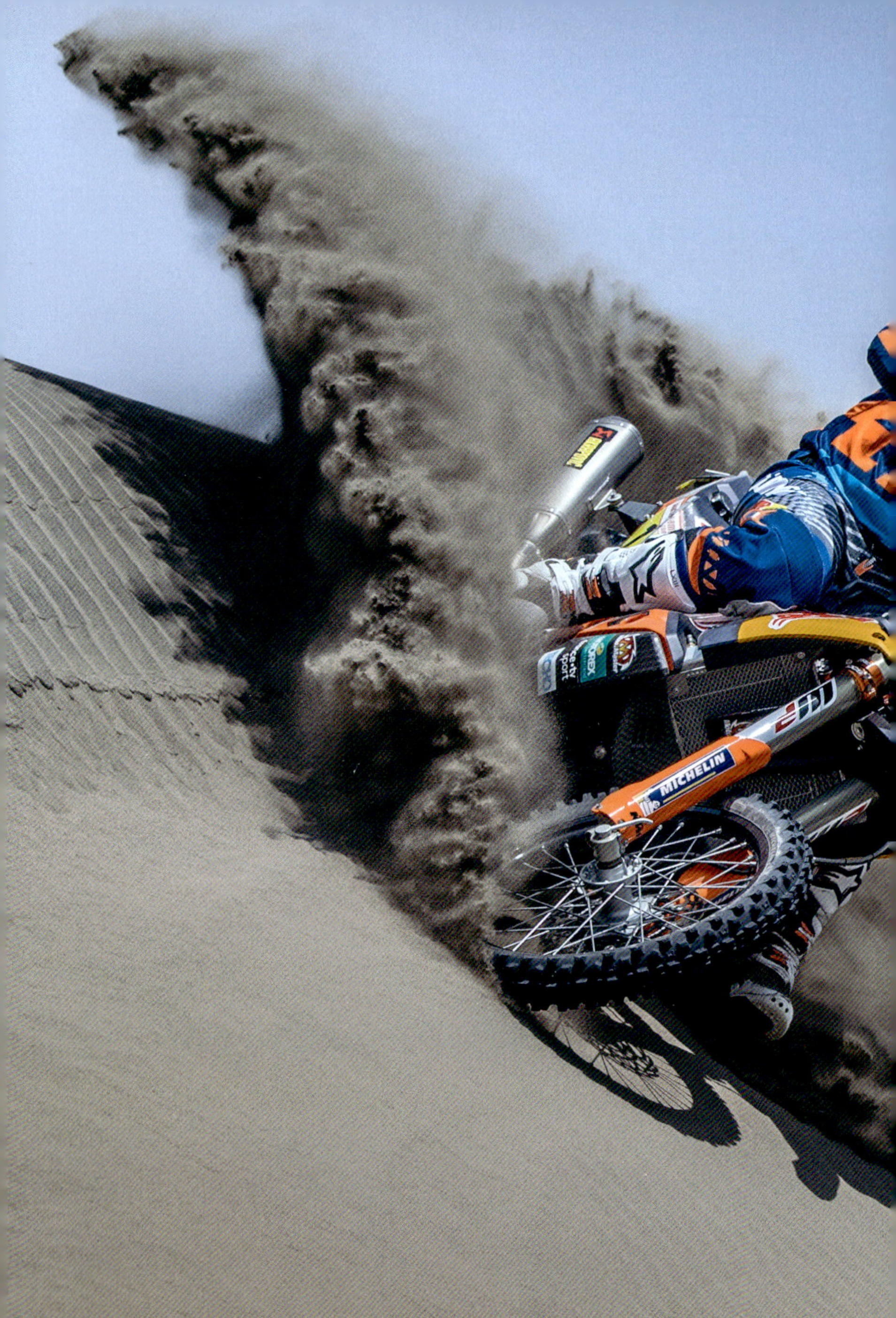

Als Titelverteidiger unterwegs

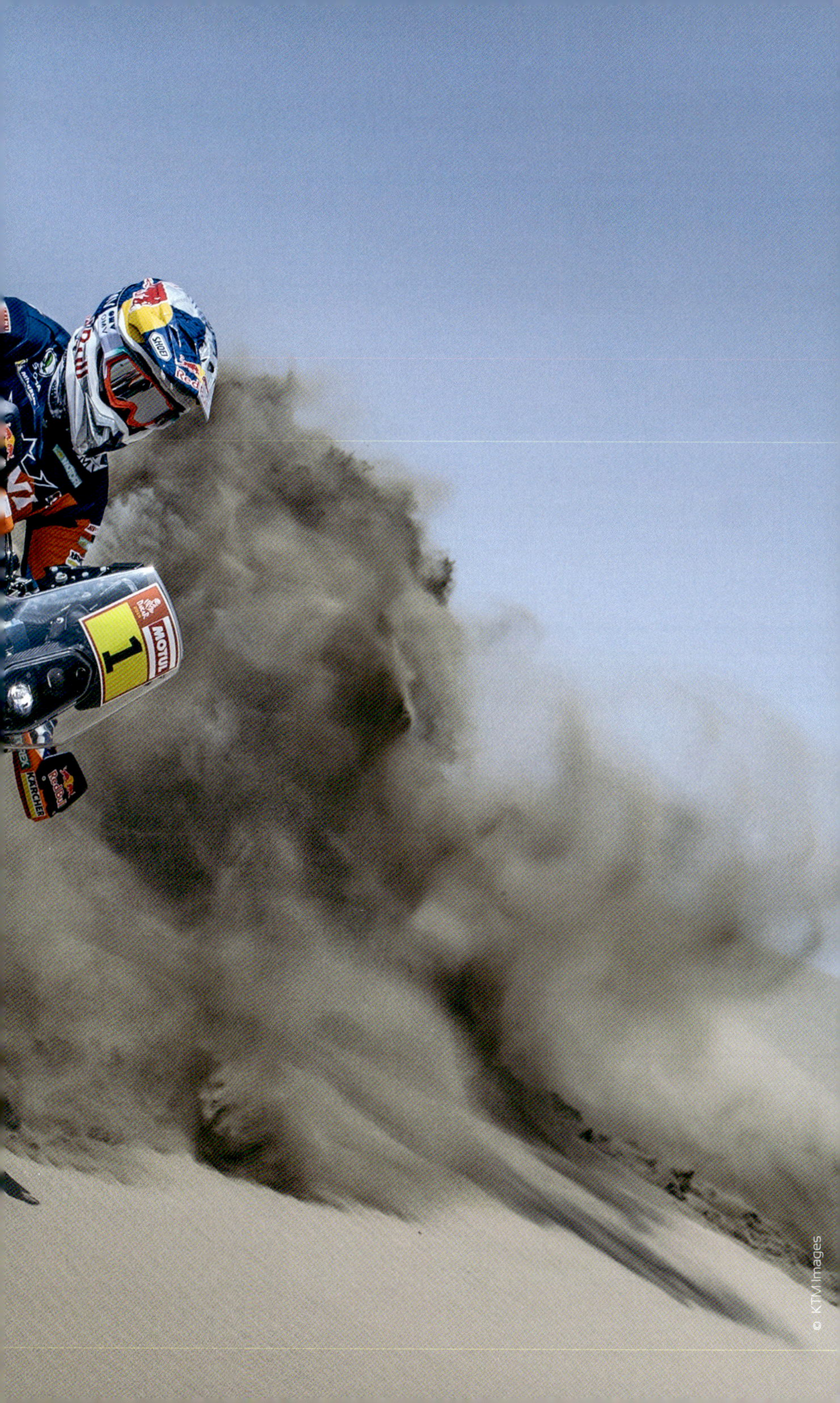
MOTUL
1
KÄRCHER

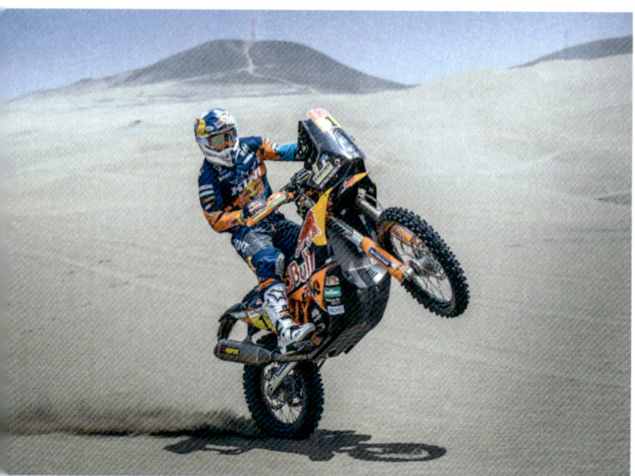

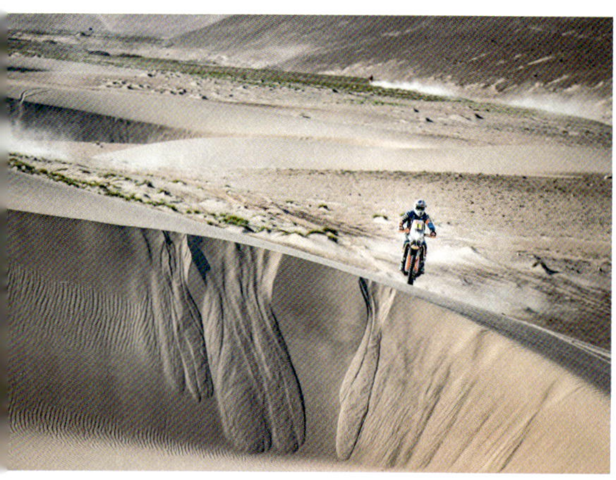

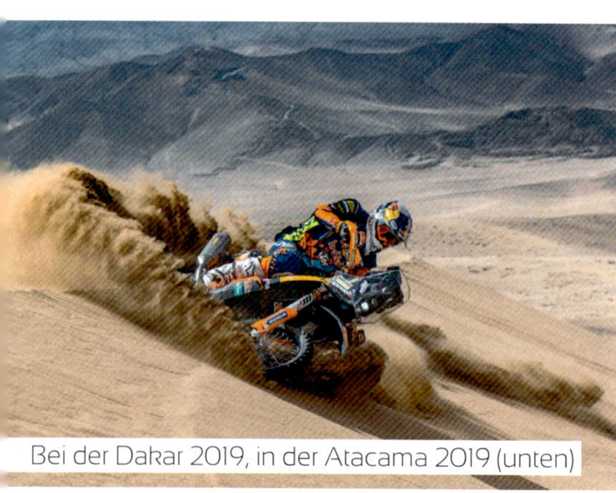

Bei der Dakar 2019, in der Atacama 2019 (unten)

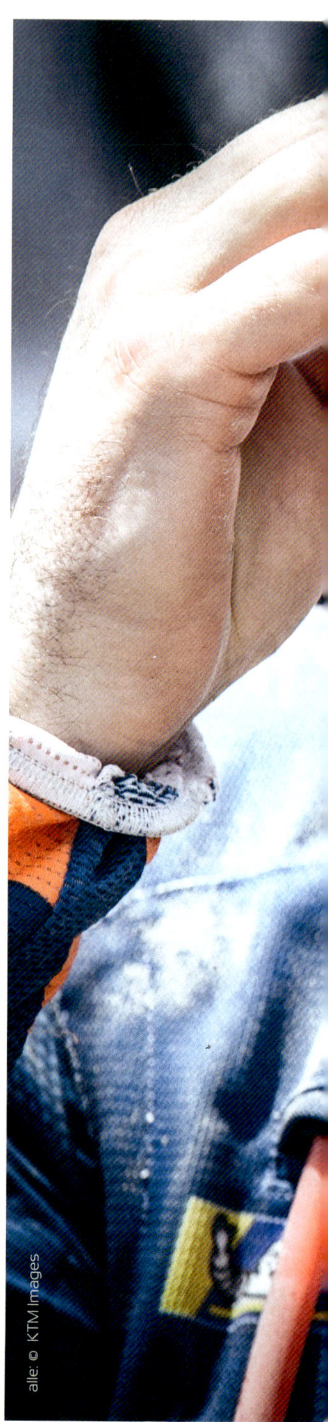

alle: © KTM Images

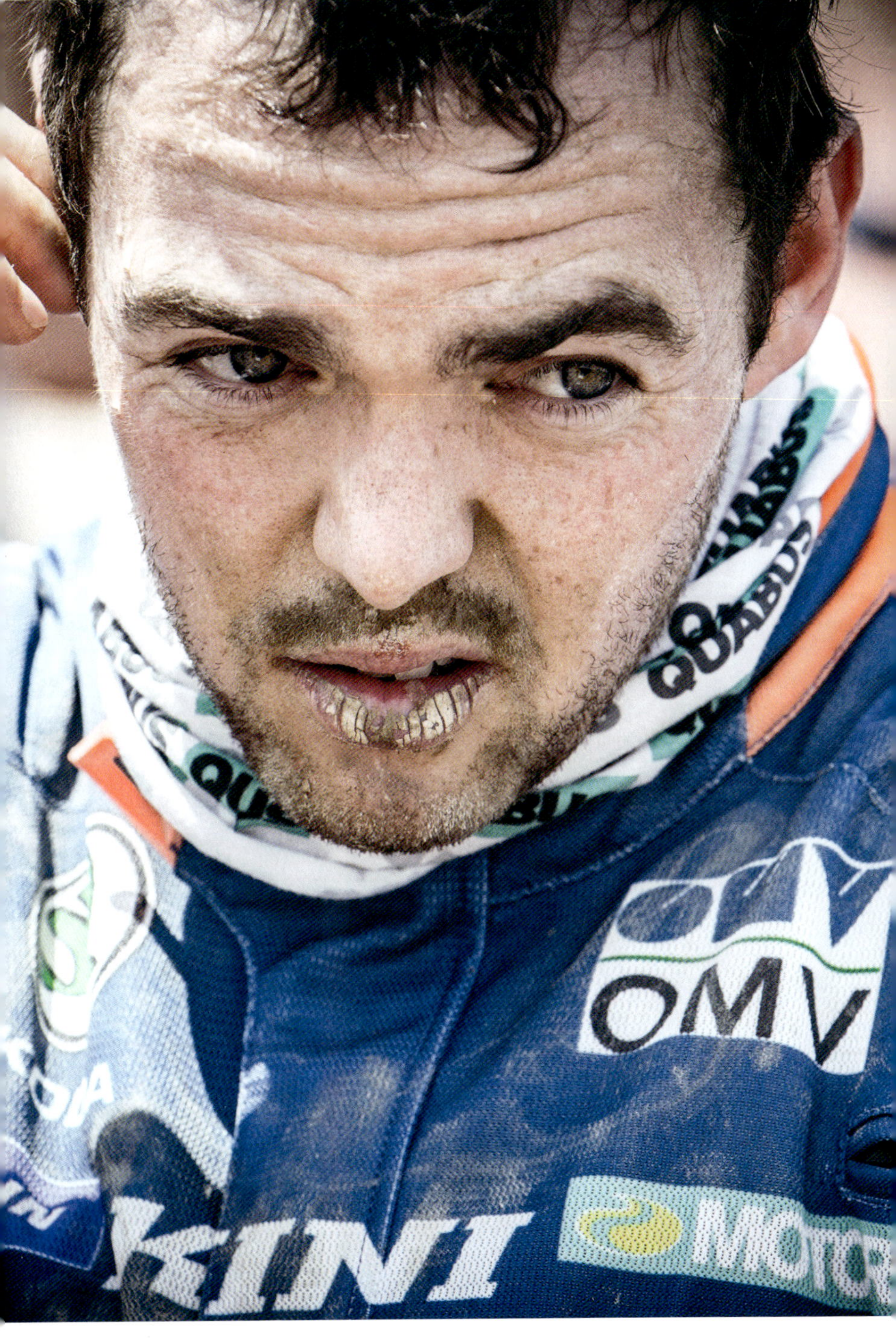
OMV

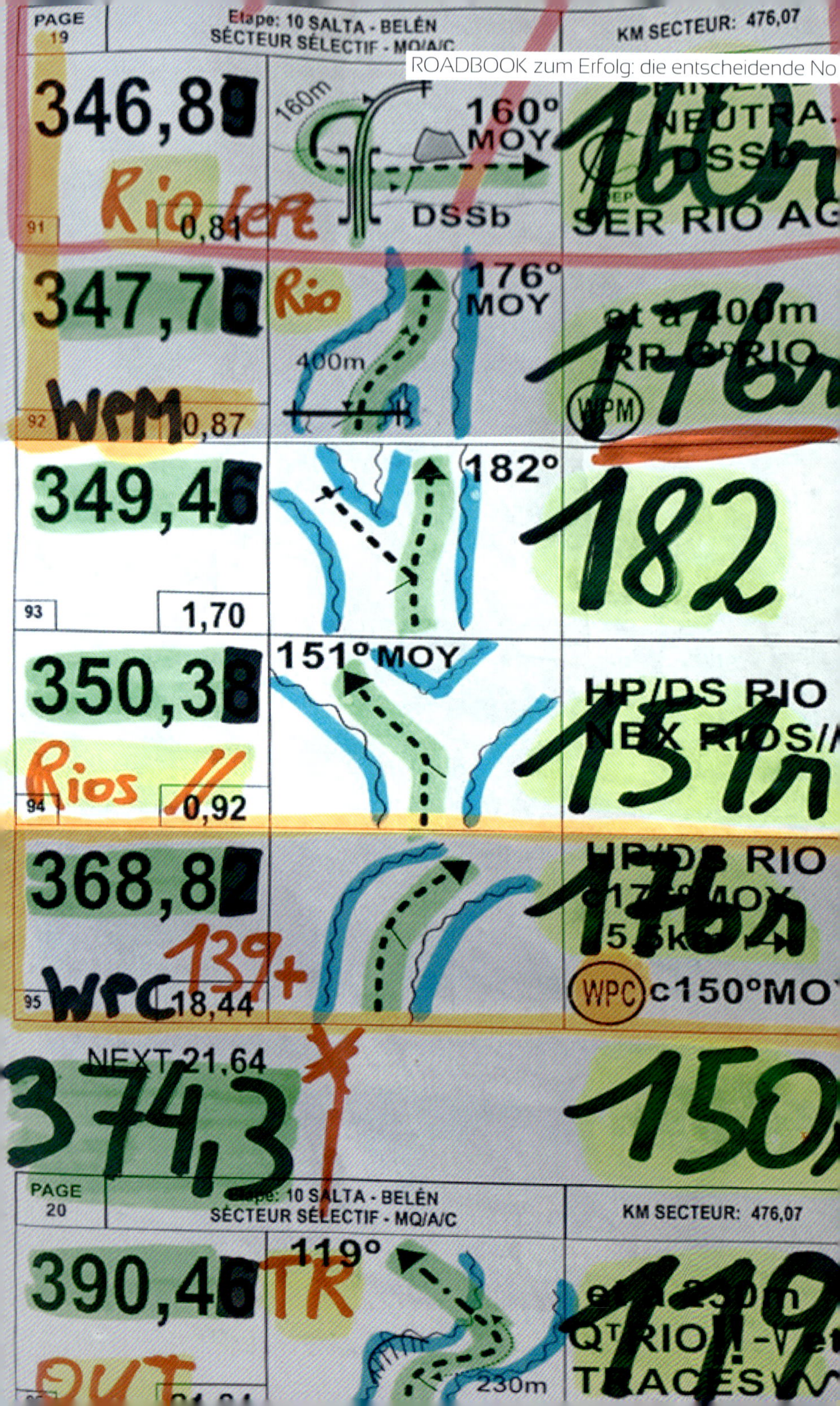
PAGE 19
Etape: 10 SALTA - BELÉN
SÉCTEUR SÉLECTIF - MQ/A/C
KM SECTEUR: 476,07
ROADBOOK zum Erfolg: die entscheidende No
346,8
160m
160°
MOY
DSSb
91
0,81
Rio left
SER RIO AG
347,7
Rio
176°
MOY
400m
92
0,87
WPM
176
349,4
182°
93
1,70
182
350,3
151°MOY
94
0,92
Rios //
HP/DS RIO
151
368,8
HP/DS RIO
95
18,44
139+
WPC
176
WPC
c150°MO
NEXT 21,64
374,3
150
PAGE
20
Etape: 10 SALTA - BELÉN
SÉCTEUR SÉLECTIF - MQ/A/C
KM SECTEUR: 476,07
390,4
119°
TR
230m
OUT
119

Zahlen, Zeichnungen und Farben – mein Roadbook

Das Roadbook wird uns von den Organisatoren in schwarz-weiß am Vorabend der nächsten Etappe zur Verfügung gestellt. Es liegt an mir und den anderen Fahrern, es zu studieren und es für die eigenen Verhältnisse und Vorlieben zu adaptieren.

In grün zeichne ich die zu fahrende Spur ein, in blau einen Fluss (Rio), in orange wichtige Informationen. Alles, was in rot-gelb merkiert ist, ist sehr wichtig. Schwarz-gelb ist die nächstwichtige Hervorhebung.

Auch übermale ich bei den Kilometerangaben die letzte Zahl, weil sie nicht relevant ist und nur für Verwirrung sorgen könnte.

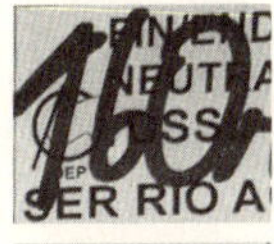

Zudem schreibe ich die wichtigsten Informationen in die linke bzw. rechte Spalte, wie bespielweise die durchschnittlichen Grad der Himmelrichtung, in deren Richtung gefahren werden soll.

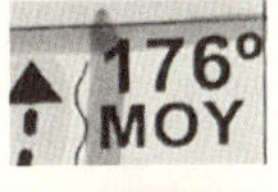

In Flussbetten, Dünen, oder vielen parallelen Schotterstraßen, in oder auf denen nicht eine gerade Linie gefahren werden kann, sind die durchschnittlichen Grad MOY (Moyenne, frz. für Durchschnitt) ein wichtiger Anhaltspunkt.

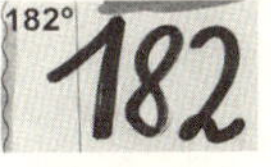

Kann gerade gefahren werden, wird die Himmelsrichtung in CAP angegeben, wobei Norden 360 Grad, Süden 180 Grad sind.

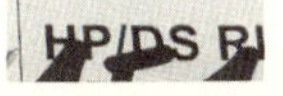

Hors Pist (HP) steht für „off piste". Also dort, wo keine Strassen vorhanden sind, wie Steinwüsten, Dünen oder großen Plateaus.

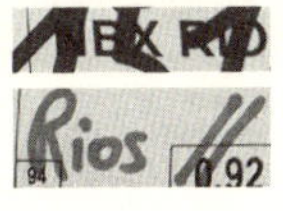

NBX heißt viele. In diesem Fall kennzeichnet NBX viele Flüsse (RIO), die parallel verlaufen, und in diesem Fall ist es wichtig, Augenmerk auf den CAP zu legen, um nicht einem falschen Flußbett zu folgen. (Weil extrem wichtig, wurde dies auch in der linken Spalte in rot-gelb vermerkt.)

Wegpunkte, die angefahren müssen, gibt es mehrere:

Der Way Point Safety (WPS) muss in einem 90-Meter-Radius angefahren werden. An gefährlichen Stellen - Flußdurchfahrten beispielsweise - will der Veranstalter somit sicher gehen, dass alle Teilnehmer dieselbe Strecke wählen, weil das Gelände anderweitig nicht passierbar bzw. gefährlich ist.

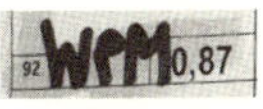

Ein Way Point Masked (WPM) muss in einem Radius von 200 Metern angefahren werden.

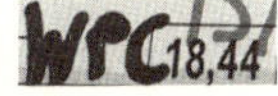

Ein Way Point Control (WPC) muss in einem Radius von 300 Metern angefahren werden und dient nur zur Kontrolle für den Veranstalter. Der WPC ist keine Hilfe für uns, sondern viel eher eine große Herausforderung diesen zu finden und richtig anzufahren.

Die beiden heller hervorgehobenen Zeilen links waren übrigens entscheidend für meinen Dakar-Sieg: Ich folgte nicht den Spuren der Vorhergefahrenen, sondern meinem Roadbook.

uns Zehntausende von Kilometern quer durch Europa. An jeder Grenze werden wir aufgehalten, jeder Zöllner will einen Blick in den „Mini-Monster-Truck“ werfen.

Wolfgang Hillinger ist ein wichtiger Baustein in meiner Karriere. „Ohne dich hätte ich es nicht geschafft“, sage ich ihm nach dem Gewinn des MX3-WM-Titels. „Du weißt, was du willst“, antwortet er mir, „auch ohne mich wärst du weit gekommen. Nur: wie weit?“

Es ist eine akademische Frage. Sie bleibt unbeantwortet. Was bleibt, ist der Jubel von Gerald, Wolfgang und Ferdl, zusammen mit jenem meiner Eltern, Freunde, Förderer und vielen anderen, an jenem 23. September 2012.

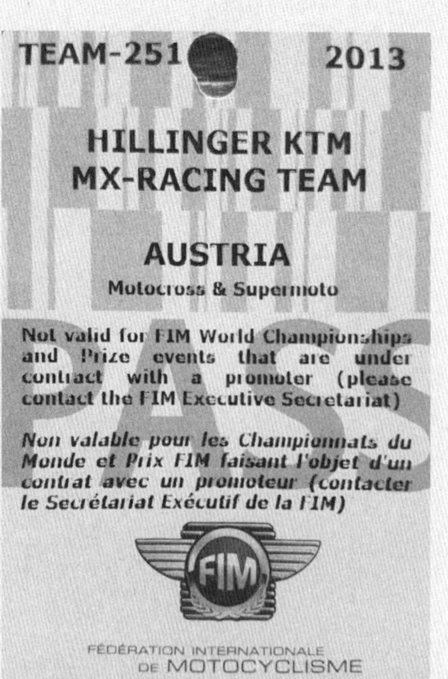
TEAM-251 2013

HILLINGER KTM
MX-RACING TEAM

AUSTRIA
Motocross & Supermoto

PASS

Not valid for FIM World Championships and Prize events that are under contract with a promoter (please contact the FIM Executive Secretariat)

Non valable pour les Championnats du Monde et Prix FIM faisant l'objet d'un contrat avec un promoteur (contacter le Secrétariat Exécutif de la FIM)

FIM
FÉDÉRATION INTERNATIONALE DE MOTOCYCLISME

Fédération Internationale Motocycliste

Licence internationale de coureur
International driver's licence

ENDURO

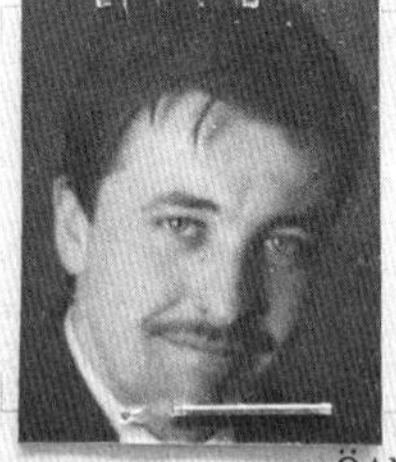
N° 48707

1993

FMN ÖAMTC/OSK

Nom du coureur / Driver's name: HILLINGER

Prénom / First name: Wolfgang

Né le / Date of birth: 2.5.1963

Nationalité / Nationality: Austria

Bevor ein neues Kapitel aufgeschlagen wird in meiner Laufbahn, erleide ich noch einen Rückschlag, Beim Testen 2013 stürze ich und überdehne die Finger, sodass diese am Handrücken anstehen. Brüche trage ich keine davon, aber Kapsel- und Bandverletzungen und Hautrisse, die mit einigen Stichen genäht werden. Nach drei Wochen Gips kann ich aber die Finger nicht mehr bewegen, so steif sind sie. Ein halbes Jahr befinde ich mich in Therapie und fahre dann mit einem Lenkerband, weil ich keine Faust mehr schließen kann. Diese Beeinträchtigung hätte auf alle Fälle Folgen auf den weiteren Karriereverlauf im Motocross gehabt, wo man bei jeder zweiten Kurve die Kupplung betätigt. Dies ist bei der Rallye Dakar weniger der Fall. Diese Verletzung begleitet mich bis heute.

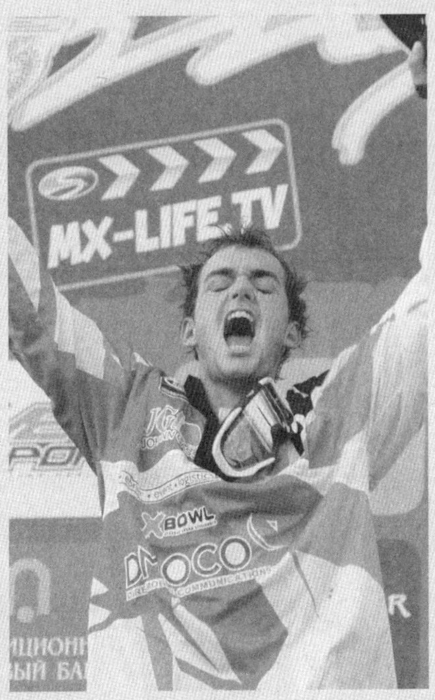

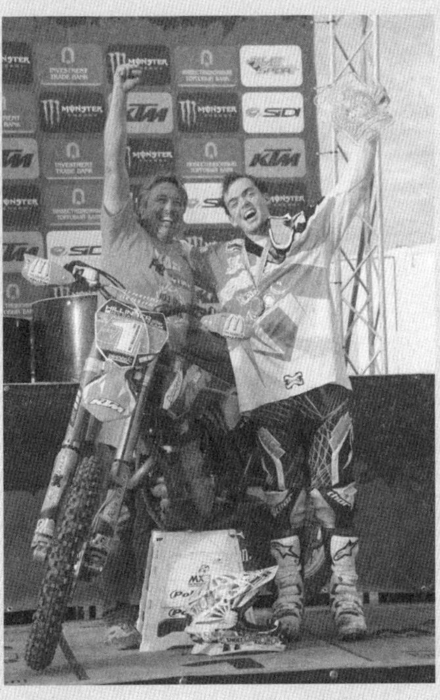

Vom Coolsten, das es gibt

MEISTERLICH AUF NEUEM TERRAIN

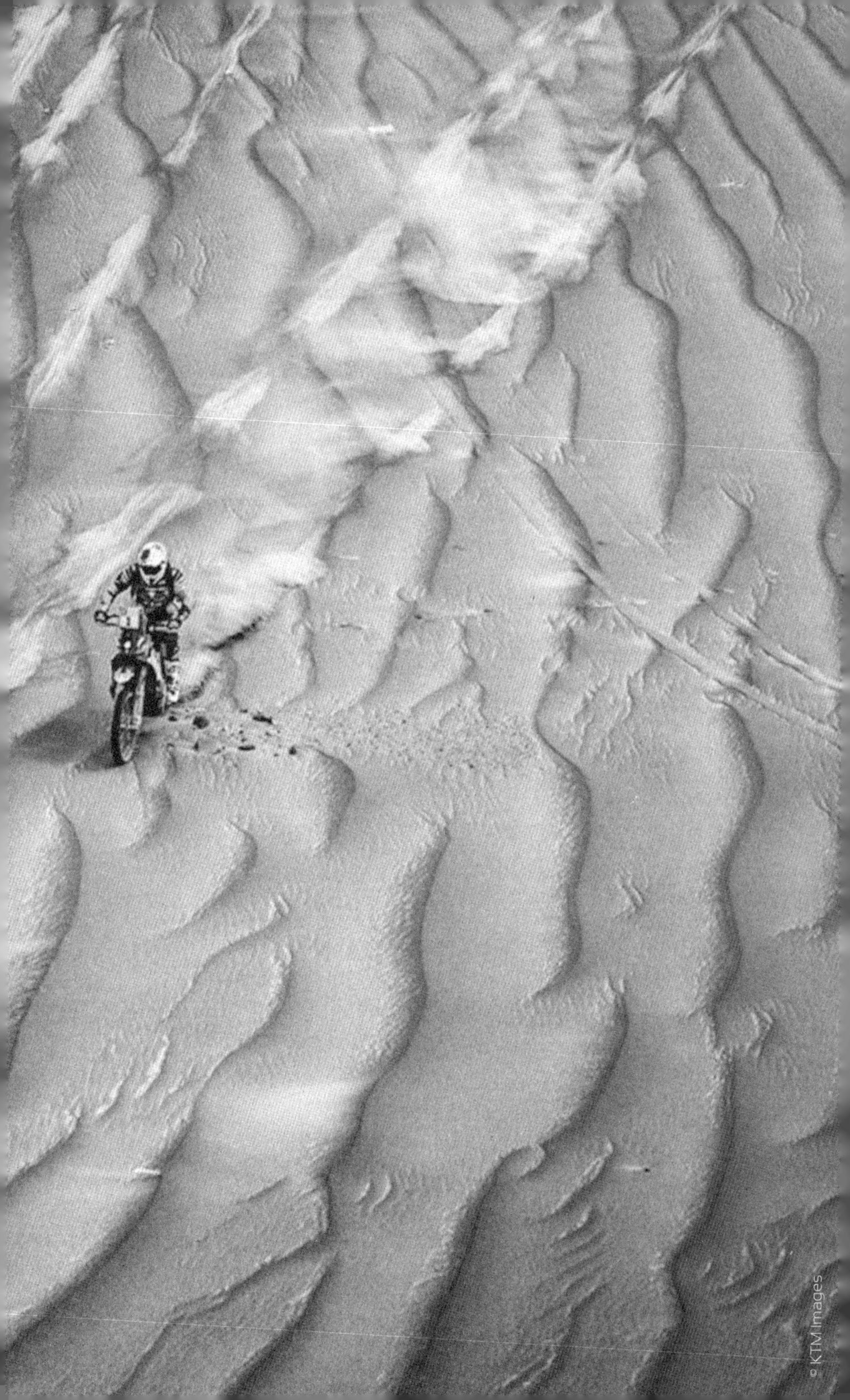

Es ist der 8. Mai 2014 als ein italienischer Rallye-Veteran auf mich zukommt. Massimo wird so um die 60 Jahre alt sein, schätze ich, trägt eine Glatze und hat ein sympathisches Lächeln. „Junge, du bist gut! Ich bin mir sicher, du bist ein neuer Champion. Du wirst die ‚Dakar' gewinnen." Er klopft mir auf die Schulter, dreht sich um und lässt mich stolz aber auch nachdenklich zurück.

Als Kind bin ich vor dem Fernseher gesessen und habe die Berichte über die Rallye Paris–Dakar, wie sie bis 2007 hieß, mit großen Augen mitverfolgt. Und nun soll ich sie fahren, mehr noch, gewinnen?

Nicht einmal zwei Jahre ist es her, als ich die MX3-WM gewonnen habe. Im darauffolgenden Jahr gewinne ich zwar sechs Rennen, kann meinen Titel aber nicht verteidigen. Im KTM-Werk in Mattighofen frage ich Heinz Kinigadner, was ich denn machen solle. Ich fühle mich zu jung (und bin es auch), um mit dem Sport auf internationalem Niveau aufzuhören, aber ich weiß auch, dass das Engagement in Weltmeisterschaften zu viele zeitliche und ökonomische Ressourcen verschlingt. Ganz ehrlich, ich weiß nicht, welche

Antwort ich mir von Kinigadner erwarte. Vielleicht, dass er mir ein KTM-Sponsoring in Aussicht stellt? Vielleicht, dass er mir rät, aufzuhören?

Er schwärmt vom Rallyesport, das ist das Coolste und Lässigste, was es gibt! Damit habe ich nicht unbedingt gerechnet.

Kinigadner lädt mich ein, während der Tunesien-Rallye frei durchs Gelände zu fahren und mich mit der Navigation, dem Roadbook vertraut zu machen. Außer mir ist noch ein Deutscher dabei, Andreas Lettenbichler aus Rosenheim. Am ersten Tag fahren wir von Djerba über 200 Kilometer nach Douz und im Prinzip geht es bei hoher Geschwindigkeit mehr oder weniger immer geradeaus. Im Gegensatz zum Motocross ist es stinklangweilig.

Ab dem nächsten Tag ändert sich die Geschichte, wir sollen 30 Kilometer durch die Wüste fahren und mit einem Roadbook navigieren. Dieses ist alt und fehlerhaft, aber zum Reinschnuppern in ein neues Metier immer noch gut genug. Prinzipiell geht es nur geradeaus, es gibt drei Kurven, und diese stellen mein gesamtes erstes Navigationstraining dar. Wir kommen auf einer sandigen Piste mit unseren Enduro-Maschinen auf einen Schnitt von 140, 150 Stundenkilometer. Lettenbichler und ich fahren nebeneinander, um dem Staub des anderen zu entgehen, und pushen uns gegenseitig. Bei einem Wüstencafe bleiben wir stehen, blicken uns an und schütteln den Kopf. So etwas wollen wir sicher nicht machen. Ich kann mir nicht vorstellen, dass dieser Sport dem Heinz viel Spaß gemacht hat, denke ich mir und sage Kinigadner: „Das ist ja kein technisch anspruchsvolles

Motorradfahren!“ Heinz grinst mich an, er hat sich so eine Reaktion erwartet, weil er vor 20 Jahren die gleichen Gedanken hatte.

„Wie schaut's aus?“, fragt mich Kinigadner auf dem Rückflug, und weil ich unsicher in meiner Antwort bin, meint er: „Lass uns doch im kommenden Mai zur Hellas Rallye fahren.“ Das ist eine Einsteigerrallye, das Nenngeld liegt bei 600, 700 Euro, insgesamt kostet mich der Ausflug 2000 Euro. Das ist weit weniger, als wenn ich ein oder zwei Motocross-WM-Läufe bestreiten würde. „Wenn's dir nicht taugt“, sagt Heinz, „hast nicht viel verloren.“

In fünf Etappen geht es rund um Nafpaktos, eine Hafenstadt gegenüber dem auf dem Peloponnes liegenden Patras. Die Rallye ist nicht superschnell, sondern eher langsam. Sie findet auf normalen Wegen statt und gefühlt gibt es alle 300 bis 400 Meter eine Kreuzung, was bedeutet, dass man ein Roadbook wirklich lesen können muss. Unter den rund 120 Teilnehmern sind keine Superstars, aber doch einige erfahrene und routinierte Amateure, gerade aus Italien, die es recht gut können.

Auf dem ersten Teilstück verfahre ich mich ziemlich oft und lande auf dem sechsten Platz. Ein erstes Ausrufezeichen setze ich auf der zweiten Etappe, als ich eine Gruppe anderer Fahrer überhole, mit Geschwindigkeitsüberschuss auf einen Steinbruch zurase und 10, 15 Meter über diesen drüberspringe. Das Video geht viral. Ich gewinne auch am nächsten Tag, bei Streckenverhältnissen, die mich zuweilen an den Erzberg erinnern und die mir gut liegen. Driften und sliden kann ich. Am Abend dieses Tages bin ich der Star der Veranstaltung. Der Unterschied im fahrerischen Können ist nicht zu übersehen, mit dem Roadbook komme ich auch zurecht, besser als erwartet vielleicht.

Zwei Tage und einen weiteren Etappensieg später habe ich die Hellas Rallye gewonnen.

Heinz Kinigadner trifft sich mit KTM-Chef Stefan Pierer und Motorsport-Direktor Pit Beirer. Er erzählt ihnen, was er in Griechenland gesehen hat, wie locker ich die Rallye dominiert habe und wie gut ich meine ersten Roadbook-Erfahrungen hinter mich gebracht hätte. „Wie wäre es, wenn wir einen Österreicher zur ‚Dakar' schicken?", fragt er sie. Kinigadners Wort hat Gewicht, die Chefs stimmen ihrem Experten zu: „Wenn du meinst, dass er das Zeug dazu hat."

Somit sind meine nächsten Karriereschritte vorgezeichnet. KTM schickt mich nach Spanien, in Barcelona trainiere ich mit Jordi Viladoms und lerne von ihm, Roadbooks noch besser, noch gründlicher zu lesen. Dann nehme ich an der Rallye Marokko teil, es ist der letzte WM-Lauf 2014, und hier gelingt mir der endgültige Durchbruch in der neuen Szene. Ich befinde mich auf Teilabschnitten im Spitzenfeld, lande am letzten Tag auf dem sechsten Rang und in der Gesamtwertung auf Platz elf. Als ich von Afrika heimfliege, bin ich mir sicher, dass ich nicht ungeschickt bin – um es vorsichtig zu formulieren. Zufrieden ist auch Heinz Kinigadner. „Er hat gezeigt, dass er das Tempo der arrivierten Piloten mitfahren kann. Und es war klar, dass er beim Thema Navigation noch einiges an Erfahrung

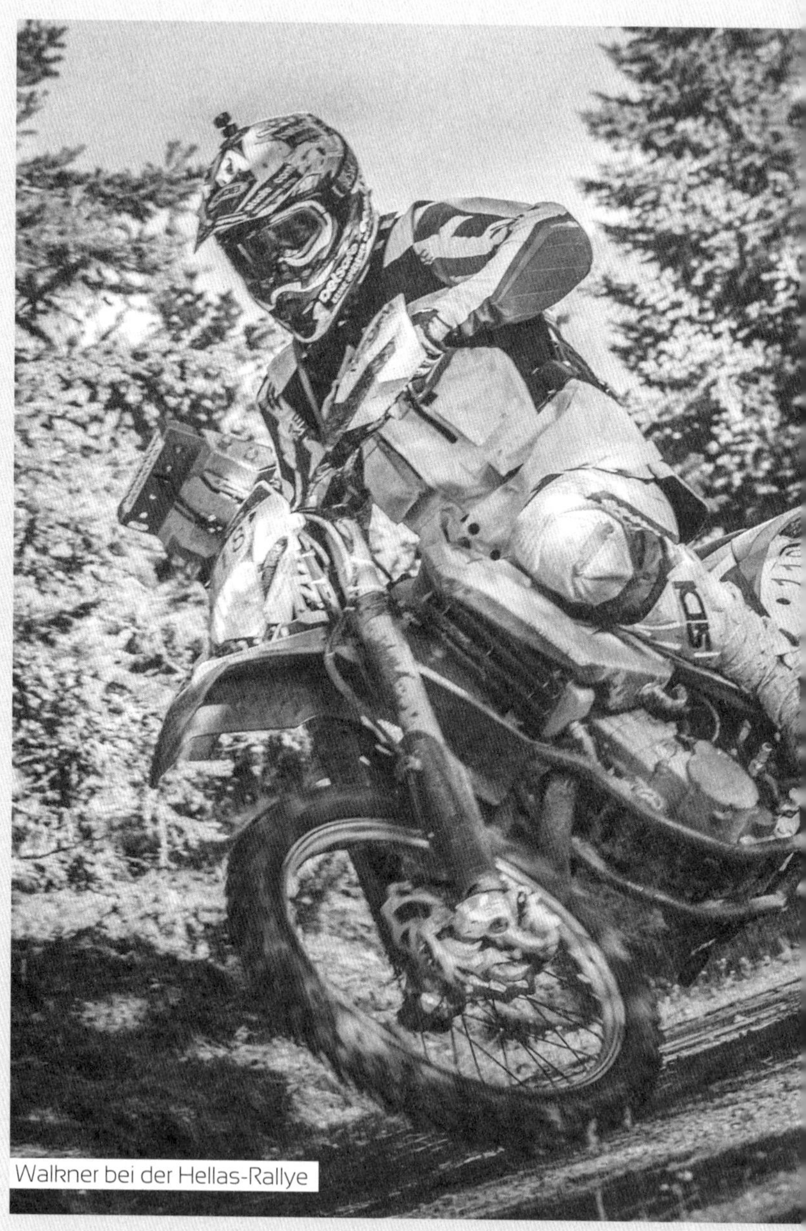
Walkner bei der Hellas-Rallye

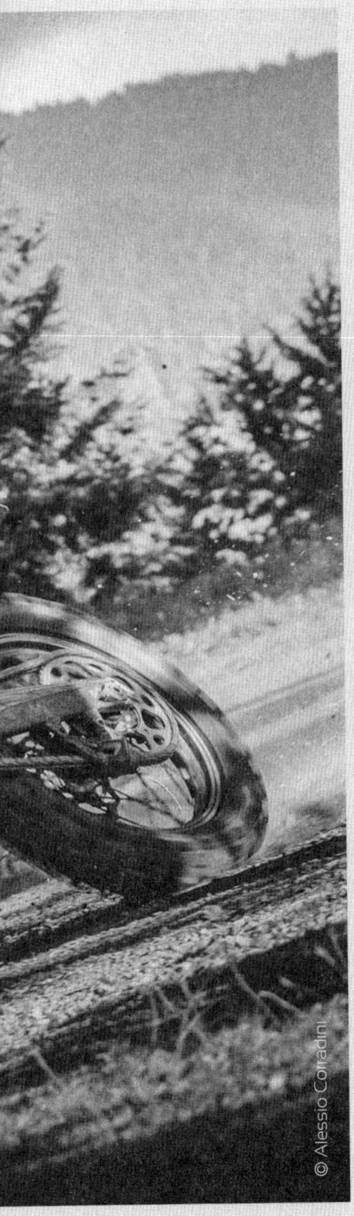

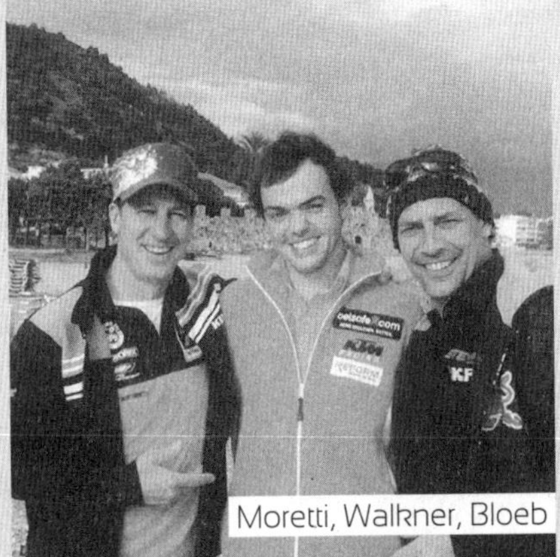
Moretti, Walkner, Bloeb

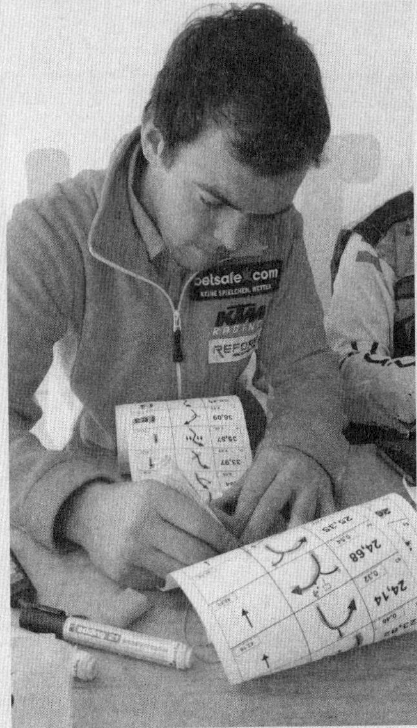

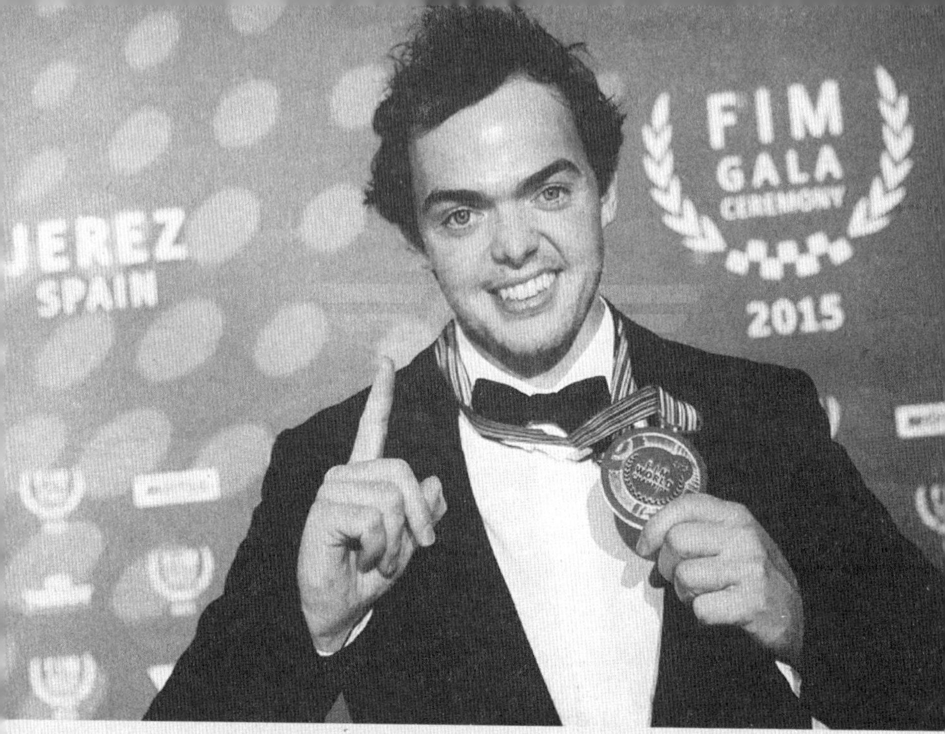

braucht. Daran werden wir weiter arbeiten – mit einem speziellen Trainingsprogramm", lese ich in den darauffolgenden Tage in den Medien.

Mit meiner ersten „Dakar"-Teilnahme 2015 als von KTM unterstützter Privatfahrer trete ich ein in einen kleinen elitären Kreis und entwickle mich immer weiter. In diesem Jahr gewinne ich die Rallye Raid-Weltmeisterschaft der FIM, doch ich erobere Platz eins unter ganz anderen Vorzeichen als jenen drei Jahre zuvor. Im Motocross will ich den Titel unbedingt und liege in der Gesamtwertung immer weit vorne oder in Führung. Im Motorradrallye denke ich die gesamte Saison nicht daran, den Titel nach Hause zu bringen.

Die Weltmeisterschaftsläufe dienen bei KTM in erster Linie als Tests für Menschen und Maschinen, sie sind quasi ein langes Vorspiel auf die „Dakar". Ich mache bei allen Stationen eine gute Figur, gewinne die vorletzte Wertungsprüfung der Abu Dhabi Desert Challenge beim WM-Auftakt, feiere einen Etappensieg bei der Sealine Cross-Country Rally in Qatar, entscheide das Sardegna Rally Race für mich und belege Platz zwei bei der Atacama Rally. Zum Saisonabschluss geht es zur Rallye OiLibya du Maroc, bei der ich mit drei dritten Rängen in der Gesamtwertung auf dem zweiten Platz hinter Teamkollegen Sam Sunderland lande, mit einem Rückstand von lediglich 34 Sekunden. Das Endklassement weist mich als Ersten auf, sieben Punkte vor Sunderland.

Ich bin wieder Weltmeister, fliege wieder zur Gala des Internationalen Motorradverbandes nach Jerez in Spanien, um die Ehrung entgegenzunehmen. Die Auszeichnung freut mich, doch im Unterbewussten denke ich an den Satz des glatzköpfigen, freundlich lächelnden Italieners Massimo: „Du wirst die ‚Dakar' gewinnen".

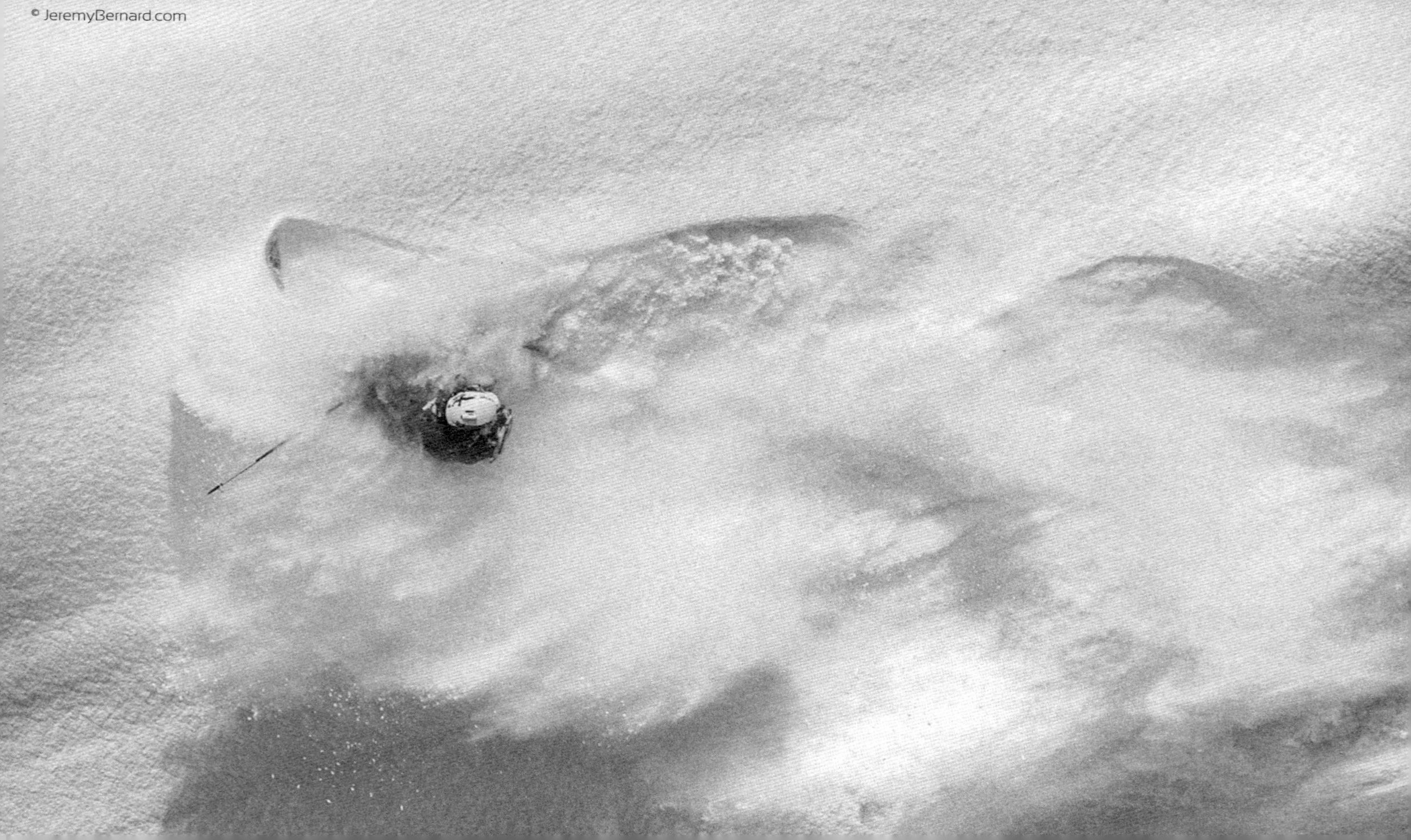

Eine kurze Karriere im ÖSV

TALENTIERT, ABER AUCH VERLETZUNGS-ANFÄLLIG

Es ist der 16. Juni 1979, an dem ich, ein Jahr nach meinem Bruder Gerald, geboren werde.

Unsere Eltern heißen Anneliese und Matthias, und beide sind sportinteressiert. Die Mama war eine sehr gute Sportlerin in der Schule, der Papa Motocrossfahrer, beide lieben den Wintersport. Ich bin drei Jahre alt, als ich zum ersten Mal zum Skifahren mitgenommen werde. Lernen soll ich es so, wie es Kinder eben erlernen: In Filzmoos nimmt mich meine Mutter zwischen ihre Beine, ihre großen und meine kleinen Ski sollten die gleichen Bewegungen und Kurven machen. Ich bin kein einfaches Kind und solange mich Mama Anneliese hält, fühle ich mich sicher. Kaum dass sie mich aber loslässt, beginne ich richtig laut zu schreien. Dieses Szenario wiederholt sich immer und immer wieder, bis meine Eltern genug haben und beschließen, selbst eine Runde zu fahren und uns Kinder am Berg zurücklassen. Mir ist nicht bewusst, dass sie mit dem Schlepplift sofort wieder nach oben kommen würden, und vor lauter Angst, alleingelassen zu werden, bettle ich Gerald an: „Bitte, zeig mir doch, wie das geht.“ Gerald und ich verstanden uns immer schon gut, und ihm gelingt es sofort, mir die Furcht vor dem

Fahren zu nehmen. Er bringt mir Schneepflugfahren bei. Kaum habe ich den Dreh raus, kann ich schon nicht mehr aufhören.

Skifahren wird im Winter zu meinem Leben, in Werfenweng fahre ich als Fünf- oder Sechsjährige den Hang im Schuss und unterbreche meine geliebte Tätigkeit auch dann nicht, wenn es zuweilen hart hergeht. Auf einem Waldweg, daheim am Siklift Moosegg, fahre ich gegen einen Baum, schlage mir die Nase blutig und beschmutze meine Kleidung mit einem satten Rot. Egal. Aufstehen, Krone richten, weiterfahren, würde man heute sagen. Gerald und ich leben eine glückliche, freie Kindheit. Heute wird der Nachwuchs nicht selten von Helikoptereltern überbehütet, unsere Eltern indes sind diesbezüglich „schmerzbefreit". Wir können, was die Freizeitaktivitäten angeht, tun und lassen, was wir wollen – mehr oder weniger. Öfters klettern wir über dünne Äste auf die hohe Tanne neben dem Haus und befinden uns auf einem hin- und herwippenden Baumwipfel 15 Meter über dem Erdboden und auf gleicher Höhe mit dem Balkon, auf dem unsere Mutter gerade Wäsche aufhängt. „Tut's aufpassen", ist der einzige Kommentar, der ihr über die Lippen kommt.

Matthias wird das verwöhnte Kind bei uns, doch ich denke, dass dies in vielen Familien der Fall ist. Dem Nachzügler wird mehr Achtsamkeit geschenkt, er kann sich mehr erlauben und fordern. Wenn Gerald oder ich mit dem Gameboy spielen und Matthias es unbedingt auch will, dann geht er uns so lange auf die Nerven, bis er seinen Willen durchgesetzt hat. Wenn er also bei KTM ein neues Feature für sein

Motorrad einfordert, dann weiß ich aus eigener Erfahrung, wie hartnäckig er sein kann.

***

Mit fünf gewinne ich mein erstes Rennen. Mein Pokal steht immer noch daheim und misst in etwa 10 Zentimeter. Je mehr Rennen ich fahre, umso dominanter werde ich, schlage auch Buben und der Vorsprung beträgt vier, fünf, sechs Sekunden oder mehr. Immer mehr Personen werden auf das kleine, zarte Mädchen aufmerksam. Mit sieben habe ich meinen ersten Sponsor. Blizzard stellt die Ski zur Verfügung und ich bin froh, dass Papa sie nicht mehr kaufen muss. Keine Ahnung, ob es heute noch Skifirmen gibt, die solche Aktionen setzen.

Auch Matthias fährt Ski und fährt Rennen, ist sehr gut und nimmt dennoch diesen Sport nicht so ernst wie ich, oder ihm war dann einfach das Motocrossfahren wichtiger. Bei den Kinderrennen ist auch Marcel Hirscher dabei, er ist zweieinhalb Jahre jünger als Matthias und sein Vater unterhält sich am Pistenrand angeregt mit unserem. Die beiden Männer kennen sich seit Jahrzehnten, sie sind gemeinsam im Motocross-Zirkus unterwegs gewesen.

Mein Weg führt mich vom Skiclub in den Schülerkader, in den Landeskader und im erstmöglichen Jahr in den Österreichischen Skiverband. Ich habe ohne Zweifel Talent und ich verschwende keine Zeit. Gehe nicht fort. Trinke keinen Alkohol. Lebe und denke Skisport. Auf der Skihauptschule Schladming dreht sich ohnehin alles nur um das Training und die Schule, da bleibt keine Zeit für anderes. Mein Engagement wird jedenfalls belohnt. Ich werde in meinem ersten Jahr in der Jugendklasse österreichische Meisterin im Slalom und schlage somit auch jene, die ein Jahr älter sind als ich und schon im ÖSV integriert sind. Mir wird bewusst, dass ich es wirklich weit bringen könnte, aber ich erinnere mich nicht wirklich daran, von WM-Gold oder Olympiasieg geträumt zu haben. Vielleicht war dieses Ziel zu diesem Zeitpunkt auch einfach noch zu weit weg.

Je weiter man hinaufsteigt, umso dünner wird die Luft. Deswegen bildet sich in mir die Meinung – die ich heute noch vertrete –, dass Freundschaften unter Spitzenskifahrern und -fahrerinnen nicht so wirklich möglich sind. Vielleicht sollte ich zuvor das Wort „Freundschaft" definieren: ein Gefühl, das mich mit einer anderen Person verbindet, bei der ich mein Herz ausschütten kann, wenn es mir schlecht geht, bei der ich mich ausweine, mit der ich meine schönsten und schlechtesten Momente teile, die für mich da ist (und umgekehrt natürlich). Der Skisport ist ein Einzelsport und lebt von Einzelkämpfer- und Einzelgängertum.

Die Stars der Vergangenheit und der Gegenwart hatten und haben ein auf sie zugeschnittenes Umfeld und einen für sie aufgestellten Betreuerstab – siehe Alberto Tomba, Bode Miller, Lindsey Vonn, Marlies Schild, Marcel Hirscher. Nicht immer mag offen kommuniziert sein, dass es sich um ein „Privatteam" handelt, doch de facto ist es so. Freundschaften und Skirennsport sind deswegen schwer zu vereinbaren. Man wird nicht leicht eine beste Freundin finden, die man Tag für Tag, Woche für Woche schlagen will. Ich kann das Zimmer mit ihr teilen und gemeinsam frühstücken, Unterhaltungen führen und eine oberflächliche Freundschaft pflegen, doch letztlich bleibt die bessere Bekannte auch eine Gegnerin, die im Sinne der eigenen Karriere geschlagen werden soll oder muss.

Ich weiß nicht, ob ich irgendjemandem empfehlen würde, sich mit den eigenen Kindern im Skirennsport zu engagieren. Ein finanzieller Background ist vonnöten, weil Skifahren wirklich teuer geworden ist und die Sponsoren, die ich damals hatte, nunmehr rar gesät sind. Im Europacup bekam ich nicht nur Material, sondern auch ein kleines Fixum. Heute ist es im Nachwuchsbereich um einiges schwieriger mit Sponsoren. An die Spitze schaffen es nur die wenigsten, jene, die auch über die richtigen Charakterstrukturen verfügen und die richtigen Typen sind. Vielleicht war ich ein bisschen zu sensibel, denn im Skirennsport ist es (wie im Sport allgemein) karrierefördernder, ein egoistischer Einzelgänger zu sein – ohne dies negativ zu bewerten. Wie dieser dann im privaten Umfeld zu Hause ist, kann ich nicht beurteilen. Schon vorstellbar, dass der Buchtitel des deutschen Philosophen Richard David Precht „Wer bin ich – und wenn ja, wie viele?" auch unter Profisportlern seine Gültigkeit hat.

***

In der Saison 1995/96 beginne ich meine Karriere im Europacup und scheide im ersten Abfahrtslauf in Altenmarkt-Zauchensee aus. Im zweiten werde ich 30. mit 2,77 Sekunden Rückstand auf die fünf Jahre ältere Svetlana Novikova aus Russland. Aufgrund vieler Verletzungen, und der Angst vor weiteren, entscheide ich, mich mehr auf den Slalom zu konzentrieren. Zwar liebe ich die Geschwindigkeit und Downhill-Rennen, aber beides – also Abfahrt und Slalom – kann ich sowieso nicht fahren. Das wäre zu kompliziert mit den Rennterminen und dem Team. Und im Slalom bin ich etwas stärker.

Meine Karriere ist geprägt von einem guten Verhältnis zu Karl Frehsner, der Ende der 1990er Jahre die ÖSV-Damen betreut. Frehsner sagt einem ins Gesicht, was er sich denkt. Entweder man mag das, oder man hasst es. Er ist ähnlich wie ich, ein sehr direkter und ehrlicher Mensch und wir verstehen uns. Nicht immer teile ich seine Meinung und bin auch mit seinen Entscheidungen, nicht immer glücklich. Doch der gegenseitige Respekt überwiegt, nicht umsonst stehen wir heute noch in Kontakt und schreiben uns. Mich freuen seine Nachrichten, in denen er mir seine Bewunderung für meine Leistungen im Freeriden ausdrückt, und nicht selten schließt er mit dem Gedanken, dass ich nur aufpassen solle.

Unseren Spaß haben wir auch gehabt. Einmal ist eine Gruppe von Fahrerinnen – Silvia Berger, Alexandra Meissnitzer, Karin Blaser und ich – nach Mammoth Mountain in Kalifornien zum Training geflogen. Alle von uns hatten Kreuzbandverletzungen hinter sich – bei mir war es der zweite Kreuzbandriss –, wir stehen an der Rezeption und wollen einchecken, da kommt Karl daher und meint: „We are the zig-zag-Fahrer from the Austrian team." Wir mussten schmunzeln. Alle von uns hatten aber einen enormen Respekt vor Karl. Sein Erfolg gibt ihm recht.

Mein erstes Weltcuprennen bestreite ich, nach erfolgreicher Qualifikation auf dem vereisten und steilen Zielhang in Schladming, am 3. Januar 1999 im slowenischen Maribor und kann mich nicht für den zweiten Lauf der besten 30 qualifizieren. Mit mir scheiden andere (spätere) große Namen aus, Renate Götschl beispielsweise oder die Finnin Tanja Poutiainen oder Elfi Eder, die zu dieser Zeit unter der Flagge Grenadas fährt. In einem Regenrennen bilden sich auf der nassen Strecke Wannen und mit Startnummer 65 habe ich nicht wirklich eine Chance. Zwei Wochen später starte ich beim Torlauf in St. Anton, viele scheiden aus und ich denke mir, dass ich diesmal im zweiten Durchgang noch dabei sein werde. Es ist eine konkrete Stelle, dieses eine Tor, bei dem es so viele – rund die Hälfte! – erwischt, denke ich mir und verspreche mir, mich besonders darauf zu konzentrieren und nicht auch noch den gleichen Fehler zu machen.

Dort, wo auch die anderen einen Innenskifehler gemacht haben, scheide auch ich aus. Ich ärgere mich extrem, weil mir genau an der besagten Stelle derselbe Fehler wie 30 anderen auch passiert ist. Am selben Tag noch bekomme ich die Nachricht, dass mein von mir über alles geliebter „Odadi" bei einem Mopedunfall gestorben ist. Meine Familie hat mit dieser Nachricht bis nach dem Rennen gewartet, weil ich mich sonst nicht konzentrieren hätte können. Die Heimfahrt von St. Anton ist schlimm für mich! Mein Opa hat mir alles bedeutet und war wie ein zweiter Vater für mich.

Während der Trainingszeitläufe im Spätsommer 2000 befinde ich mich am Pitztaler Gletscher wie in einem Flow.

Zwar sind die Fahrten nicht als Qualifikationen definiert, doch ich kann mir denken, dass es um die Startplätze für den Weltcup in Nordamerika geht. Bei jedem Lauf fahre ich die schnellste Zeit. „Eva, du bist dabei", sagen mir die ÖSV-Betreuer.

Die Nachricht versetzt mich in ein richtiges Hoch. Ich kann es kaum glauben. Das ist jetzt meine große Chance in den Weltcup zu kommen. Tags darauf bin ich in einem Hoch und lege noch zu, ich knalle Topzeiten hin, fahre befreit und habe einfach nur wahninnig viel Spaß. Bis ich einen Fehler mache und mir erneut das rechte Kreuzband reiße.

Meine Tränenflut kennt kein Ende, es ist so unwirklich. Gestern erst habe ich die Chance meines Lebens bekommen und heute ist mein Traum schon wieder zerplatzt. Trainer Walter Hlebayna baut mich auf. „Ich mache mir keine Sorgen um dich, Eva. Du schaffst den Durchbruch sowieso." Auch Konditionstrainer Bernd Brunner spricht mir Mut zu, während er mich ins Krankenhaus fährt. Als ich ein Jahr später zurückkomme, werde ich trotz Verletzung in die Weltcup-Mannschaft aufgenommen.

Dort ist Mathias Berthold Cheftrainer, und obwohl ich sehr viele gute Trainer gehabt habe, steht für mich rückblickend fest: Er ist der beste von allen, fachlich kompetent, mit ausgeprägter pädagogischer Komponente und sozialer Kompetenz. Ihm gelingt es, wie nur sehr wenigen, auf uns Athletinnen individuell einzugehen und Inhalte so zu vermitteln, dass wir sie auch verstehen und umsetzen können. Und er behandelt alle gleich! Ich bin in einer Gruppe mit

Karin Köllerer, Ingrid Salvenmoser und Anita Wachter, Sabine Egger war dabei, auch Carolina Waidhofer-Dummer. Karin Truppe und ich waren die Neuen in diesem Team, und ich denke mir: Wahnsinn! Bisher hast du sie immer nur im Fernsehen gesehen, und jetzt bist du mit Anita Wacher, dem größten Ski-Star, den es gibt, im gleichen Team.

In dieser Mannschaft, in dieser Konstellation fühle ich mich während der gesamten ÖSV-Zeit am wohlsten. Karin und ich werden wohlwollend aufgenommen, die Arrivierten prahlen nicht mit ihren Erfolgen und teilen gemachte Erfahrungen mit uns. Besonders die Empathie, mit der Anita uns begegnet, beeindruckt mich. Berthold ist ein unfassbar guter Typ, als Trainer und als Mensch, Kondi-Trainer Günter Obkircher steht ihm um nichts nach. So stelle ich mir ein Team vor: eines, in das man froh ist, zu kommen, und das man ungern verlässt oder verlassen muss.

Auf der zwischenmenschlichen und trainingstechnischen Ebene passt alles, doch auf meiner körperlichen leider nicht. Ich muss Schmerztabletten nehmen, damit ich meine immer noch bestehenden Knieprobleme in den Griff bekomme. Meine Trainingsumfänge sind nicht jene der anderen und das Gefühl, dass mein Knie noch nicht wirklich schmerzfrei ist, führt nicht gerade zu einer größeren mentalen Stärke. Durch eine verletzungsbedingt verlorene Saison schießen meine Fis-Punkte in die Höhe und ich gehe mit extrem hohen Startnummern ins Rennen. Jede Welle auf ausgefahrenen Pisten spüre ich im Knie. So ändern sich die Umstände. War ich im Training mental stark und konnte im Wettbewerb noch zulegen, so zersetzt ein schwaches Knie den starken psychologischen Faktor. Meine bis dato größte Stärke, wird nun plötzlich zu meiner Schwäche.

In Park City qualifiziere ich mich nicht für den zweiten Lauf, in Aspen scheide ich im ersten Durchgang aus. Zehn Tage später werde ich im italienischen Bardonecchia Neunte in einem Europacup-Slalom. Ich bin wieder degradiert worden, die Gesetze des Spitzensports sind hart. Bei diversen Rennen fahre ich auf das Podest, beschließe die Saison mit Bronze bei den österreichischen Meisterschaften, hinter Christine Sponring und Sabine Egger. Ein schwacher Trost, die Saison war nicht wirklich gut. Und die nächste, in der ich mich mit Europacup- und FIS-Rennen herumschlage, ist auch nicht bedeutend besser. Gute Trainingsresultate und zwei Podiumsplätze bei Europacup-Rennen lassen mich allerdings auf einen Verbleib im Europacup-Team hoffen. Schließlich habe ich noch das Zeug, um vorne mitfahren zu können. Das habe ich in Einzelleistungen gezeigt und das sollten die Trainer doch auch sehen, denke ich mir.

Es ist die Zeit, in der rigoros aussortiert wird, und wenn jemand keine Leistung bringt, ist er oder sie weg vom Fenster. Ich bin zu alt, um als Zukunftshoffnung zu gelten und nicht erfolgreich genug, um zu den fixen Größen zu zählen. Als 22-Jährige fliege ich aus den ÖSV-Kadern. Meine Welt liegt in Trümmern.

Mir ist die Situation unbegreiflich. Ich werde quasi vom OP-Saal in die Weltcupmannschaft befördert, höre lobend von allen Seiten, dass ich ein großes Talent sei, erhalte sogar einen Sponsorendeal mit Audi. Und dann stellt mich der Österreichische Skiverband nach einer Verletzungsserie knallhart ins Abseits. Einige schaffen den Durchbruch ohne viele Rückschläge schon mit 18, andere wiederum erst mit Mitte 20. Hatte man es damals mit Anfang 20 noch nicht geschafft, galt man als zu Alt und wurde ausgemustert.

Im Frühjahr 2002 bin ich 22 Jahre alt, ich treffe mich mit dem aktuellen Damen-Cheftrainer Herbert Mandl auf ein Gespräch im Einkaufszentrum Europark in Salzburg. Ich erkläre ihm meine Situation und meine Gefühlswelt, doch er meint nur: „Tut mir leid, für dich ist es vorbei." Ich sehe ihn mit glasigen Augen an. „Das kann's nicht sein. Ein Jahr will ich es noch probieren. Es gibt ja die Möglichkeit, einen ‚Mittrainierer'-Status zu erhalten." Aber diesen verwehrt er mir.

Anstelle von Verbandssupport habe ich nunmehr die Unterstützung von Oma und Opa, die mir finanziell helfen. Ich trainiere mit der japanischen Mannschaft – wir sind drei Sportler und ich bin eine vollwertige Athletin und keine Nummer, die einfach von einer Liste gestrichen werden kann. Für einzelne Trainingstage teilen wir denselben Torlauf wie die slowenischen Weltcupfahrerinnen. In den Zeitläufen bin ich gut dabei, bin zum Teil sogar schneller als die Top-Weltcup-Läuferinnen und realisiere, dass ich zumindest bei den Trainingsläufen, mit denselben Bedingungen, mit der Weltspitze mithalten kann. Ich trainiere extrem gut, habe keine Schmerzen mehr und bin richtig stark. Ich habe auch wieder zu meiner mentalen Stärke zurückgefunden. So gesehen war das Jahr ohne den ÖSV durchaus positiv für mich. Die individuelle Betreuung in einer kleinen Mannschaft kam mir zugute, es war ein großartiges und kompetentes Team, auch menschlich gesehen. Bei den Japanern mit einem österreichischen Trainerteam, Roland Bair und Peter Prodinger, habe ich mich sehr, sehr wohl gefühlt. Doch Mandl macht mir die Rückkehr in den Europacup denkbar schwer.

Willst du im Europacup starten, musst du im Herbst am Gletscher drei bis vier Qualifikationsrennen fahren und am Ende gesamt unter die ersten drei kommen. Da sind Sportlerinnen wie Karin Truppe, Elisabeth Görgl und Michaela Kirchgasser meine Gegnerinnen. Will ich mich dann für die Weltcupserie qualifizieren, muss ich unter den ersten drei in der Europacup-Gesamtwertung sein.

Für die anderen Läuferinnen sind es ganz normale Zeitläufe, ohne Druck und Qualifikation, für mich sind sie karriereentscheidend. Ich versuche, mich nicht fertigzumachen, sondern jene Leistungen abzurufen, die ich im Training gezeigt habe. Ich lande unter den Top 3, schaffe die Qualifikation für den Europacup. Da bekomme ich vom ÖSV ein weiteres Limit auferlegt: Sobald ich in der Europacup-Wertung aus den Top 3 falle, bekomme ich keinen weiteren Startplatz mehr und müsste somit meine Karriere endgültig beenden. Die eine Vorgabe erreicht, erhalte ich also das nächste Limit, welches mich ordentlich unter Druck setzt. Mental ist das eine sehr schwere Zeit für mich, da ich nie die Gewissheit bekomme, dabei zu sein, um befreit fahren zu können. Im schwedischen Åre gibt es zum Europacup-Auftakt bei zwei Torläufen das idente Ergebnis: Elisabeth Görgl vor Karin Truppe – und mir! Auf der Heimreise ruft mich Christopher Pöhl vom ORF-Landesstudio Salzburg an.

„Gratulation zu den Podestplätzen! Jetzt müsstest du ja für die Weltcups am Semmering gesetzt sein, oder?" „Ja, hoffe schon", antworte ich. Es gilt als ungeschriebenes Gesetz, dass Top-3-Platzierte im Europacup zumindest bei Heimrennen im Weltcup mit dabei sind, zumindest war es bislang immer so. Österreich verfügt als Gastgeber über neun Startplätze, aber lediglich fünf sind fest vergeben. Ich sollte ziemlich sicher, nein: eigentlich fix dabei sein.

Doch der Österreichische Skiverband bewertet die Situation anders und nominiert mich nicht. Ich biete an, alles selber zu bezahlen, die Anfahrt, das Hotel. Ich brauche auch keinen neuen offiziellen ÖSV-Anzug. Das einzige, was ich benötige, ist ein Startplatz. Vielleicht haben sich die Verantwortlichen gedacht: Jetzt ist der Stephan Eberharter rausgefallen aus dem ÖSV und hat sich selber zurückgekämpft.

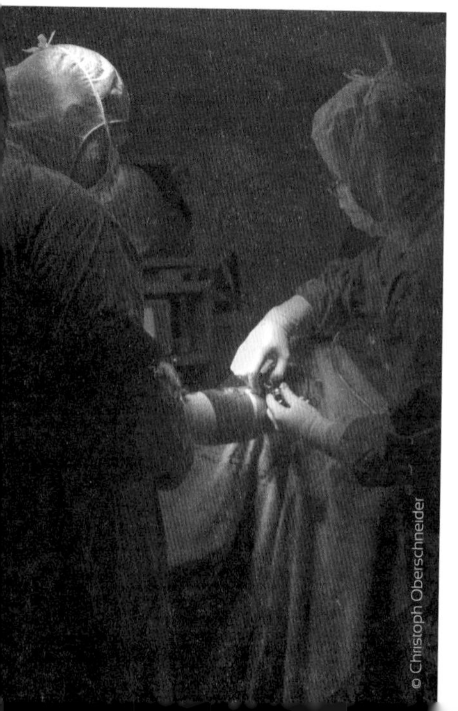

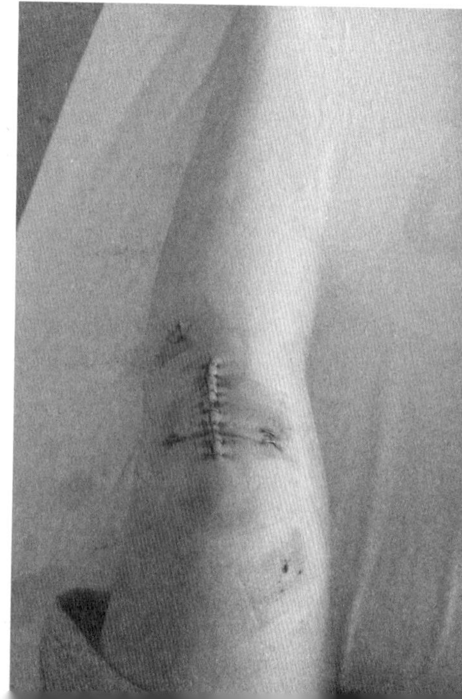

Jetzt haben wir einen Hermann Maier, der alles alleine gemacht hat und sicher nicht von uns entdeckt worden ist. Und wenn nun die Eva Walkner am Semmering antritt und sich eventuell qualifiziert, dann geht die Geschichte wieder los, ob wir mit unseren Talenten sorgsam genug umgehen und wie es denn sein kann, dass sich Sportler und Sportlerinnen auf eigene Faust in die Weltspitze kämpfen. Aber um ehrlich zu sagen, ich hab bis heute keine Ahnung, warum ich keinen Platz bekommen habe. Für den ÖSV wären weder Kosten noch irgendein anderer Aufwand enstanden. Karin Truppe ist „Mittrainiererin" in dieser Saison und erhält durch ihre beiden zweiten Plätze die Einladung, am Semmering zu starten. Mir wird es mit meinen beiden dritten Plätzen, nur knapp hinter ihr, standhaft verweigert. Von den neun Startplätzen besetzt der ÖSV acht. Von diesen kommen beim Nachtrennen des 29. Dezember 2002 zwei in

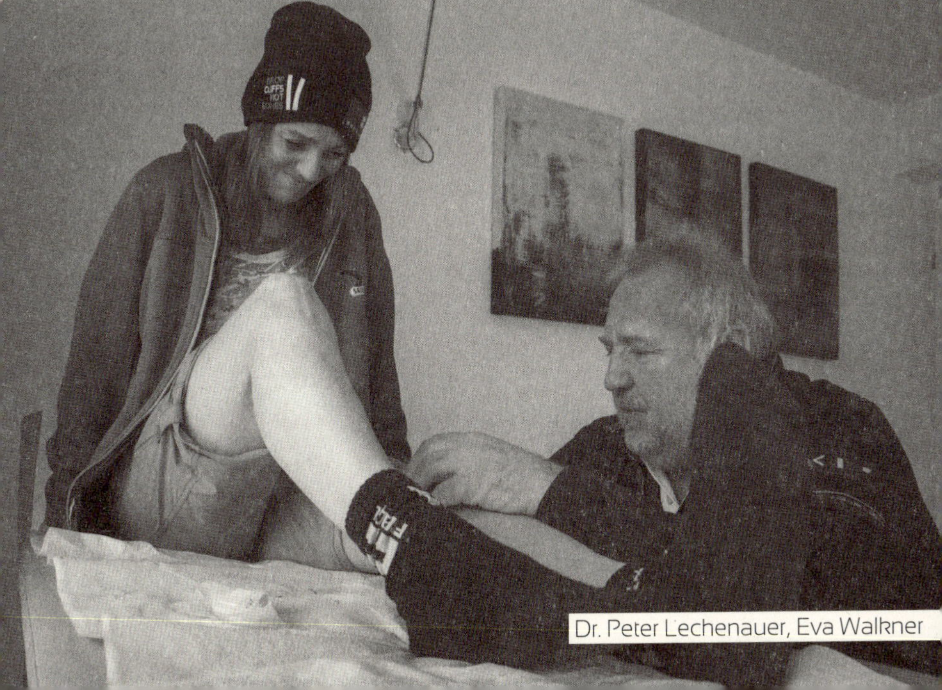
Dr. Peter Lechenauer, Eva Walkner

die Punkteränge, Marlies Schild als 6. und Elisabeth Görgl als 13.

Ein gerissenes Sprunggelenksband, passiert bei einem FIS-Rennen, welches zu Trainingszwecken diente, sollte dann die Entscheidung abnehmen. Bei Europacup-Rennen breche ich Läufe ab, weil ich zwar Schmerztabletten schlucke, den Schmerz aber trotzdem nicht aushalte. „Spritz mir was, damit ich es schaffe", flehe ich meinen Vertrauensarzt Peter Lechenauer an. „Gibt es nicht etwas, was du auch bei anderen verwendest, damit der Schmerz für 10 oder 15 Minuten betäubt wird?" Ich bin unglaublich verzweifelt, ständig auf Voltaren und tape mich, wie es nur geht. Alles vergebens. Von einem Europacup-Trainer werde ich beim Training sogar noch blöd angeredet, was ich hier eigentlich will – vermutlich hat niemand wirklich meine Verzweiflung gesehen oder es war ihnen egal. Die Leistung hat gepasst, ich habe mich zurückgekämpft und bin wieder vorne mitgefahren und dann das! Wieder eine Verletzung. Die Schmerzen im Schuh beeinflussen meine Leistung enorm. Wenn ich nicht während des Rennens aus dem Lauf rausfahre, weil ich die Schmerzen nicht mehr aushalte, dann hab ich eine schlechte Zeit. Resultate bleiben aus und meine Skikarriere erledigt sich Stück für Stück von selbst. Vielleicht hätte ich im Nachhinein gesehen die Verletzung auskurieren lassen und mich auf nur wenige Rennen, die später in der Saison sind, konzentrieren sollen. Aber durch die Vorgaben vom ÖSV kam die Option Auskurieren nicht in Frage. So wurden meine Schmerzen immer noch schlimmer statt besser. Heute würde ich es anders machen, aber die Verzweiflung war damals groß.

Es ist der 3. Februar 2003. Im andorranischen Pas de la Casa habe ich bei einem Europacup-Slalom im ersten Durchgang ob meiner großen Schmerzen in der Mitte des Laufes abgebrochen. Ich sitze im Mannschaftsbus, starre aus dem Fenster, mir laufen die Tränen runter und irgendwo in Frankreich zwischen Toulouse und Marseilles wird mir bewusst, dass es das war mit meiner Skisport-Karriere. In einem Neunsitzer beginnt mein neues Leben.

Wenn ein Lebensabschnitt zu Ende geht und ein neuer beginnt, freut sich wohl jeder über aufmunternde Worte. Ein ehrlich gemeintes „Alles Gute!" von einem der Trainer oder Verbandsvertreter hätte mir schon gereicht. Aber nichts. Vielen anderen Athleten geht es ähnlich. Zumindest weiß ich, dass nicht nur ich eine Geschichte vieler Unmenschlichkeiten zu erzählen habe. Die Welt des Hochleistungssports ist beinhart, wer nicht auf der Ergebnisliste aufscheint, ist aus den Augen, aus dem Sinn. Sportlich ist es nicht gelaufen, wie ich junges Talent aus Kuchl es mir erhofft hatte, menschlich leider auch nicht. Programme und gute Initiativen wie die KADA (KArriere DAnach), die heute Spitzensportlern den Übertritt in das Berufsleben erleichtern, gibt es damals auch noch nicht. Ich bin ganz auf mich allein gestellt und habe keinen Plan B.

***

Müßig ist es, darüber zu diskutieren, was in meiner Laufbahn anders hätte gehen sollen. Ich habe acht Weltcup-Slaloms bestritten und bei keinem den zweiten Durchgang erreicht, war bei 51 Europacup-Rennen zwölfmal unter den ersten zehn und dreimal auf dem Podest, und bei der Junioren-WM 1999 in Pra Loup in Frankreich wurde ich trotz einer gebrochenen Schulter und einem stark bewegungseinschränkenden Schulterkorsett Vierte. Auf diese Ergebnisse kann ich stolz sein oder auch nicht, jedenfalls reflektieren sie mein Engagement als Kämpferin. Zwei Kreuzbandrisse, eine gebrochene Schulter, jahrelang auf Schmerztabletten und viele andere, auch chronische, Verletzungen machen es mir schwer, Kontinuität in der Leistung und Verbesserung der Form zu finden. Ich fahre gut, sehr gut sogar – und bin verletzt. Bin wieder mit dabei – und lande wieder unter dem Messer. Das geht viele Jahre so. Meine eigene Erfahrung beeinflusst mich in der Bewertung der Leistung anderer. Es ist eine Sache, eine verletzungsfreie Karriere auf höchstem Niveau durchzuziehen. Eine andere Sache ist es, immer wieder verletzt zu sein und dennoch Siege zu feiern – dann muss doppelt so hart gearbeitet werden, wie Elisabeth Görgl, Reinfried Herbst oder Marlies Schild bewiesen. Und wie es auch Hermann Maier, mit dem ich im Landeskader stand, tat. Diesen Läufern zolle ich meinen höchsten Respekt und bewundere sie noch mehr für ihre Leistung. Gewinnen, wenn man nie im Leben durch eine richtige Verletzung gebremst wird, ist wie gesagt das eine, aber zum Seriensieger zu avancieren, wenn man 3 Kreuzbandrisse und unzählige Knie-OPs hatte, ist das andere und das ist wirklich beinharte Arbeit! Ich hätte es auch trotz meiner Verletzungen schaffen können, so wie Elisabeth Görgl es bewiesen hat, aber ich habe es wie viele andere eben nicht geschafft.

***

Ich falle in ein tiefes Loch, weiß nicht, wie es weitergehen soll, aber mein Entschluss steht fest. Ich werde, nein: ich muss mit dem Skifahren aufhören, ich werde nie wieder ein Paar Ski angreifen. Der Skisport hat mir so viel gegeben, ich habe mich ihm zu hundert Prozent gewidmet, aber nun nimmt er mir alles, wofür ich jemals gebrannt habe. Es interessiert mich nicht mehr, rede ich mir ein. Such dir etwas anderes! Es war sehr schwer für mich, das alles zu akzeptieren.

Als kommunikativer Mensch wende ich mich dem Journalismus zu, arbeite als Praktikantin bei Welle 1 in Salzburg und kann auch gleich die Morgenshow mitmoderieren, doch es treibt mich nach Wien: weg von daheim, weg von den Bergen, weg vom Schnee, weg von allem, was mich ans Skifahren erinnert. Ich will meine Ruhe haben und denke, diese außerhalb meiner Welt zu finden. Bei sport1.at lerne ich Online-Journalismus, bei Premiere Deutschland in der Formel-1-Redaktion TV-Berichterstattung. Weil sich Premiere für drei Jahre Teile der Rechte an der Österreichischen Fußball-Bundesliga sichert, wird ein Team zusammengestellt, das für die Berichterstattung verantwortlich ist. Ich bewerbe mich um einen Posten und werde Ablaufredakteurin für die Sendung „Talk und Tore". Bei dieser Arbeit blühe ich auf. Zwar werde ich oft ins kalte Wasser geworfen, doch kann ich häufig alleinverantwortlich entscheiden und lerne viel dazu. Ich bin ehrgeizig und zielstrebig, ich will in Wien Karriere machen.

Im Winter pausiert die Österreichische Fußballliga. Im Winter liegt Schnee. Und mein Hass auf den Skisport ist nach drei Jahren verflogen …

„Eine selbstbestimmte Frau"

Karl Frehsner
über Eva Walkner

Zuerst einmal muss ich festhalten, dass ich Eva in meiner Zeit als Cheftrainer der österreichischen Ski-Nationalmannschaft der Damen ab 1997 mitbetreute, mit ihr selbst aber nicht in ständigem Kontakt stand. Besser kennen lernte ich sie bei einem dreiwöchigen Aufbaukurs in Mammoth Mountain, wo ich mich mit einer Physiotherapeutin, zwei Ski-Fachleuten und einem Arzt um vier Läuferinnen kümmerte, die allesamt Kreuzbandrisse erlitten hatten und rekonvaleszent waren. Wir fuhren Ende Mai, Anfang Juni nach Kalifornien, dort fanden wir noch gute Schneebedingungen vor.

An einem dieser Tage waren wir im Yosemite Nationalpark unterwegs und sahen den „El Capitan", einen der wohl prominentesten Berge in der internationalen Kletterszene. Evas Augen leuchteten. „Können wir noch ein Stückchen weiter gehen?", fragte sie. Es waren jene Stunden, in denen sie mir erzählte, wie berg- und naturverbunden sie ist, und in denen ich die ÖSV-Läuferin und ihre Motivationen besser verstehen lernte. Wir sprachen über die Touren, die sie bereits gemacht hatte, viele davon kannte ich gut – die Berge sind ja auch mein Leben.

Eva Walkner war eine zurückgezogene, fast schüchterne junge Frau. Sie war eine, die sich nicht in den Vordergrund drängte und zuweilen in der zweiten Reihe stand und der vielleicht deshalb größere Erfolge im FIS-Weltcup verwehrt blieben – Einzelbetreuung wie heute war zur damaligen Zeit noch kein großes Thema. Ganz sicher hat zu den überschaubaren Erfolgen ihrer Slalomkarriere jedoch ihr Verletzungspech beigetragen, das für zwei Sportlerleben zu viel gewesen wäre. Überzeugt bin ich, dass Eva im Slalom mehr konnte, als sie sich selbst zutraute.

Slalomspezialisten gelten gemeinhin nicht als die aller Mutigsten und Waghalsigsten in der Weltcup-Szene. Walkners Leben und ihre herausragende Karriere auf der Freeride World Tour geben mir zu denken. Vielleicht ist sie in der falschen Disziplin gefahren und hätte Abfahrerin werden sollen? Nun ja, dies lag damals nicht in meinem Ermessen, sie war eine hoffnungsvolle Nachwuchsläuferin in allen Disziplinen und hat sich letztlich für den Torlauf entschieden.

Unsere Wege trennten sich, aus den Augen verloren haben wir uns aber nicht.
Als Eva Walkner auf der World Tour unterwegs war, staunte ich jedes Mal, wenn ich von ihren Resultaten las und ihre Läufe auf einigen der schwierigsten Berge der Welt sah. Leider ist es mir nie gelungen, sie live zu sehen, beispielsweise in Chamonix oder in Verbier (wo wir uns einmal vor dem „Xtreme" getroffen haben). Es ging sich zeitlich eben nie aus. Doch ich habe größten Res-

pekt vor Evas Leistungen und habe ihr in Telefonaten und Emails immer wieder dazu gratuliert.

Für mein Verständnis ging sie in den steilen Hängen ab und zu viel zu viel Risiko ein, doch es mag auch sein, dass das Gezeigte für Außenstehende gefährlicher aussieht, als es für die Akteure tatsächlich ist. Freeriden und Slalom-Fahren können ja im weitesten Sinne miteinander verglichen werden: Es kommt auf die Linienwahl an, auf die Schnee- und Wetterverhältnisse. Wenn ich allerdings beim Torlauf stürze, kann ich mich verletzen. Wenn ich im Freeriden stürze, kann es viel schlimmer ausgehen. Eva Walkner ist eine Frau, die selbstbestimmt wichtige Entscheidungen getroffen hat und immer noch trifft. Das ist die Freiheit, die sie braucht und die ihr vielleicht im Österreichischen Skiverband gefehlt hat. Teil einer Skimannschaft bedeutet auch, sich unterordnen zu müssen und zu können. Dies ist ihr auch gelungen, gleichwohl denke ich, dass sich die Salzburgerin in ihrer zweiten Karriere wohler fühlt.

Mich beeindrucken Menschen, die nicht stehen bleiben, sondern ihre Lebenserfahrung kontinuierlich erweitern. Zu diesen Personen gehört Eva, denn die World Tour ist ja auch nichts anderes als ein Detail in ihrem Leben. Sie reist in entlegene Gebiete und dreht Filme. Sie hat eine besondere Begabung, Risiken zu bewerten. Und sie modelt, ganz ungefährlich, für Sportausrüster und Bekleidungsfirmen.

Das sind Persönlichkeiten, die einen Abdruck im Gedächtnis anderer hinterlassen: Sportler und Sportlerinnen, die ihren eigenen Weg erfolgreich gehen, wie Hermann Maier, Alberto Tomba, Gustav Thöni, Karl Schranz, Leonhard Stock beispielsweise. Sie und viele andere mehr leben ihren Instinkt aus und werden zu Heroen, die unvergessen bleiben. Mit vielen Sportlern – Michael von Grünigen, Peter Müller, Pirmin Zurbriggen, Beat Feuz und anderen – bin ich heute noch in Kontakt und freue mich, wenn sie ihr Leben nach ihren eigenen Vorstellungen ausleben. Sie alle lassen sich ihre Eigenarten nicht nehmen und das ist gut so. Passt sich der Mensch zu viel an, dann ist er danach möglicherweise nicht mehr fähig, große Leistungen zu bringen.

„Aber auch wenn du noch so gut bist, darfst du trotzdem den Wink einer Vertrauensperson nicht in den Wind schlagen", hat mir Niki Lauda einmal gesagt. Dies zeichnet große Frauen und Männer aus: zuhören zu können und aus dem Gesagten die richtigen Schlüsse zu ziehen – auch in diesem Punkt kann Walkner als Vorbild für viele andere gelten.

Kurzum, es gibt nicht viele Menschen, die so sind wie Eva Walkner. Es ist schön, stolz sagen zu können: Diese Person habe ich auch einmal betreuen dürfen.

Bei der Dakar 2015

GANZ OBEN, GANZ UNTEN

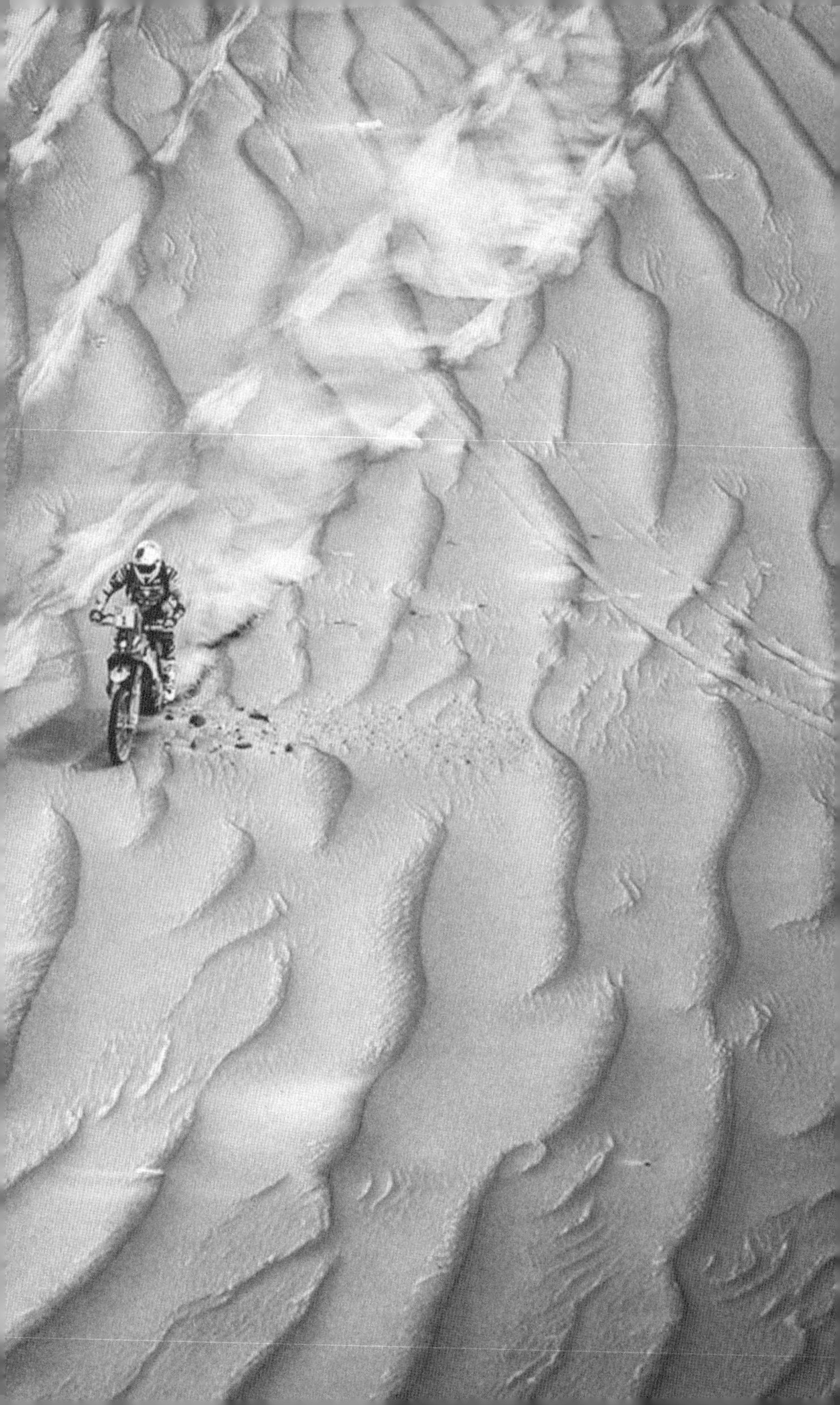

Es ist der 14. Januar 2015 und die Rallye Dakar nimmt mich gerade hart ran. In der Nacht habe ich an Durchfall gelitten, nun kotze ich mir die letzten Scampi einer am Vortag genossenen Paella aus dem Leib. Verdammtes Kantinenessen, denke ich. Habe ich mir nicht gedacht, dass die Fisch-Reis-Pfanne einen eigenartigen Geschmack hatte? Dabei war ich froh, einmal etwas anderes aufgetischt zu bekommen als die üblichen Nudelspeisen.

Beim Start ist mir hundeelend. Von Calama in Bolivien nach Salta in Argentinien stehen 520 Verbindungs- und 371 Wertungskilometer auf dem Programm, es geht über die Berge und es ist extrem kalt, das Thermometer zeigt bis zu minus 11 Grad Celsius. Mich friert bei Temperaturen weit unter dem Gefrierpunkt, die sich über hunderte von Kilometern nicht ändern, und mir ist dermaßen schlecht, dass ich dreimal in der Pampa absteigen und mein Geschäft erledigen muss. Das Zusammenspiel von Übelkeit, Kälte und körperlicher Belastung führt zu Konzentrationsmangel. Dreimal falle ich in einen Sekundenschlaf, was auf einem Motorrad, das mit 70, 80 oder 100 km/h dahinfährt nicht das Gesündeste ist. Wenn es rumpelt, wache ich wieder auf. „Bleib bei der Sache! Das ist gefährlich!“, murmle ich mir zu, doch die Lider schließen sich wieder.

Nach 70 Kilometern wird mir schmerzlich bewusst, dass meine erste „Dakar“-Teilnahme an diesem Tag wohl zu Ende gehen wird. Ich werde es nicht schaffen, sage ich mir und heule für die nächsten 200 Kilometer in mich hinein. Mir ist dermaßen kalt, dass ich die Möglichkeit in Betracht ziehe, erfrieren zu müssen. Wenn ich durch bewohntes Gebiet komme, suche ich nach wärmenden Orten. Polizisten gestatten mir, mich in ihr Auto zu setzen und offerieren mir Kaffee mit Süßstoff. Ich schlafe für 20, 25 Minuten ein. Das Getränk breche ich eine Stunde später. An einer Tankstelle warten KTM-Teammitglieder auf mich. Der Arzt misst Temperatur und Ruhepuls: 39 Grad Celsius, 100 Schläge/Minute. Es ist vorbei.

Die nächsten beiden Tage verschlafe ich beinahe vollständig. Ich bin am Ende meiner Kräfte angekommen. 12, 13 Stunden habe ich täglich auf dem Motorrad verbracht, bin nie vor 23 Uhr ins Bett gekommen, nie vor 1 Uhr eingeschlafen, immer gegen 4 Uhr wieder aufgestanden. Die Rallye Dakar zeigt mir bei meinem ersten Antreten deutlich, was für ein Biest sie ist.

***

Dabei waren wir von Beginn an recht gut miteinander ausgekommen. Am ersten Tag werde ich Achter und verliere nur zwei Minuten auf Sieger und Teamgefährten Sam Sunderland. Am zweiten Tag fahren wir in Argentinien bei bis zu 45 Grad Celsius von Villa Carlos Paz nach San Juan. Während andere Teilnehmer einen Hitzekollaps erleiden, leere ich mir Wasser in die Motorradstiefel, um den Körper zu kühlen. Die letzten hundert Kilometer der Wertungsetappe bestehen aus einer einzigen langen Geraden, die Sandwellen ohne Ende und zehn Kurven aufweist. Zuerst macht es Spaß, nach 20 Kilometern wird es aber monoton. Und nach 25 extrem anstrengend. Ich befinde mich zum ersten Mal so richtig am Limit und verstehe, was es bedeutet, eine „Dakar“ zu bestreiten. Die Sonne brennt gnadenlos herunter, und ich kollabiere fast.

Wieder einen Tag später hinterlasse ich ein erstes Ausrufezeichen in den Geschichtsbüchern der „Dakar“. Wir starten in San Juan, ich gehe als Sechster oder Siebter auf die Schotterpiste und rase dem Staub, den die Fahrer vor mir aufgewirbelt haben, nach. Die Strecke nach Chilecito ist schwer zu navigieren und ich bin ein Neuling mit überschaubarer Erfahrung. Ich denke mir nicht viel dabei, dass ich mehr anderen hinterherfahre, risikoreiche Entscheidungen treffe – und überraschend mit einem Vorsprung von fast einer Minute auf Marc Coma gewinne. Als die anderen Teilnehmer eintreffen, ist die Verwunderung groß. Bis zu diesem Zeitpunkt hatte mich niemand so richtig auf der Rechnung gehabt.

Die letzten 80 Kilometer des Tages stellen eine Verbindungsetappe in das Biwak dar, und auf dieser stoße ich einen Jubelschrei nach dem anderen aus. Tagessieger bei der „Dakar“! Wie surreal klingt das! Es ist erst meine 13.

Rallye-Etappe, nach je fünf in Griechenland und Marokko, und den zwei vorangegangenen in Südamerika. Im Biwak streut mir Markus Kettler Blumen. „Du weißt gar nicht, was du da geschafft hast in deinem Leben!", sagt der Deutsche, der bei KTM für die Logistik mitverantwortlich ist und mir in der Früh noch mit meinem Gewand, den Stiefeln und anderen Utensilien geholfen hat.

Ich muss daran denken, dass dieser Tag für mich eigentlich zweimal begonnen hat. Ich hatte mir nämlich meinen Wecker auf der Uhr und nicht wie üblich auf dem Mobiltelefon gestellt, dabei aber übersehen, dass nicht die Lokalzeit eingestellt war. Als der Alarm losging, war es tiefste Nacht und meine Betreuer schliefen noch. Kein Problem, dachte ich, sie werden bald aufstehen. Also wusch ich mich, zog mich an, machte mich mehr oder weniger rennfertig. Noch immer waren die anderen nicht erwacht, weswegen ich an einem Mechaniker, Thomas Huber, rüttelte. „Komm, Tom, aufstehen, es ist schon 4 Uhr!" Er wachte auf, blickte auf die Uhr und schaute mich entgeistert an. „Es ist doch erst 12 Uhr! Leg dich wieder nieder." Was ich auch tat bzw. tun musste.

Ruhm und Ehre halten bei der Rallye Dakar nur für ein paar Stunden. Bald sitze ich wieder über dem Roadbook des nächsten Tages, dieser wird eine Herausforderung, denn ich werde als Erster starten müssen.

Die Nervosität ist meine Begleiterin, und sie ist eine schlechte. Die Anweisung des Teams, unserem Paradefahrer Coma, der hinter mir ins Rennen geht, keinen unnötigen

Staub aufzuwirbeln, ist nicht sonderlich hilfreich, um mich zu beruhigen. Auf den ersten zwölf Kilometern verfahre ich mich zwei- oder dreimal und beschließe, auf den Spanier zu warten und zu versuchen, ihm nachzufahren. Er ist mit einem beeindruckenden Tempo unterwegs, und auch wenn es gehörig staubt, kann ich ihm doch einigermaßen folgen.

Beim „Refueling" nach 200 Kilometern liege ich hinter Coma und Joan Barreda, doch während der 15 Minuten, die ich an dieser Servicestation verbringe, kommt kein weiterer Fahrer herein. Wenn ich dranbleiben kann an den Ersten, wird es auch heute ein guter Tag, spekuliere ich mit einem weiteren Podestplatz. Also gebe ich Vollgas und fahre dem Staub und den Spuren meiner Vorderleute nach, ohne groß zu navigieren. Am Streckenrand befinden sich zuweilen auch Zuschauer. Diese sind mit Autos gekommen. Es kommt, wie es kommen kann – ich folge einer falschen Fährte, verfahre mich, muss umkehren, drei Kilometer zurückfahren und auf den nächsten Fahrer warten. Ich verliere 30 Minuten und ärgere mich. Am Abend trösten mich die KTM-Leute: „Denk dir nichts, es war ein schwieriger Tag zum Navigieren, und bei einer „Dakar" geht nichts von heute auf morgen. Erfahrungen wie diese gehören dazu bei einer ersten Teilnahme." Und ganz ehrlich: Ich habe mein Bestes gegeben, weil ich es nicht besser konnte.

Der fünfte Tag führt u. a. mit einer 500 Kilometer langen Verbindungsetappe über die Anden, bringt uns auf über 4000 Meter Seehöhe, und ich habe andauernd das Gefühl einzuschlafen. Auf dem nächsten Teilstück zeigt mir die

„Dakar“ wieder neue Aspekte. Auf den ersten 100 Kilometern auf welliger Piste springe ich oft in den Gegenhang hinein. Knapp weitere 100 Kilometer später fühlt sich das Motorrad sonderbar an. Eine Schraube ist gerissen, das Hintergestell runtergerückt, was zur Folge hat, dass es auf einem Kabel aufschlägt, einen Kurzschluss auslöst und die Sicherung durchbrennt. Ich tausche also die Sicherung und wiederhole diesen Vorgang bei Bedarf – bis ich in meinem Notfall-Werkzeugkasten keine mehr habe. Zwei Stunden lang versuche ich in der Wüste Kabel neu zu verlegen. Mir rinnt der Schweiß von der Stirn; so kalt es gestern war, so heiß ist es heute.

Als ich endlich wieder weiterfahren kann, geht dies nur mehr im Stehen. In 240 Kilometern erreiche ich die mobile Tankstelle, weiß ich, dort kann ich rasten. Weil der hintere Tank aber nicht verwendet werden kann, geht mir einen Kilometer vor der Tankstelle der Sprit aus.

Und jetzt probier mal, ein 150 Kilogramm schweres Motorrad durch den Sand zu schieben. Nach 500 Metern geht dir die Kraft aus. Ein Mitbewerber erbarmt sich meiner, wir hängen Spanngurte von Fußraster zu Fußraster und ich erreiche das „Refueling“.

Stehend geht es weiter Richtung Ziel. Ich verliere drei Stunden an diesem Tag, bin mit Privatfahrern unterwegs, überhole Autos und Laster und werde von diesen überholt. Einem italienischen Teilnehmer, der sich einen Handbruch zugezogen hat, leiste ich Hilfe und drücke den Sentinel-Knopf auf seinem Motorrad. An diesem Tag sehe ich, wie es bei diesem Sportevent im Feld tatsächlich zugeht, wie sehr sich Menschen und Maschinen in unwirtlichen Gegenden abmühen im Streben, das Ziel zu erreichen. Ich benötige fünf Stunden länger als geplant, komme ans Ende meiner Kräfte.

Diese Etappe bricht mir im übertragenen Sinn das Genick und der darauffolgende Ruhetag hilft nicht wirklich weiter, weil er mich aus dem Rhythmus wirft. Dann steht die erste Marathonetappe auf dem Programm, sie führt über insgesamt 717 Kilometer und mich in einen Wassergraben. Da ich eine Kurve abkürze, weil es regnet, überschlage ich mich, kann aber weiterfahren und die Etappe auf dem dritten Rang beenden. Es ist ein zweites Highlight bei meinem Debüt, doch die Nacht wird zum Horror.

Einmal bei jeder Rallye Dakar müssen alle Fahrer in einem Camp übernachten. Es ist die Nacht, die keine Unterschiede kennt. Die Privatfahrer genießen es, mit den Werksfahrern in einer Halle voller Stockbetten in lauter, stinkender, feuchter Umgebung gleichgestellt zu sein. Bis 3 Uhr in der Früh kommen immer wieder neue Fahrer herein, jedes Mal wälze ich mich von der einen auf die andere Seite, versuche Ruhe zu finden und frage mich im Halbschlaf, warum sich Hobbysportler diese Strapazen antun.

Nahe dem bolivianischen Uyuni liegt auf 3650 Metern der Salar de Uyuni. Mit einem Ausmaß von fast 11.000 Quadratkilometern ist es die größte Salzpfanne der Erde. An ihrer Stelle befand sich einst ein prähistorischer See, der austrocknete und eine wüstenartige, weite Landschaft

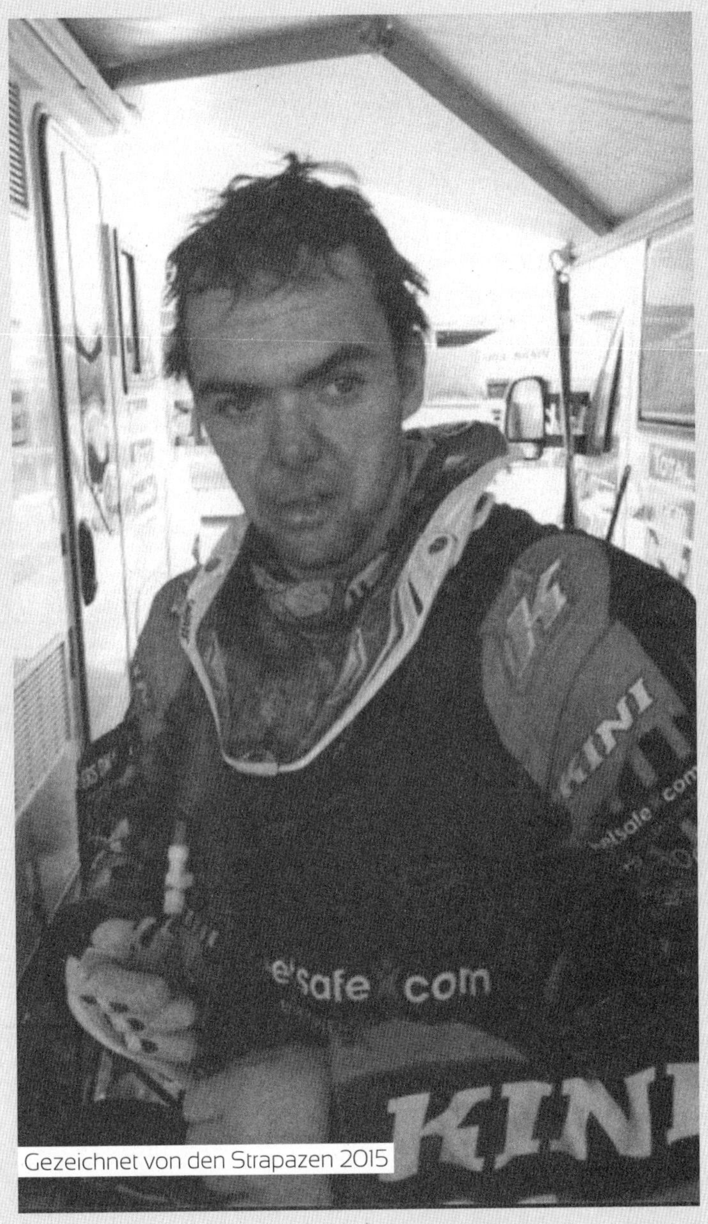

Gezeichnet von den Strapazen 2015

zurückließ, die von schneeweißem Salz, Felsformationen und kakteenbewachsenen Inseln geprägt ist. Es regnet in Strömen, als wir uns in Gruppen zu 20 Fahrern auf den Massenstart vorbereiten. Müllsäcke über der Bekleidung sollen uns einigermaßen trocken halten, doch nicht nur Nässe, sondern auch Kälte dringt ein. Es hat minus drei Grad Celsius, die Räder unserer Maschinen stehen 50, 60 Zentimeter im salzhaltigen Wasser. Es fällt der Startschuss, wir fahren 160 Kilometer mit lediglich drei Richtungsänderungen, in den 55 Minuten, die wir benötigen, gehe ich vielleicht fünfmal vom Gas. Ich bin mir sicher, dass das Motorrad diese Tortur nicht aushalten wird. Wie wahr! Bei 170 km/h und Aquaplaning dreht das Hinterrad durch und ich denke mir, dass die Maschine ihren Geist aufgibt. Der Körper wird ebenfalls beschädigt, das Gesicht brennt ob des ganzen Salzes, das der Fahrer vor mir hochwirbelt. Ich bin heilfroh, als ich endlich die Ausfahrt vom Salzsee nehme. Doch es oxydieren die Kabelstecker und ich schraube eine Stunde, bis das Motorrad wieder läuft. Später sehe ich Jordi Viladoms stehen – der mir vorher seine Hilfe angeboten hat – und ich schleppe ihn zum nächsten „Refueling“. Er tut mir leid, denn er fährt 20, 30 Kilometer wenige Meter hinter mir in meiner Gatsch-Gischt und sieht dementsprechend aus.

Es sind fast die letzten Kilometer meines ersten Auftritts bei der Rallye Dakar. Einen Tag später bin ich nicht mehr dabei.

***

Am Tag nach meinem Aus geht es mir so richtig schlecht. Ich schlafe extrem viel und fühle mich kraftlos. Wenn ich fünf Stufen steigen muss, komme ich ins Schwitzen und Keuchen. Ich bedaure, die Rallye nicht zu Ende gebracht zu haben, doch mein Frust hält sich in Grenzen, da ich ohne große Erwartungen angetreten bin. Da freut es mich schon, eine Etappe gewonnen und gezeigt zu haben, dass ich geschickt bin, dass ich einen Platz im Werksteam verdiene (den ich auch erhalte).

Erst ein halbes Jahr nach der „Dakar" 2015, die ich als von KTM offiziell unterstützter Privatfahrer bestritten habe, kann ich wieder Paella essen. Die Erfahrungen, die ich gesammelt habe, helfen mir, mich besser auf die kommenden Aufgaben vorzubereiten. So weiß ich nunmehr, dass ich bekleidungsmäßig auf sehr heiße und auf sehr kalte Temperaturen gefasst sein muss. Mir wird deutlich bewusst, dass ich meine Energieversorgung nicht einer Großküche überlassen kann, die täglich einige tausend Personen versorgt. Astronautennahrung, zusätzliche Elektrolyte, Kohlenhydrate gehören bei mir ebenso auf den Speiseplan wie hochkalorische und proteinhaltige Flüssignahrung für unterwegs.

Und ich kenne das Zauberwort für einen Triumph bei der „Dakar": Roadbook.

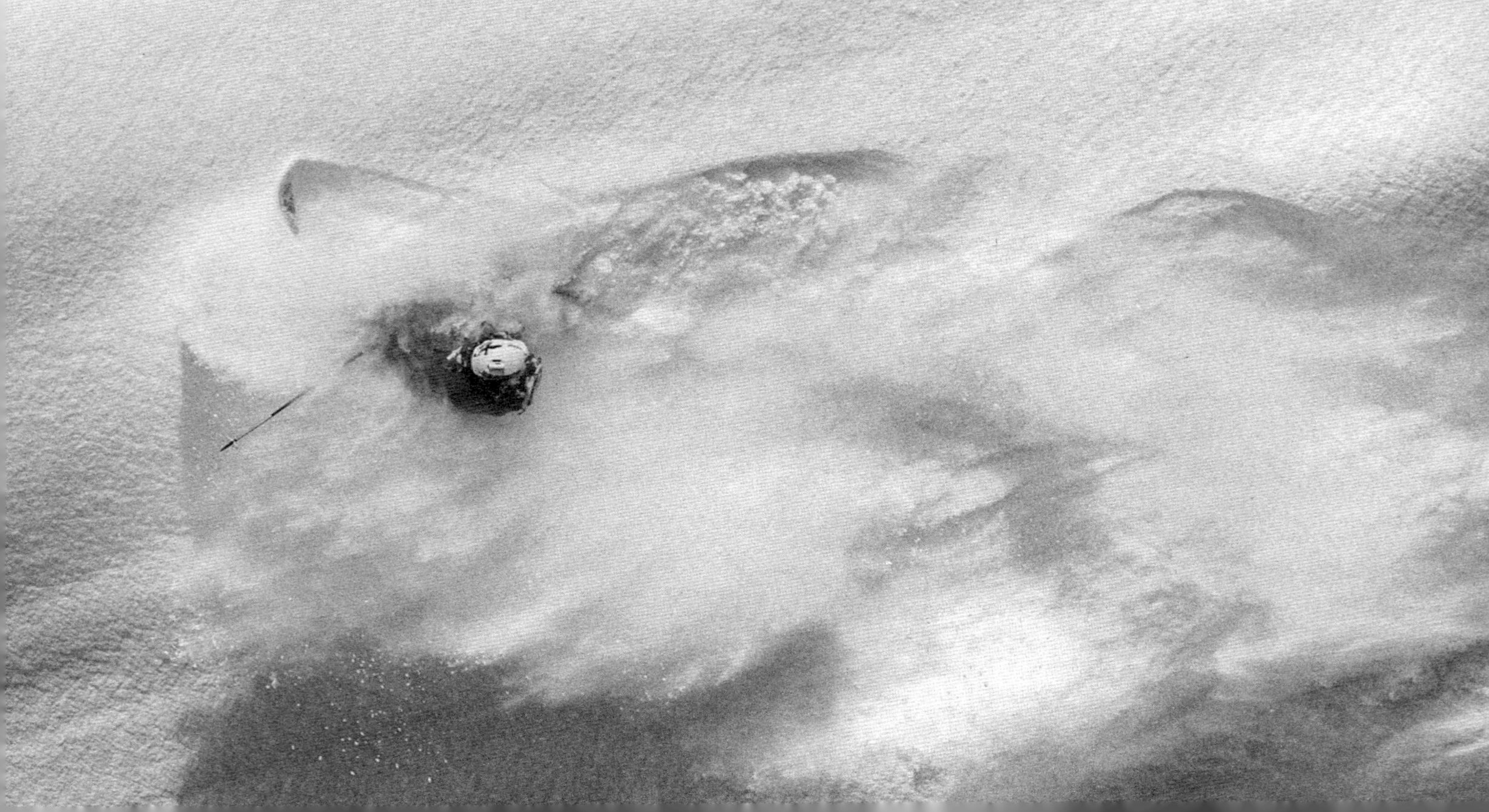

Auf der Freeride World Tour

DOMINATORIN UND WELTMEISTERIN

Es ist der 25. Januar 2015, ich blinzle in die Sonne über Chamonix und kann mein Glück nicht fassen. Zwei Winter lang war ich wegen eines Kreuzbandrisses zum Zuschauen verdammt gewesen und nun stehe ich hier und gewinne nach jahrelanger Pause wieder einen Bewerb im Ski-Freeriden!

„Ich habe eine sichere Linie gewählt und nicht alles riskiert", erzähle ich den Medienvertretern, „war unfassbar nervös und wollte vor allem ins Ziel kommen. Ich hätte nie gedacht, dass es für den ersten Platz reichen würde. Vor dem Contest war ein Platz unter den ersten Fünf mein Ziel. Nach einer schwierigen Zeit mit vielen Schmerzen fällt jetzt alles von mir ab. Ich weiß nun, dass ich noch mithalten kann. Ich bin einfach extrem dankbar."

Ich stehe jetzt hier als Siegerin, teilnahmeberechtigt nur aufgrund einer sogenannten „Injury Wild Card" – doch es ist dies nur der erste Sieg einer Erfolgsserie! In den kommenden vier Wintern lande ich bei 15 von 20 Wettbewerben auf dem Podest, viermal als Erste, achtmal als Zweite, dreimal als Dritte. Ich werde zweimal – 2015 und 2016

– World Tour Siegerin, also Weltmeisterin und zweimal Zweite: 2017 und 2018. Aber der Weg dorthin ist steinig.

***

2012 findet Mitte Dezember im kanadischen Revelstoke, das 400 Kilometer westlich von Calgary liegt, der Freeride World Tour Auftakt statt. Im Winter zuvor bin ich mit einem extrem knappen Rückstand Vizeweltmeisterin geworden. Mein Ziel für diese Saison ist klar: Platz eins. Doch in Revelstoke geht ein grenzwertiger Contest über die Bühne, zumindest für das Damen-Starterfeld. Der Hang ist übersät von den Spuren der Männer, die ihren Wettbewerb vor uns Frauen ausgetragen haben, was es für uns nicht leichter macht. Nebel beeinträchtigt die Sicht und es ist kalt. Das Thermometer zeigt minus 28 Grad Celsius, Wärmeräume oder Hütten am Berg gibt es nicht. Sechs Stunden lang frieren die anderen und ich im Freien. Der Contest ist geprägt von Verschiebungen, Stürzen, Stopps. Einige Schiedsrichter wollen den Bewerb wegen der immer schlechter werdenden Bedingungen und Lichtverhältnisse für uns Frauen absagen, doch der Veranstalter setzt sich durch. Es wird gefahren – für mich unverständlich, da wir Läuferinnen damit ein enorm hohes Risiko eingehen und nicht mehr wirklich das volle Potential ausschöpfen können.

Bis ich endlich an die Reihe komme, herrschen nicht nur schlechte Lichtbedingungen, auch meine Motivation hat sich verabschiedet. Ich springe einen ziemlich hohen Felsen, welchen einige der Männer schon gesprungen sind. Wegen der vielen Einschläge in der Landung, der Läufer vor mir, wir nennen sie „Bomb-Holes", versuche ich etwas seitlicher zu springen und bin dadurch in der Landung nicht sauber genug, stürze aber trotzdem nicht. Mein linkes Knie verdreht sich, ich höre beim Aufkommen einen Schnalzer, fahre aber weiter. Das Adrenalin schaltet die Schmerzen bis zu einem gewissen Grad aus. Irgendwas ist passiert, das spüre ich im Knie, aber wenn ich ins Ziel komme, dann lande ich vielleicht noch auf dem Podest, denke ich mir und versuche fokussiert weiterzufahren. Beim nächsten Rechtsschwung luxiert mein Knie und der Oberschenkel schiebt sich über den Unterschenkel hinaus. Ich bin nicht mehr Herrin über mein linkes Bein, stürze, muss den Lauf abbrechen und weiß aus Erfahrung, dass das Kreuzband gerissen ist. Auf einem Ski und mit vielen Schmerzen, die ich nun, nachdem das Adrenalin nachlässt, immer mehr spüre, komme ich im Zielbereich an, wo mir andere Mut zusprechen. Vielleicht ist es doch nicht so schlimm, meinen sie, doch ich bin in Tränen aufgelöst. Vor meinem inneren Auge läuft bereits der mir nur zu gut bekannte alte Film ab. Dieser Lauf ist der erste und letzte der Saison. Dies steht mir bevor: Operation, neun Monate Rehabilitation, Comeback. Vorausgesetzt alles läuft, wie es soll. Ich muss schlucken. Der Sport macht es mir wirklich nicht einfach. Ich will schnellstmöglich nach Hause zu meinem Vertrauensarzt Peter Lechenauer und frage eine junge Ärztin im Krankenhaus von Revelstoke um einen Erstbefund für die Versicherung und eine Thrombosespritze, denn die Rückreise nach Österreich wird zwei Tage dauern.

„Ich kann den Fuß nicht bewegen, weil er geschwollen ist und ich starke Schmerzen habe", erkläre ich ihr, was sie

vermutlich auch gesehen hat. „Deswegen benötige ich diese Spritze und eine Beinschiene."
„Das Kreuzband ist stabil", sagt sie mir nach ihrer Untersuchung, „da müsste eigentlich alles passen. Wir werden das Bein röntgen."
Langsam werde ich ungeduldig. „Ihr werdet nichts finden", meine ich, „die Knochen sind intakt, das Kreuzband ist gerissen. Ich würde einen Bruch spüren und außerdem macht es keinen Unterschied, weil ich so oder so erst zuhause behandelt werde."

Ich bettle um die so wichtige Thrombosespritze für meine lange Heimreise und erhalte sie nicht. Für die Diagnose, dass mein Kreuzband nicht gerissen sei, Schmerztabletten und eine Beinschiene, bezahle ich 800 Dollar. Der Rückflug in der Business Class, der von meiner Unfallversicherung übernommen wird, ist zwar ganz angenehm, aber darauf hätte ich auch gerne verzichten können. Mein Unterschenkel schmerzt mehr und mehr, je länger die Reise dauert. Der erste Weg geht direkt nach Bad Dürrnberg in die EMCO Klinik und Peter Lechenauer untersucht mich sofort. „Mir wandert der Erguss in die Wade", sage ich ihm, „es schmerzt sogar mehr als das Knie, sowas habe ich noch nie gehabt." Er diagnostiziert eine Thrombose, die nächsten drei Tage verbringe ich im Krankenhaus.

Thrombose ist gefährlich und kann das Leben kosten. Ich ärgere mich zutiefst über die Nachlässigkeit des medizinischen Personals in Revelstoke. Ich wüsste nicht, was geschehen wäre, wenn ich nicht sofort ins Spital gegangen wäre oder erst Tage später einen Termin bei einem Arzt bekommen hätte. So schätze ich die großartige Betreuung durch Peter Lechenauer einmal mehr.

Vor der Operation werde ich von einem Physiotherapeuten durchgecheckt, und meistens habe ich in meiner Karriere mit wirklich guten und verlässlichen Personen zu tun. Dieses eine Mal gerate ich in falsche Hände, er lässt mich hängen, verschiebt Termine, weil er private Dinge zu erledigen hat oder fängt einmal im Therapieraum mit einem Freund zu rauchen an. Als ich die beiden Herren darauf anspreche, bekomme ich von seinem Freund nur als Antwort: „Wenn du fortgehst in ein Lokal, rauchen sie ja auch". Ich mache selbst meine Übungen, immerhin bringe ich auch eine gewisse Erfahrung mit, ehe ich einige Wochen später von Dr. Lechenauer operiert werde. Schwer zu sagen, ob die defizitäre Physiotherapie vor dem Eingriff zu den auftretenden Komplikationen geführt hat. Im Grunde gibt ja jeder sein Bestes und will gute Arbeit machen, aber es läuft eben nicht immer alles reibungslos ab und auch der Körper reagiert nicht immer gleich nach einer Verletzung und Operation. Mit einem anderen Physiotherapeuten versuche ich monatelang ein Streckdefizit zu überwinden, schaffe es aber nicht. Auf Empfehlung eines befreundeten Physios lege ich mich nochmal unters Messer, um Narbengewebe zu entfernen. Wochen später bekomme ich das Streckdefizit immer noch nicht ganz in den Griff, die Fähigkeit der vollen Streckung ist aber für einen weiteren Heilungsverlauf und vor allem für meinen Muskelaufbau unerlässlich. Also werde ich innerhalb von sechs Monaten ein drittes Mal operiert, um einen diagnostizierten Zyklops und wiederum Narbengewebe zu entfernen. „Du hattest eine Arthrofibrose", erklärt mir der behandelnde Arzt. Zwar geht es mir jetzt besser, ich kann das Bein wieder strecken, aber ich leide unter Sehnenschmerzen, die mich in der Muskelfunktion behindern. Jeder Schritt, jede Stufe ist eine kleine Qual. Ich mache also wieder meine tägliche Physiotherapie, lasse mich aber auch mit Alternativmethoden, Akupunktur oder Magnetfeldtherapien, behandeln und versuche so den Schmerz zu besiegen. Bin ich schmerzfrei, kann ich daran denken, wieder Muskel aufzubauen.

„Dein Knie passt", sagen mir die medizinischen Experten, „die Streckung ist da, du kannst trainieren." Vielleicht ist das, was ich fühle, ein Phantomschmerz? Ein Schmerz, wo medizinisch gesehen eigentlich wieder alles in Ordnung ist. Warum sagt mir mein Körper, dass er leidet, weswegen meine Oberschenkelmuskulatur sich weigert, auf Trainingsimpulse zu reagieren? In Innsbruck lasse ich mir auf Anraten Cortison spritzen, versuche es mit einer Stoßwellentherapie und investiere wirklich viel Geld und tausende Kilometer in meine vollständige Wiederherstellung.

Aber wird es je wieder werden? Ich litt an einer krankhaften Vermehrung von Bindegewebe aufgrund von Entzündungen innerhalb eines Gelenks. „Frau Walkner", sagt mir einmal ein Arzt in Innsbruck, „seien Sie froh, dass Sie überhaupt wieder so gut gehen können." Ich starre ihn ungläubig an. Die Nachricht, die mein Gehirn aufnimmt lautet: ans Skifahren brauchst du nicht, oder: noch nicht, oder: noch lange nicht zu denken. Den gesamten Sommer 2013 mühe ich mich ab, ich will für die World Tour bereit sein. Im November muss ich zur Kenntnis nehmen, dass ich immer noch nicht so trainieren kann, wie ich es gerne möchte, dass ich muskulär nicht fit genug bin, besser gesagt, dass mir mein kompletter linker Oberschenkel fehlt. Ich brauche an keine Contests zu denken, wenn mir sogar das Stiegensteigen schwerfällt, sage ich mir.

Während im Winter 2013/14 Nadine Wallner ihren Freeride-Titel aus dem Vorjahr verteidigt, fahre ich Ski wie viele andere auch: sehr gemütlich, ohne Sprünge und sehr vorsichtig, mit Schmerzen im Knie und weit unter meinem eigentlichen Können. Ganz gemütlich – aber wenigsten kann ich Skifahren.

Als letzten Ausweg lasse ich mir von Manuel Horeth ein „Schmerz-weg"-Mentalprogramm schreiben. Horeth ist ein Salzburger Mentaltrainer und Mentalist. Er testet mich aus, will erfahren, welche Musik ich mag und auf welche Impulse mein Gehirn anspricht. Monatelang höre ich mir immer wieder sein Programm an. Keine Ahnung, ob das Mentalprogramm, die tägliche Physiotherapie oder einfach nur die Zeit geholfen haben, aber im Mai 2014 spüre ich, wie meine Muskulatur zuckt, wenn ich Kniebeugen oder andere Kraftübungen mache – und bin überglücklich. Je mehr Muskulatur ich aufbaue, umso weniger Schmerz fühle ich, umso mehr kann ich trainieren. Im Olympiazentrum Salzburg-Rif werde ich von Physiotherapeut Gerald Mitterbauer bestens unterstützt. Er vermittelt mir verschiedene Techniken des Tapens, was mir hilft, diese Technik vor jedem Training selbst anzuwenden und den Schmerz weiter zu reduzieren.

Eineinhalb Jahre nach dem Unfall von Revelstoke bin ich zwar noch lange nicht schmerzfrei, jedoch sind die Schmerzen nun so erträglich, dass meine Muskulatur wieder auf Trainingsreize anspricht. Ein großer Fortschritt. In Salzburg-Rif arbeite ich mit Trainer Reinhold Innerhofer zusammen, er berät mich auch in ernährungstechnischen Dingen. Überhaupt fühle ich mich im Olympiazentrum seit jeher wohl. Ich habe dort schon trainiert, als ich noch eine ÖSV-Athletin war. Im damals so benannten Leistungssport Betreuungszentrum (LBZ) Salzburg/Rif trainierte ich mit Thomas Geierspichler, dem vielleicht prominentesten Rennrollstuhlsportler Österreichs. Da war ich 21 Jahre alt. Um die Möglichkeiten, die das Olympiazentrum Salzburg-Rif bietet, beneiden uns viele und nicht nur in Österreich. Vor den Olympischen Spielen 2012 in London waren die US-amerikanischen Hürdenläufer im Trainingslager hier bei uns. Jedes Jahr trainieren die weltbesten Bobfahrer in Rif. Das Sportzentrum ist hoch angesehen und ich selbst wüsste keinen anderen Flecken in Österreich, der dieselben Möglichkeiten bietet.

***

Am Samstag, dem 10. März 2012, gewann ich am Nordhang des Wildseeloder oberhalb von Fieberbrunn mein erstes Freeride World Tour Rennen. Das war eine tolle Geschichte! Meine Eltern und Brüder waren dabei, die Stimmung war großartig. Mein Lauf, der die Basis für meinen Vize-WM-Titel legte, war fehlerfrei. Jahre später rufe ich bei jeder Ausdauereinheit die Gefühle und Erlebnisse von damals ab. Beim Laufen oder beim Biken denke ich intensiv an meine perfekte Fahrt von Fieberbrunn, ich münze sie um und verbinde sie mit meinem Comeback: stelle mir vor, wie ich oben stehe am Start, wie ich einen perfekten Lauf habe, wie ich durch das Ziel fahre und die Hände in die Höhe reiße. Ich werde meine Comebackfahrt imaginär wohl über hundertmal gefahren sein. Ich stelle mir meine Siegesfahrt so intensiv vor, dass mir während meiner Laufrunde die Tränen über die Wangen fließen, so sehr freue ich mich über diesen meinen (zukünftigen, noch virtuellen) Sieg, der mich auf den Weg zum WM-Titel bringt. Autosuggestion nennt man diese Technik. Selbstsuggestionen wirken dadurch, dass sie mehrmals über Stunden oder Tage hinweg wiederholt werden. Der Erfolg beginnt im Kopf – und das weiß ich. Alles, was ich nun tun kann, ist jeden Tag vier bis sechs Stunden zu trainieren und mich mental auf mein Comeback vorzubereiten – denn ich will diesen verdammten Titel. Und dafür kämpfe ich.

Mein Bekleidungssponsor, eine italienische Bergsportmarke, mit der ich sieben Jahre lang zusammengearbeitet und ein sehr gutes Verhältnis habe, meldet sich, nachdem sie mir den Vertrag zugesagt hatten und schon lange zuschicken wollten, seit kurz vor Saisonbeginn einfach nicht mehr. Die mündliche Vereinbarung mit dem neuen Marketingmanager über die Verlängerung meines Vertrags wird nicht einmal mehr widerrufen. Ich bekomme auf meine Mails einfach keine Antwort mehr. Ein befreundeter Mitarbeiter auf einer anderen Position macht sich für mich stark. 3.000 Euro brutto als Jahresgehalt bietet er mir an. Ich müsste dafür aber die Marke immer noch als Hauptsponsor transportieren. Der Firma, die über 130 Millionen Euro

Umsatz im Jahr macht und gerade ein neues Headquarter gebaut hat, geht es angeblich so schlecht, dass sie einfach nicht mehr Budget haben.

Da der schon Winter hier ist, sind alle Verträge unter Dach und Fach und ich komme nirgendwo anders mehr unter. Von einem Tag auf den anderen hast du finanzielle Schwierigkeiten; auch das ist Realität in Sportarten wie der meinen. Jedenfalls beginnt mein Comeback-Winter nicht wie erhofft. Ski-Freeriden ist ein teurer Sport, die Wettkampfserie dann erst recht, mit Flugreisen und langen Autofahrten, Liftkarten und Hotelunterkünften. Fahre ein oder zwei Contests, sage ich mir, schau, wie es geht, und wenn das Geld nicht mehr reichen sollte, musst du es eben bleiben lassen.

Nach zweijähriger Pause bin ich 2015 in Chamonix wieder auf der World Tour zurück. Es sind neue Gesichter dabei, der Sport und die Szene haben sich weiterentwickelt, während ich stillgestanden bin. Von den Ridern werde ich freundlich wiederaufgenommen, aber keine Ahnung, ob mir jemand ein erfolgreiches Comeback zutraut. Ich siege in Chamonix und der Freund bei meinem ehemaligen Hauptsponsor meldet sich, gratuliert mir von Herzen und fragt, ob ich es mir nicht nochmals überlegen möchte. Er will mir helfen, so gut er kann, das weiß ich sehr zu schätzen, aber diese Marke käme für mich nicht mehr in Frage, selbst wenn das Angebot verzehnfacht würde. Geld ist und war für mich niemals so viel wert wie Menschlichkeit und gegenseitiger Respekt. Egal ob Athlet, Reinigungspersonal oder der CEO von einem Unternehmen – das macht für mich keinen Unterschied. Ich bleibe mir stets selbst treu und will für diese Marke nicht mehr werben. Ich habe ja ein wenig Preisgeld gewonnen und komme schon irgendwie über die Runden. Bis heute habe ich übrigens keine offizielle Absage bekommen. Und das nach sieben schönen Jahren der Zusammenarbeit.

Drei Knieoperationen, eineinhalb Jahre nur Schmerzen, Verlust des Hauptsponsors – den Triumph in Frankreich schätze ich als so ziemlich den bewegendsten und größten Moment meiner Karriere ein. Es folgen drei zweite Plätze in Österreich, Andorra und Alaska, womit ich noch vor dem Saisonfinale in Verbier Rang eins auf der World Tour sicher habe. Ich bin Weltmeisterin und dieser Titel steht sinnbildlich für so vieles, was mich in meinem Leben auszeichnet: Leidensfähigkeit, Lösungsorientierung, Hartnäckigkeit – niemals aufgeben, weil es sich lohnt, für seine Ziele und Träume zu kämpfen.

Die Outdoor-Marke Millet hat ihre Kernkompetenz in der Herstellung von Bergrucksäcken und Bekleidung, und dieses französische Unternehmen, bei dem beste Qualität und faire Arbeitsbedingungen im Vordergrund stehen, wird mein neuer Bekleidungssponsor. Auch andere Unternehmen haben mir während meiner verletzungsbedingten Wettkampf-Stehzeit die Stange gehalten, wiederum andere gesellen sich neu hinzu.

Im darauffolgenden Winter gewinne ich erneut die World Tour mit einem Auftakterfolg in Frankreich, einem ersten und einem zweiten Rang in Österreich und Andorra und einem zweiten Platz in den USA. Zum Saisonabschluss stürze

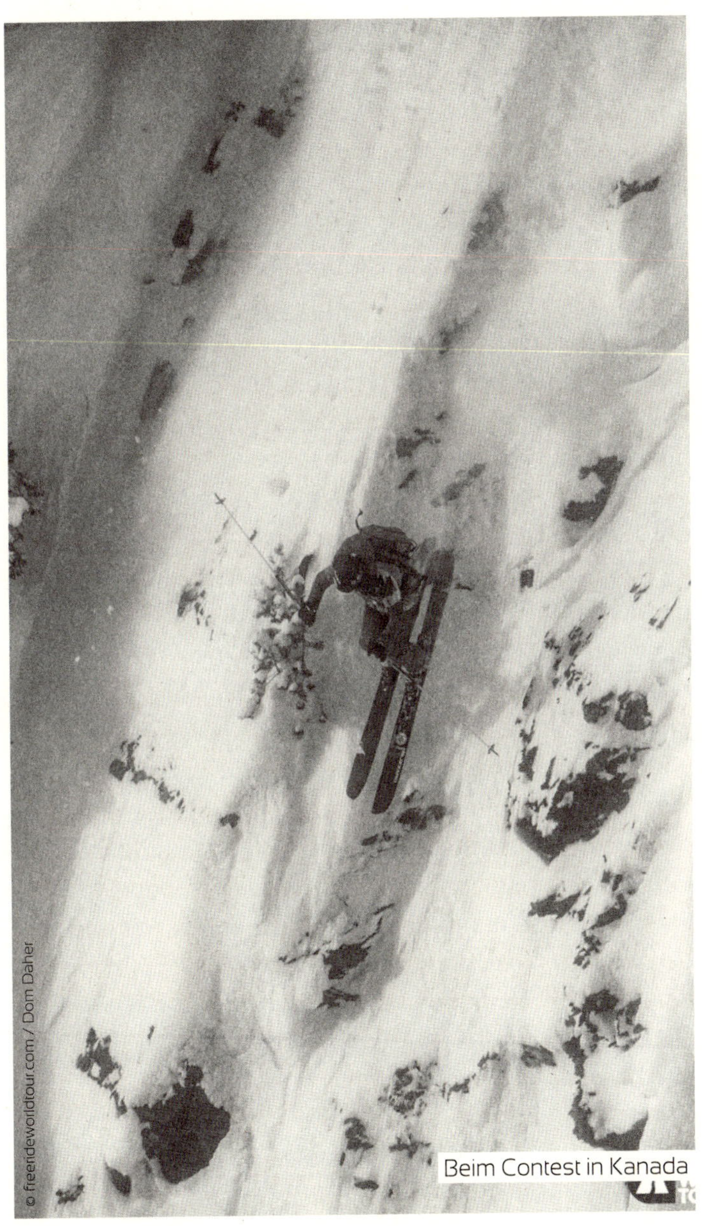
© freerideworldtour.com / Dom Daher

Beim Contest in Kanada

ich, weil ich auf einem Stein gelandet bin, doch ich habe den Gesamtsieg schon vor dem Finale so gut wie in der Tasche. Die Titelverteidigung bringt mir einerseits Befriedigung, ist mir andererseits aber nicht allzu wichtig. Im Jahr zuvor habe ich psychisch und physisch alles, was ich hatte, in ein erfolgreiches Comeback investiert und wurde relativ ungefährdet Weltmeisterin. Nun verteidige ich meine Spitzenposition erneut recht einfach. Es läuft einfach richtig gut. Ganz oben zu stehen ist ein großartiges Gefühl. Aber ganz oben zu stehen, wenn man zuvor ganz unten war – dieses Gefühl ist mit Worten kaum zu beschreiben. Das Süße ist nicht so süß ohne das Saure.

Mit Lorraine Huber erwächst mir in der Saison 2017 eine Konkurrentin im eigenen Land. Sie gewinnt die Tour, doch ich sichere mir den höchsten Platz auf dem Podest beim Xtreme Verbier. Viele Contests finden in steilen und schwierigen Umgebungen statt, in Verbier ist es aber noch steiler und noch ausgesetzter als anderswo. „Dies ist einer der emotionalsten Momente meiner Karriere", sage ich in Interviews und meine es auch so. „Der Bec des Rosses ist der herausforderndste Berg auf der World Tour, ein Sieg in Verbier ist der große Traum eines jeden Freeriders. Endlich habe ich mir diesen auch erfüllt!" Stolz bin ich, dass auf der Siegertrophäe, die in der Schweiz verbleibt, unter den eingravierten Namen nun auch meiner zu finden ist. Die kleinere „Estelle Balet"-Trophäe wandert in mein Wohnzimmer.

***

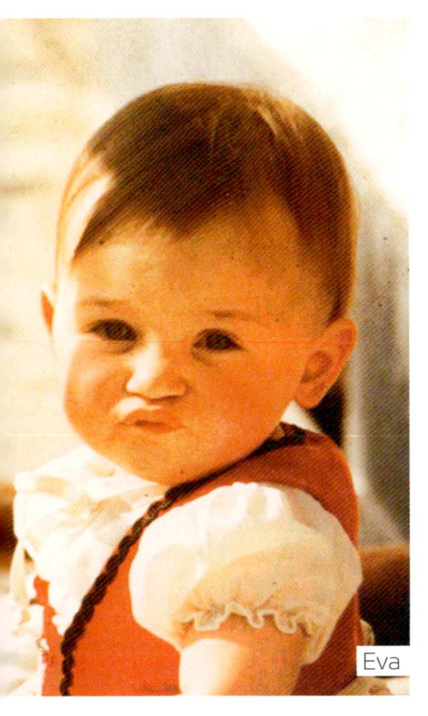

Eva

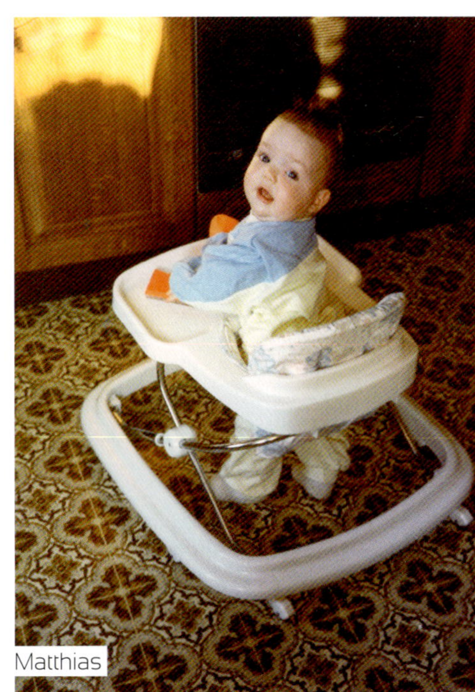

Matthias

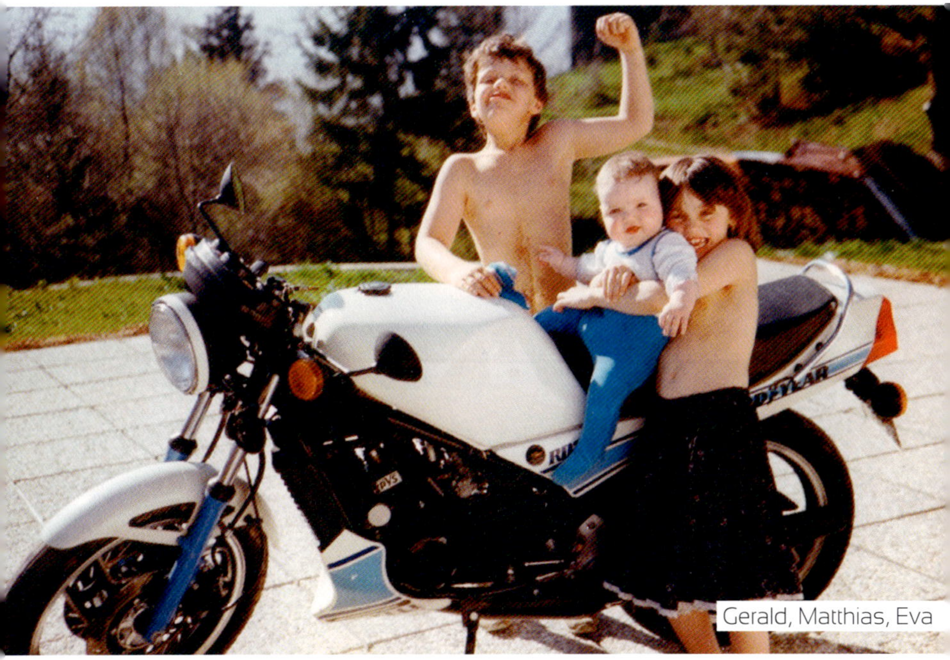

Gerald, Matthias, Eva

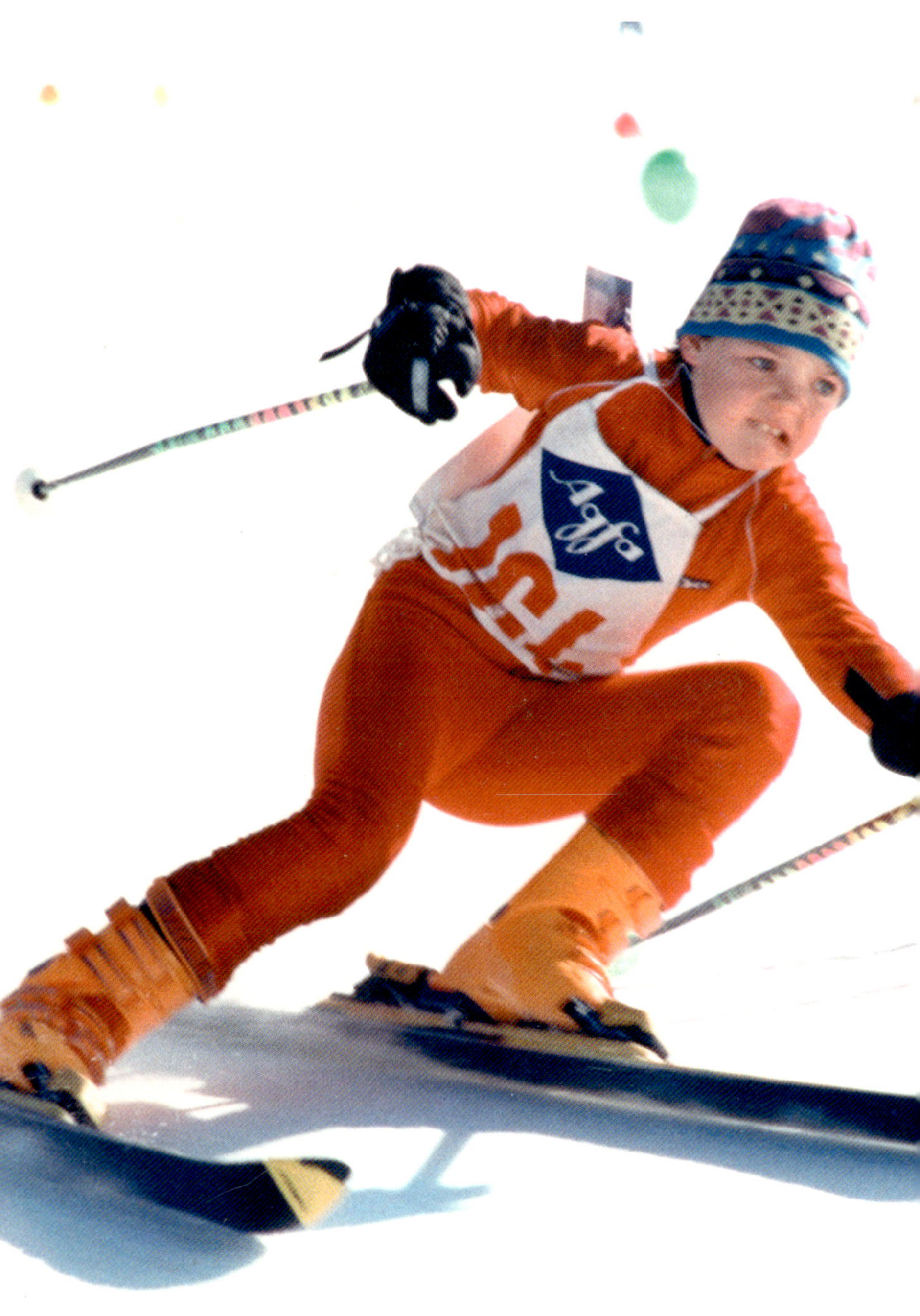

Matthias als Skifahrer

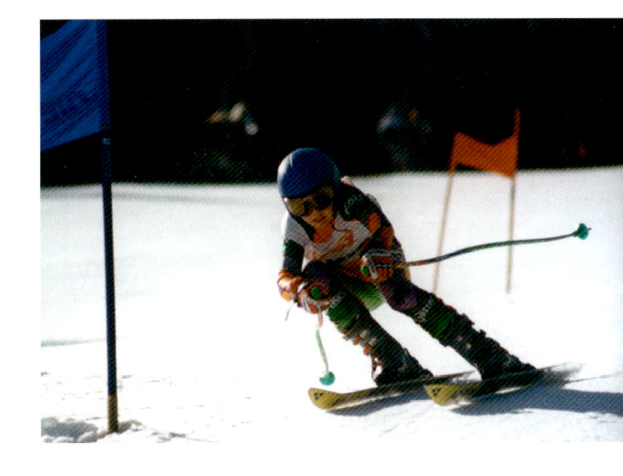

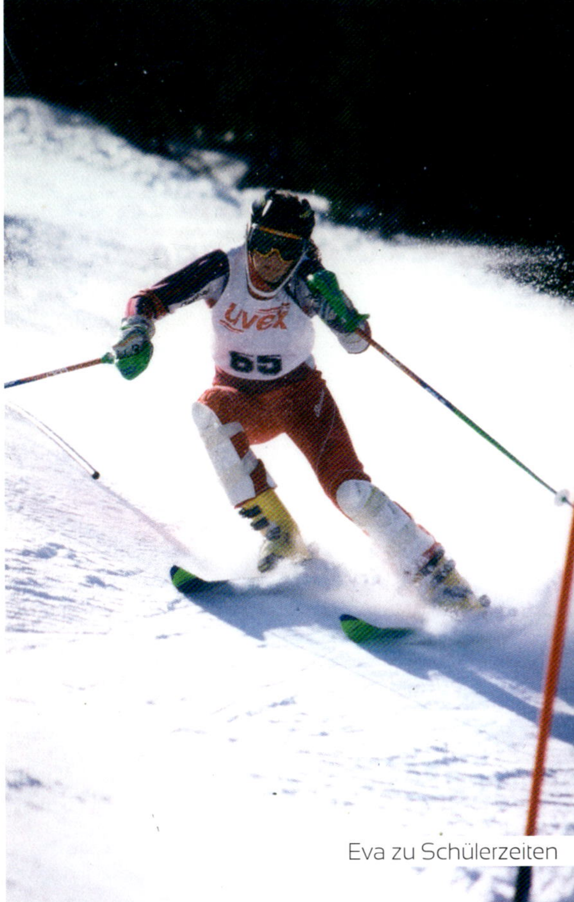

Eva zu Schülerzeiten

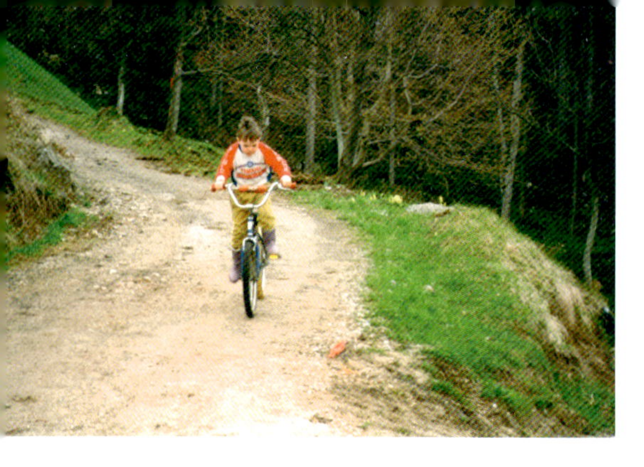

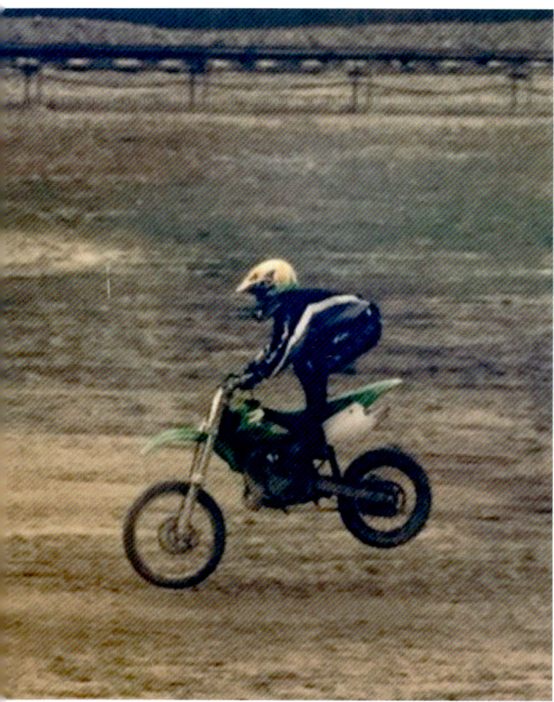

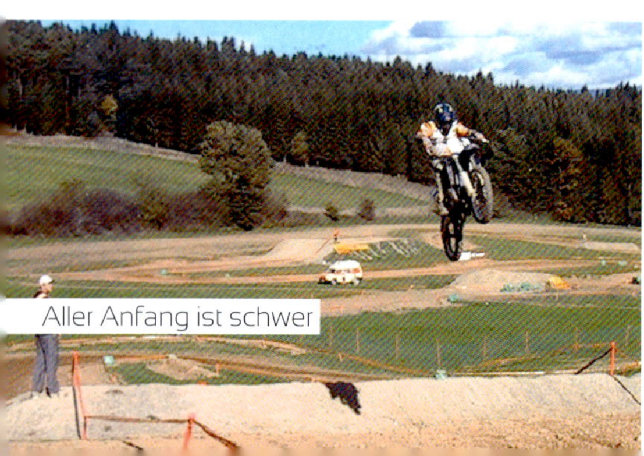

Aller Anfang ist schwer

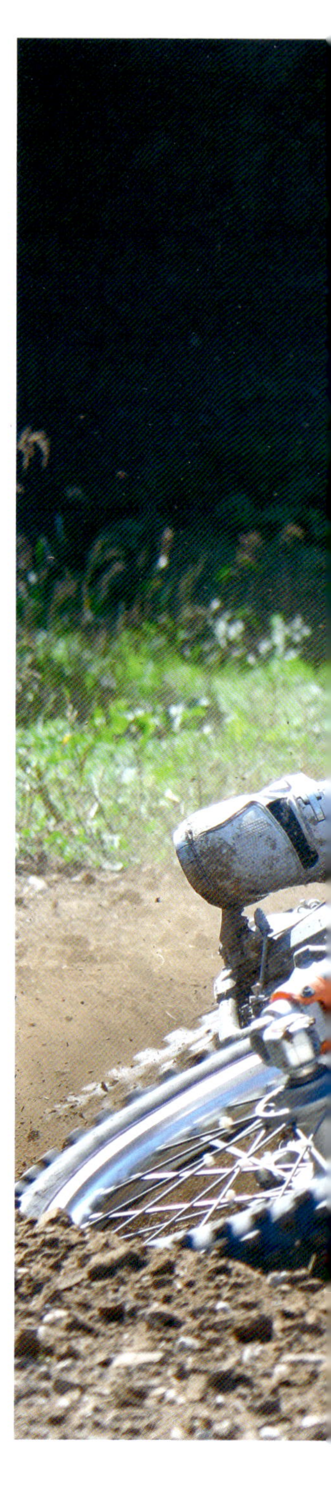

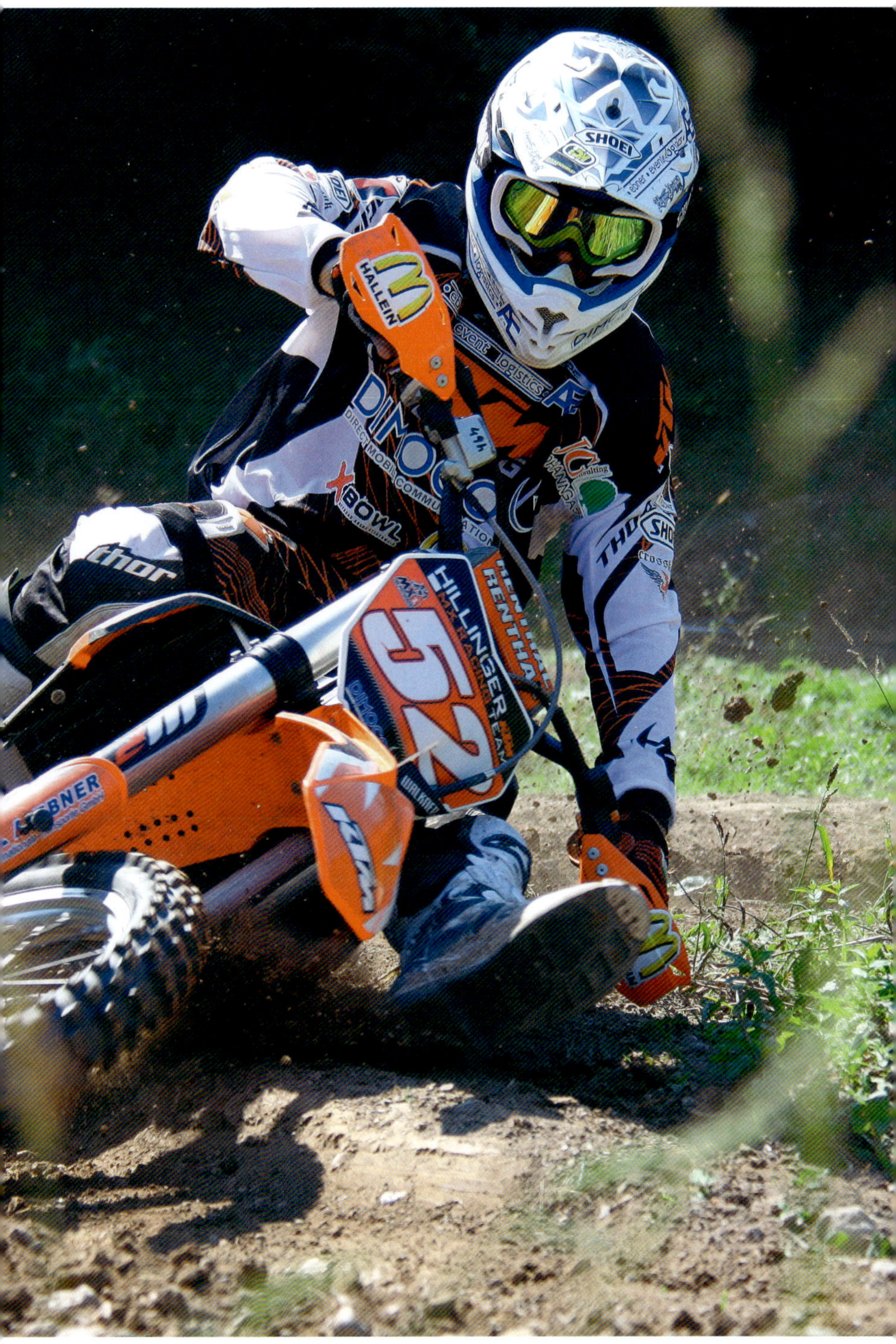
SHOEI
HALLEIN
event logistics
DIMOCO
XBOWL
thor
HILLINGER
RENTHAL
52
KTM

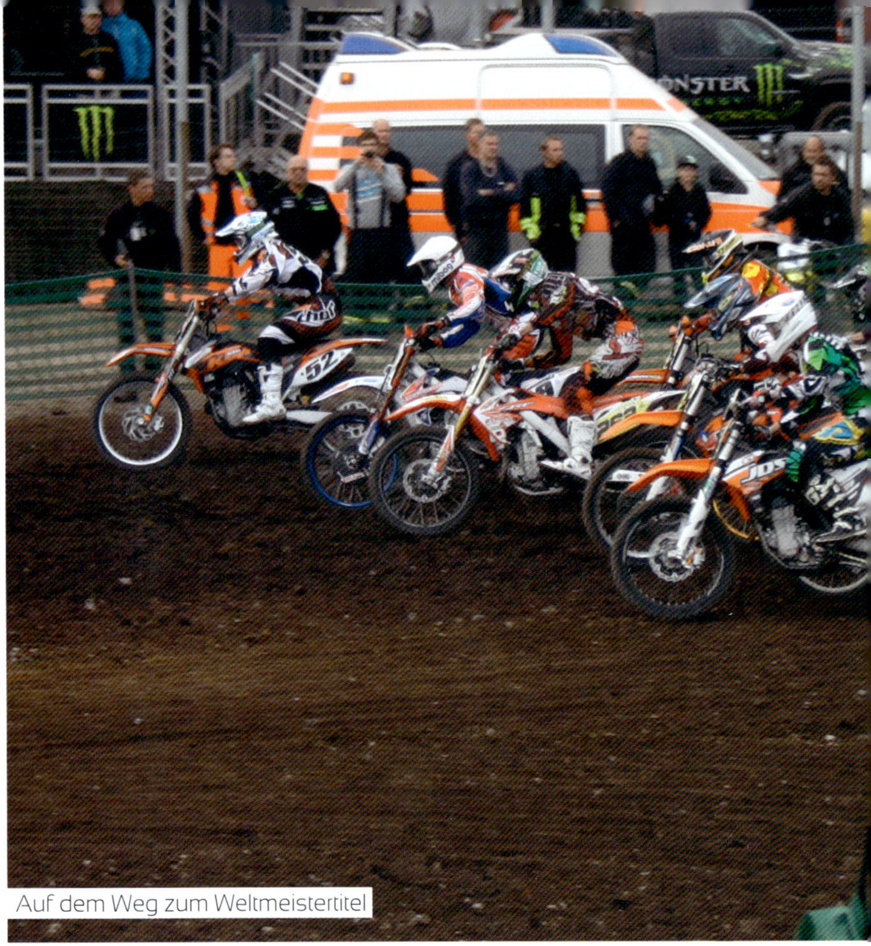

Auf dem Weg zum Weltmeistertitel

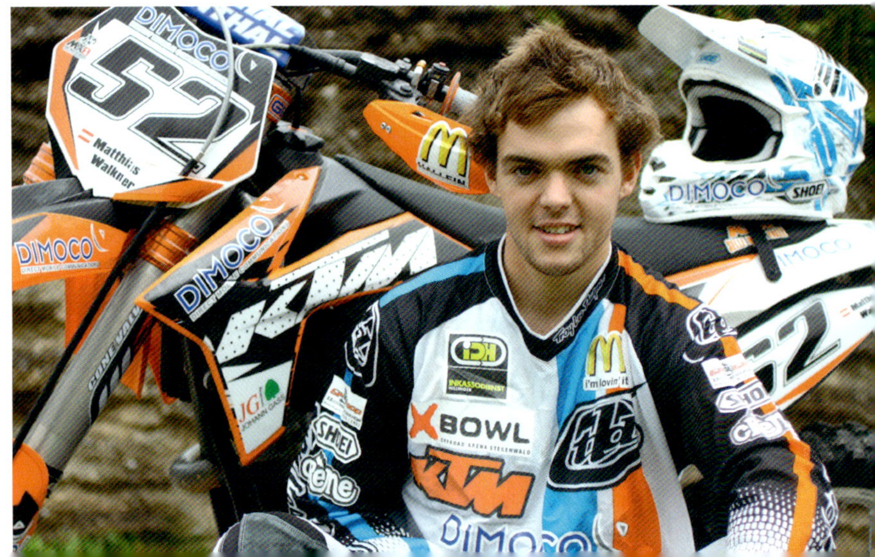

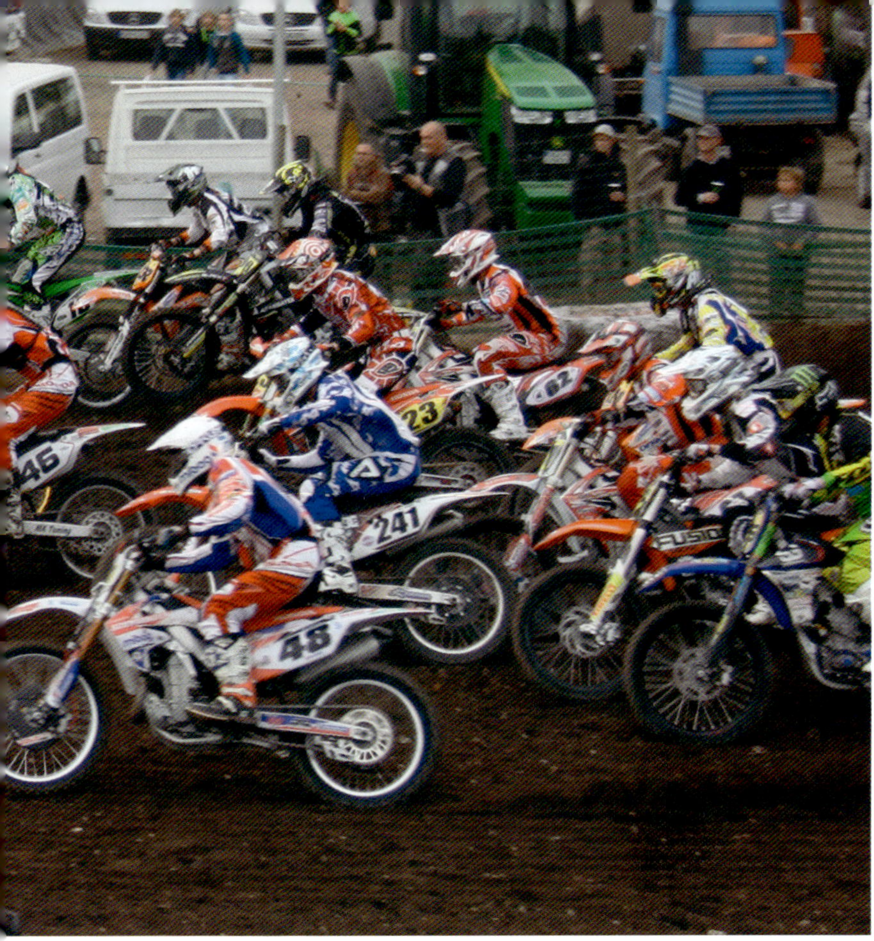

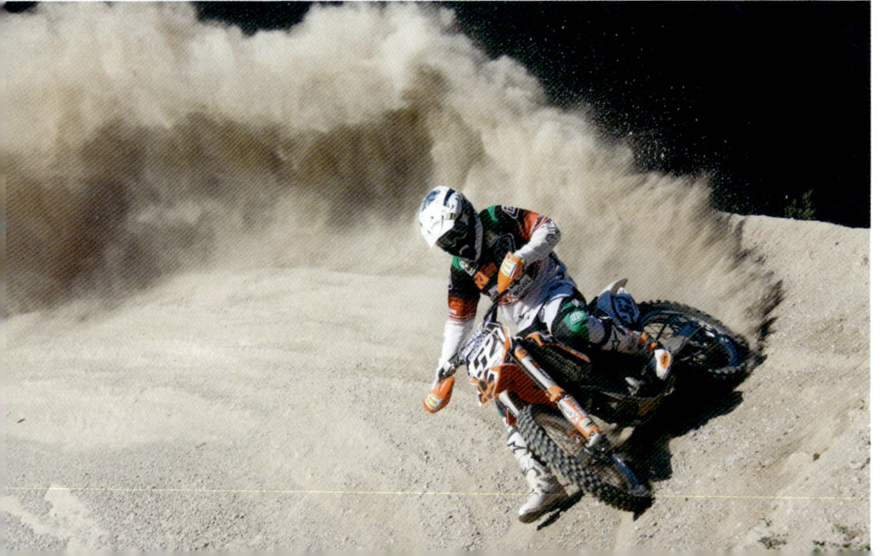

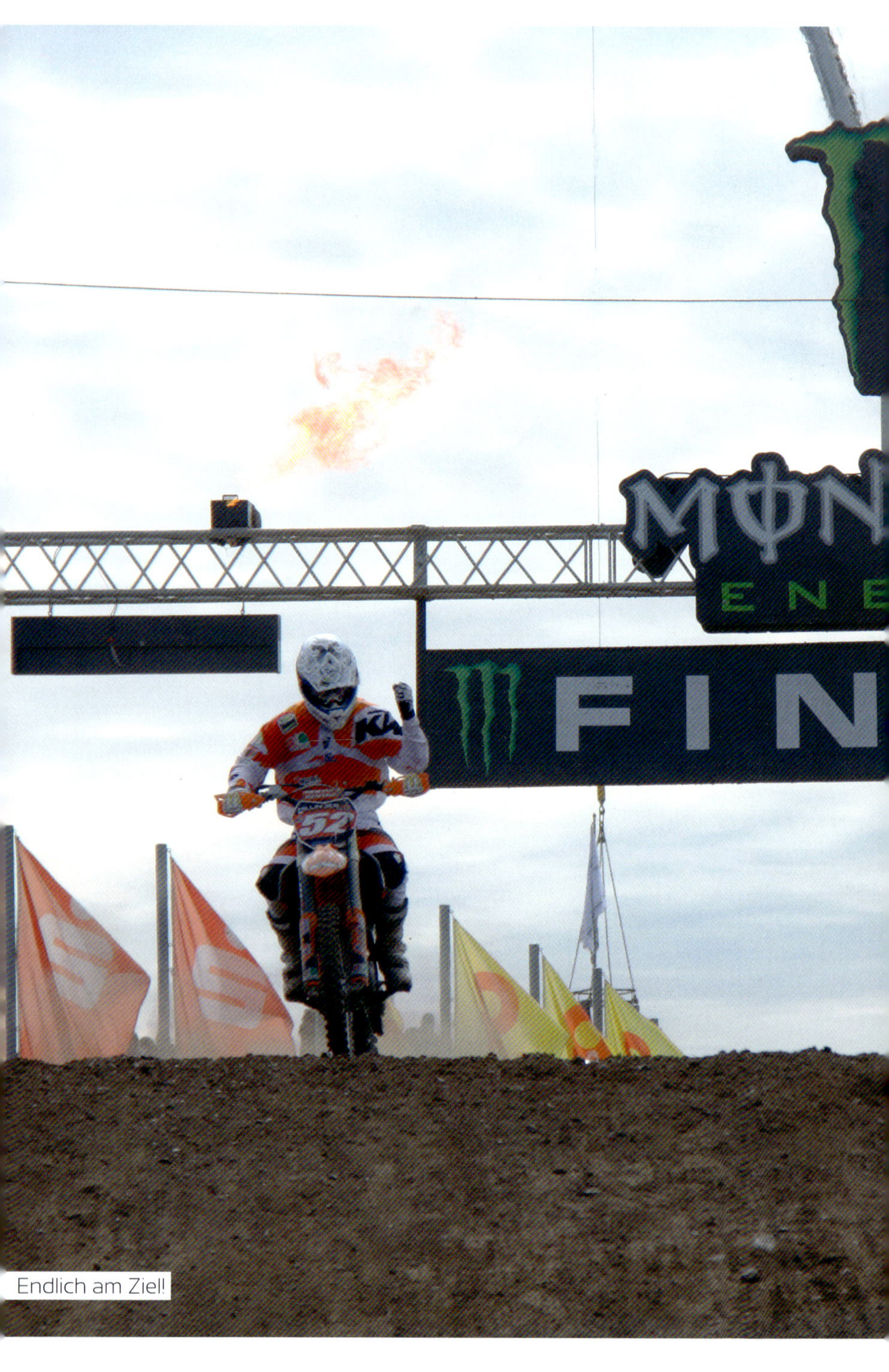

Endlich am Ziel!

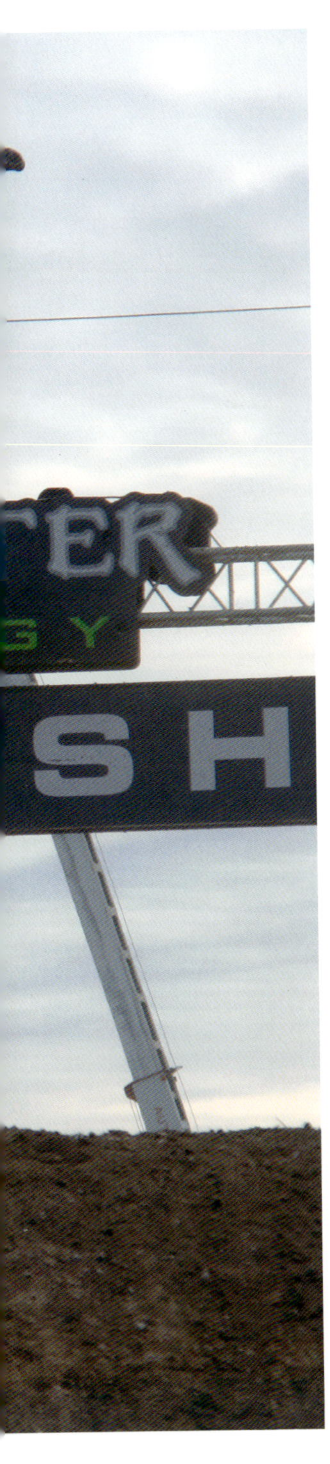

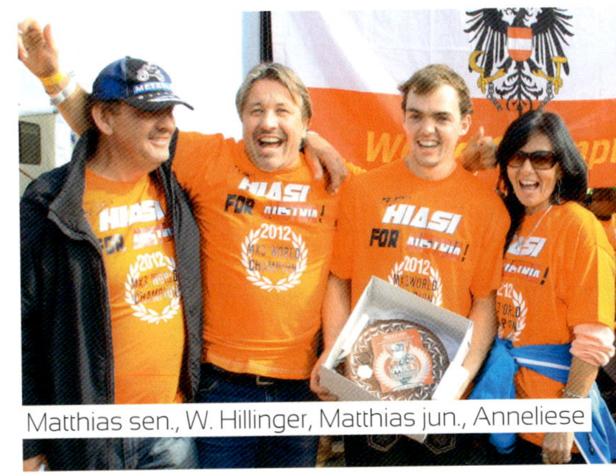

Matthias sen., W. Hillinger, Matthias jun., Anneliese

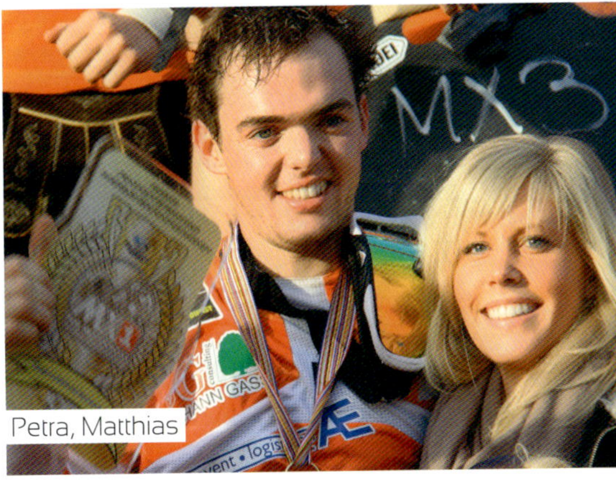

Petra, Matthias

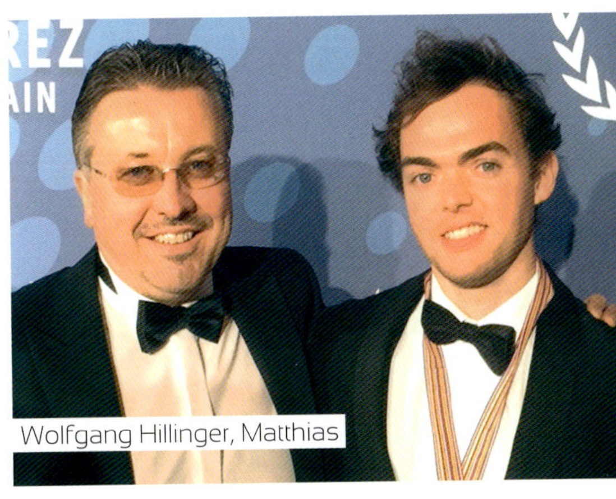

Wolfgang Hillinger, Matthias

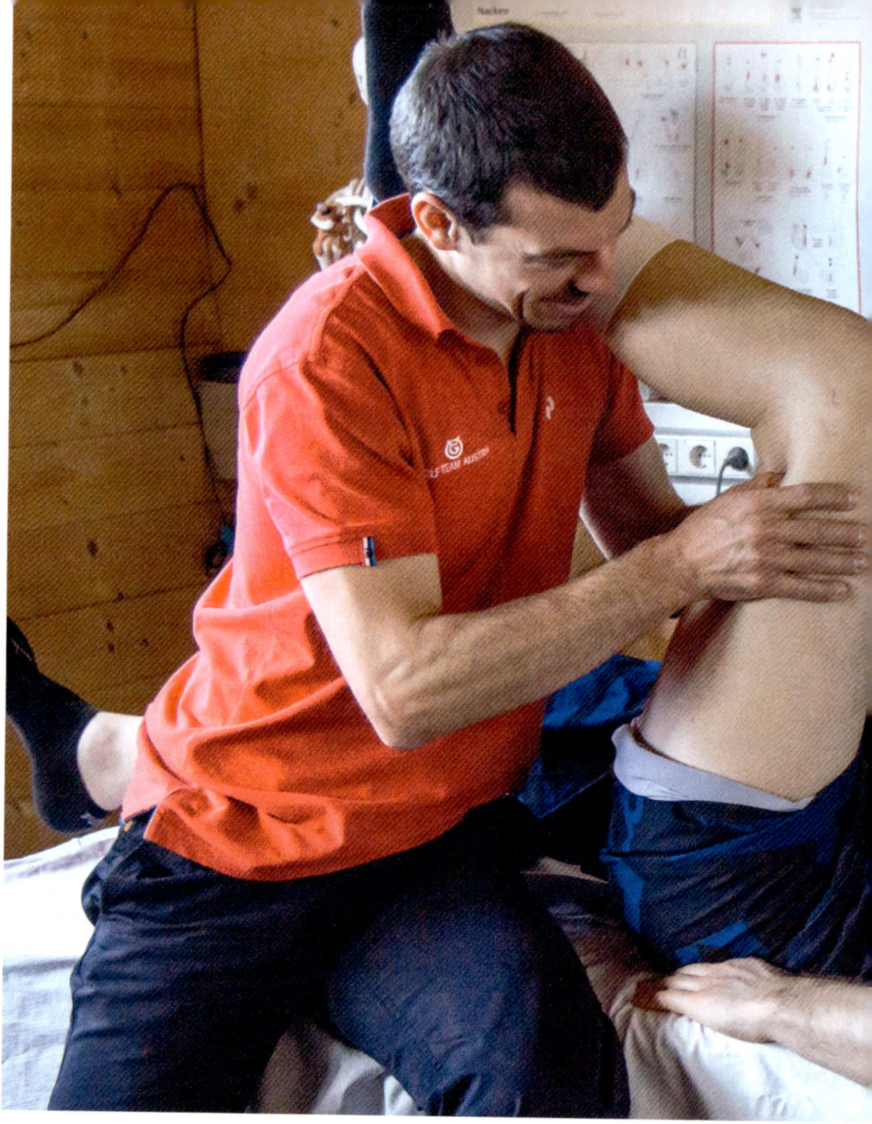

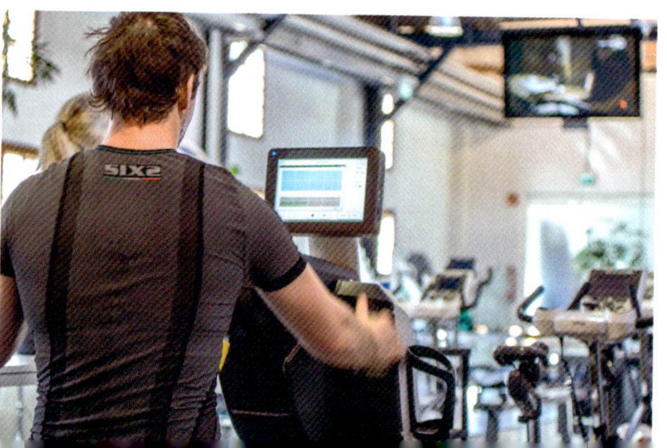
SIX2

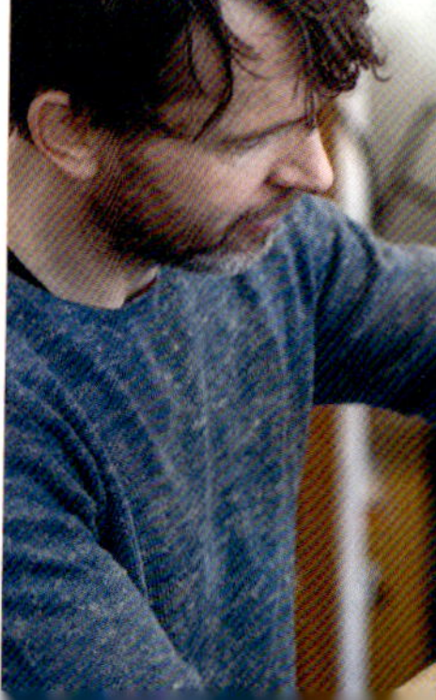

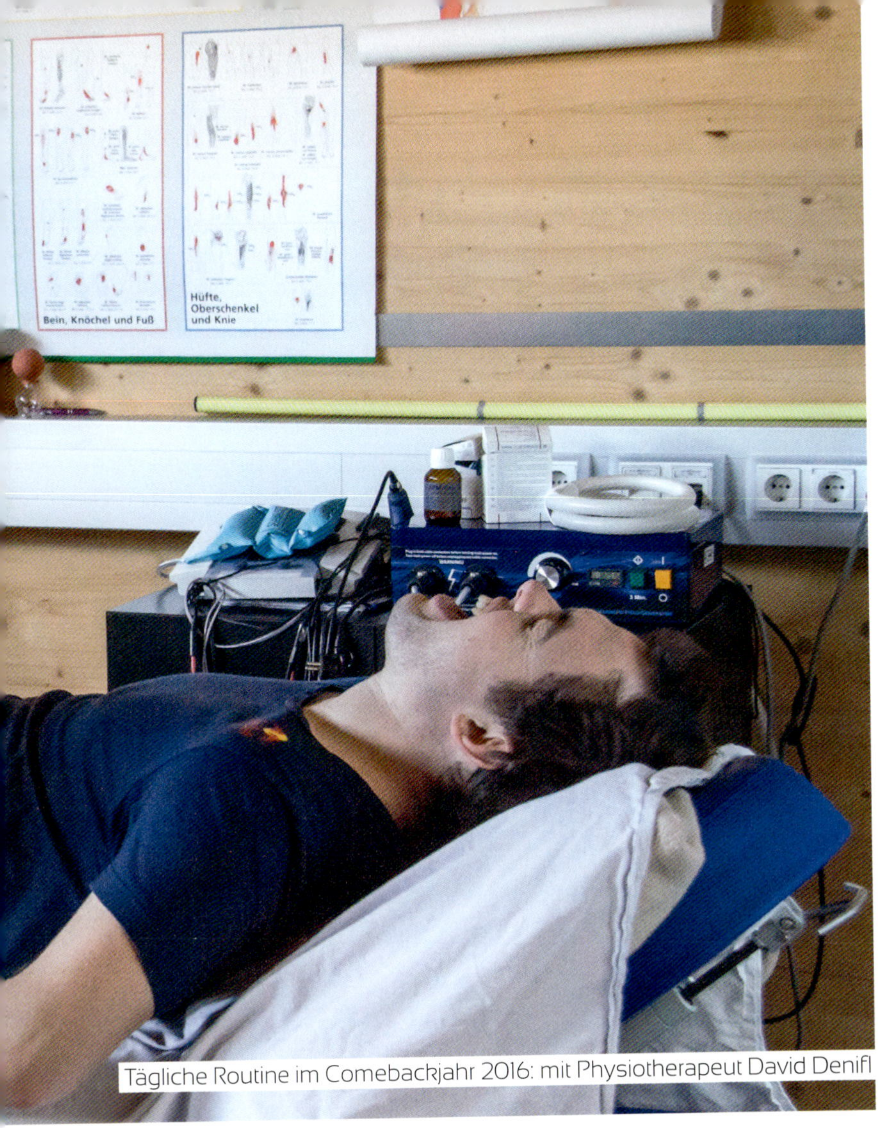

Tägliche Routine im Comebackjahr 2016: mit Physiotherapeut David Denifl

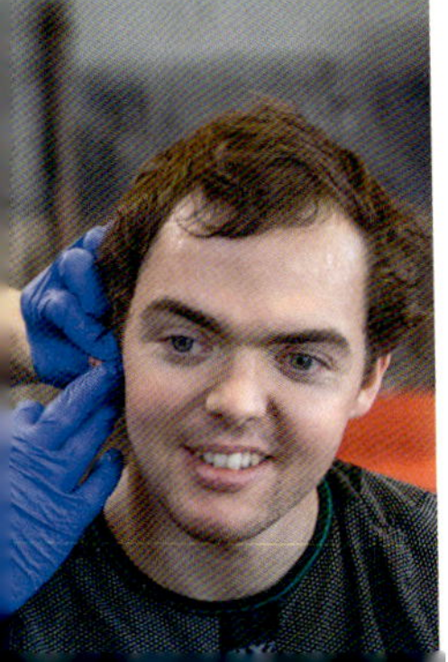

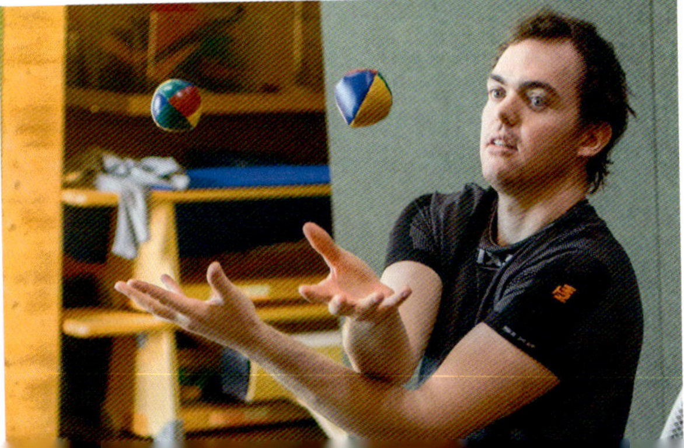

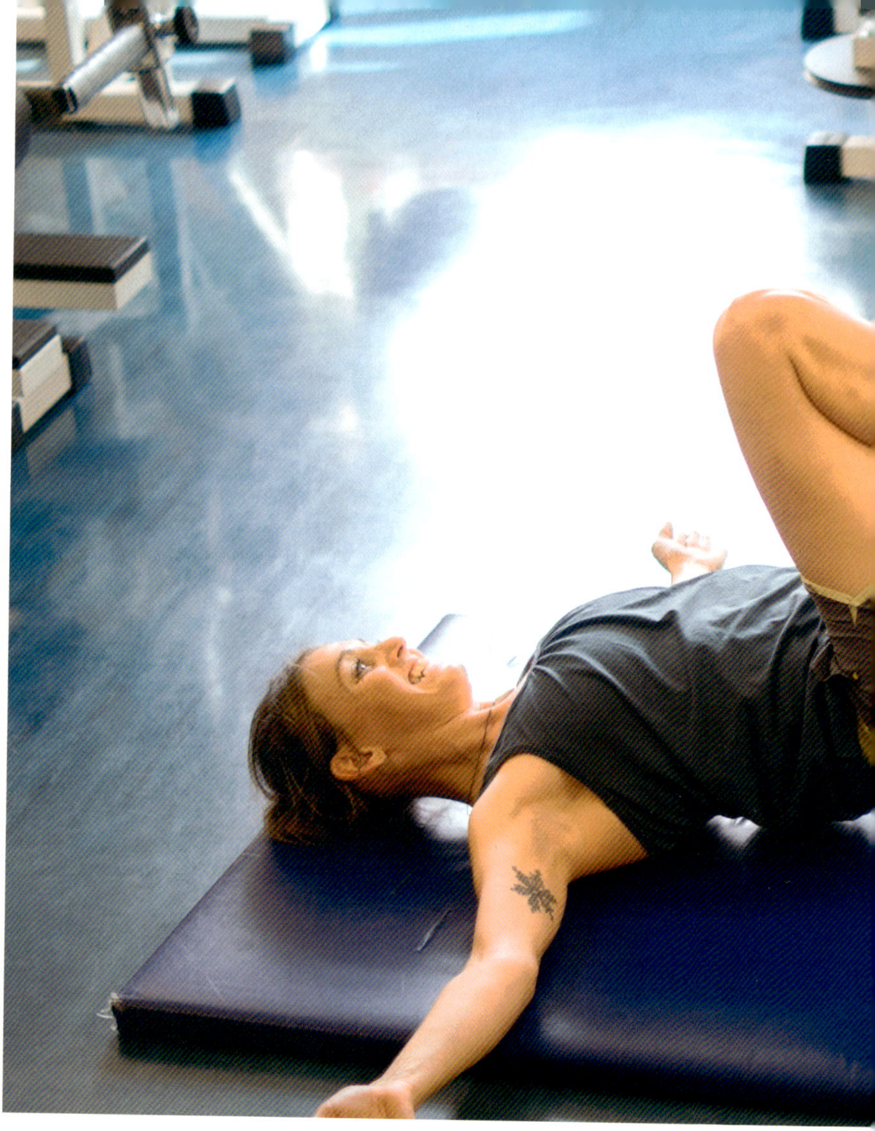

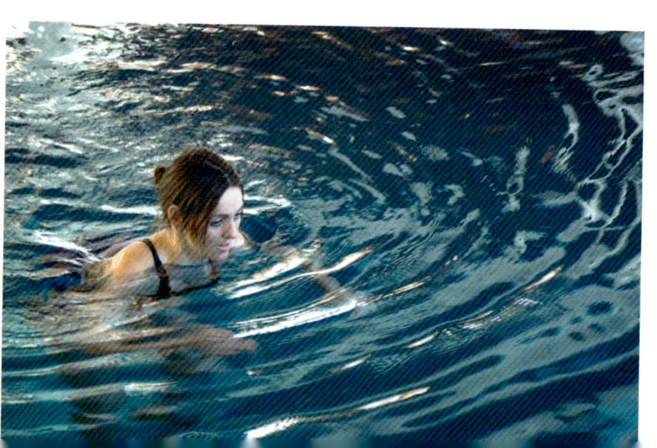

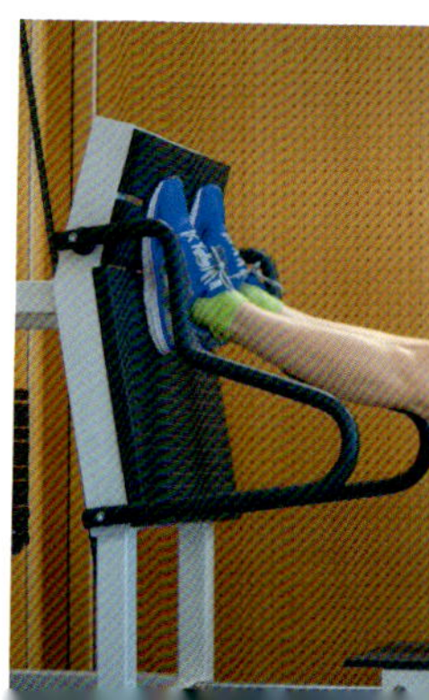

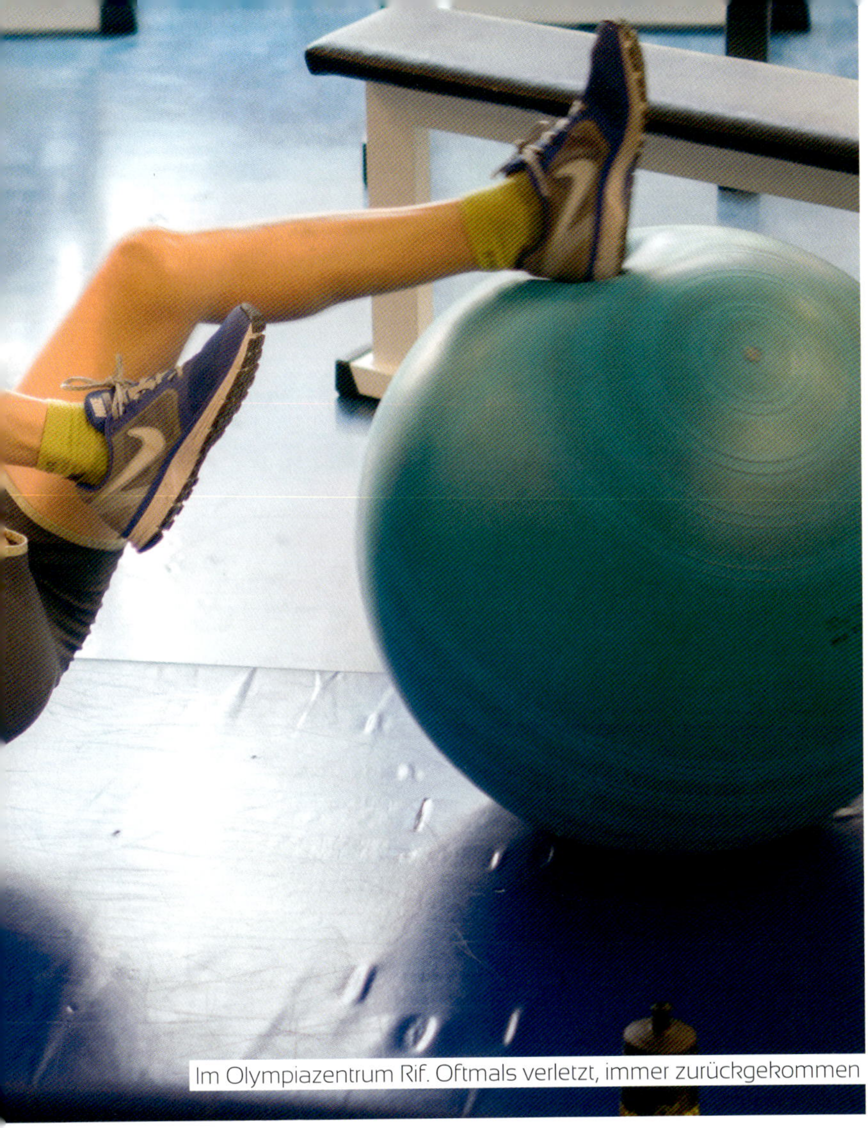

Im Olympiazentrum Rif. Oftmals verletzt, immer zurückgekommen

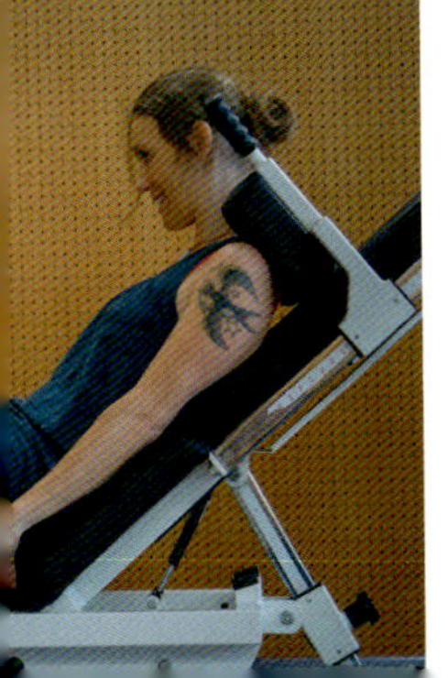

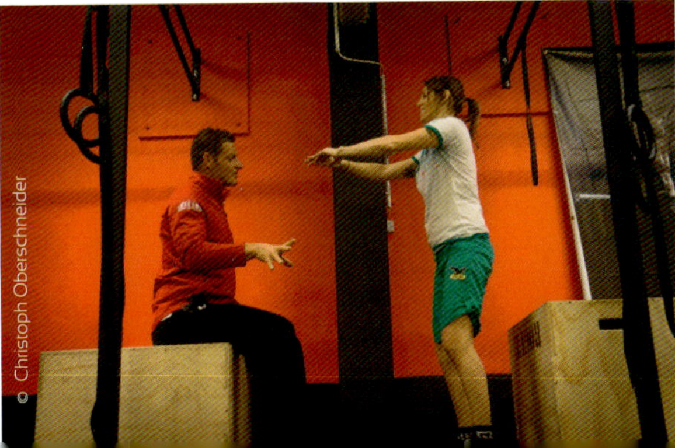

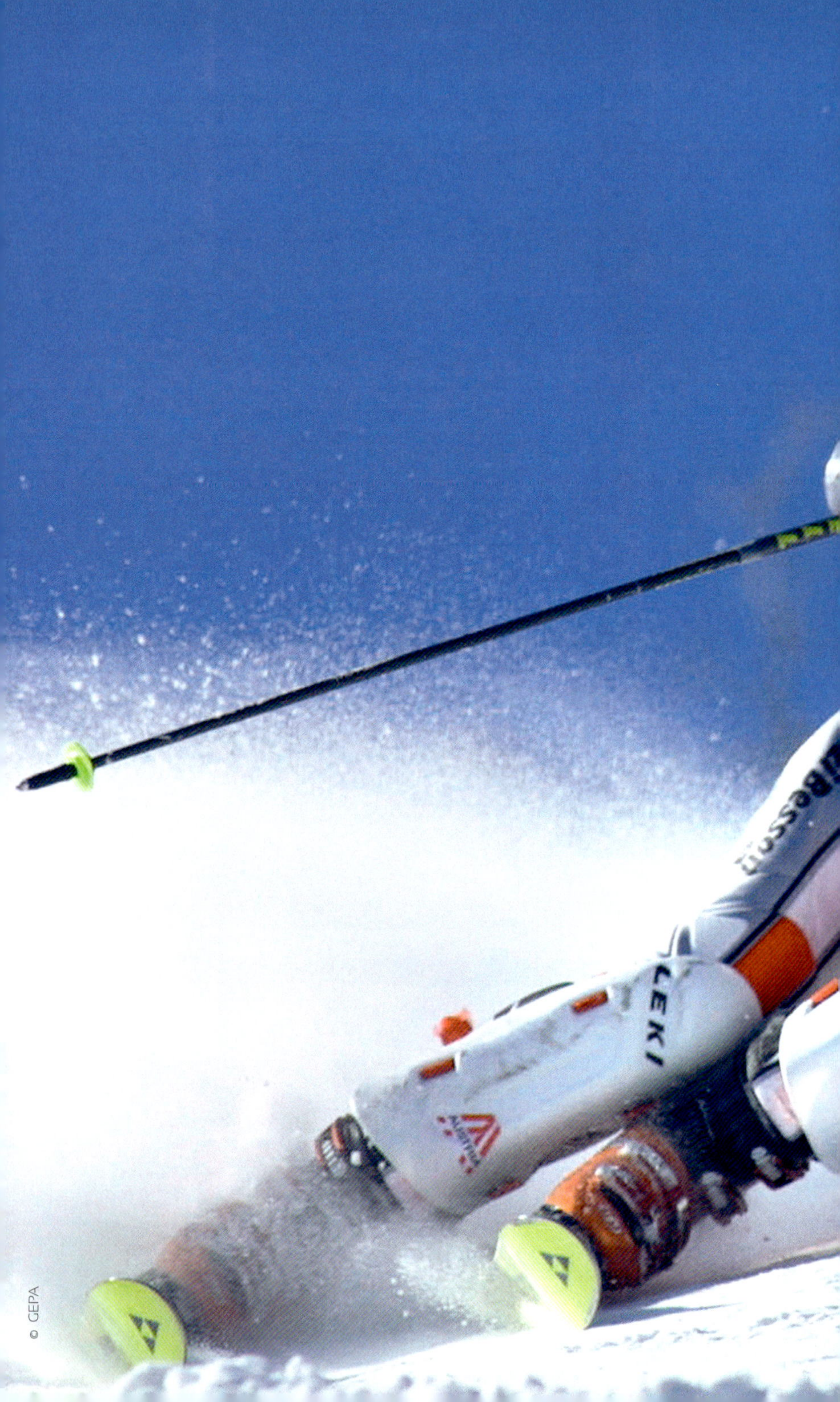
LEKI

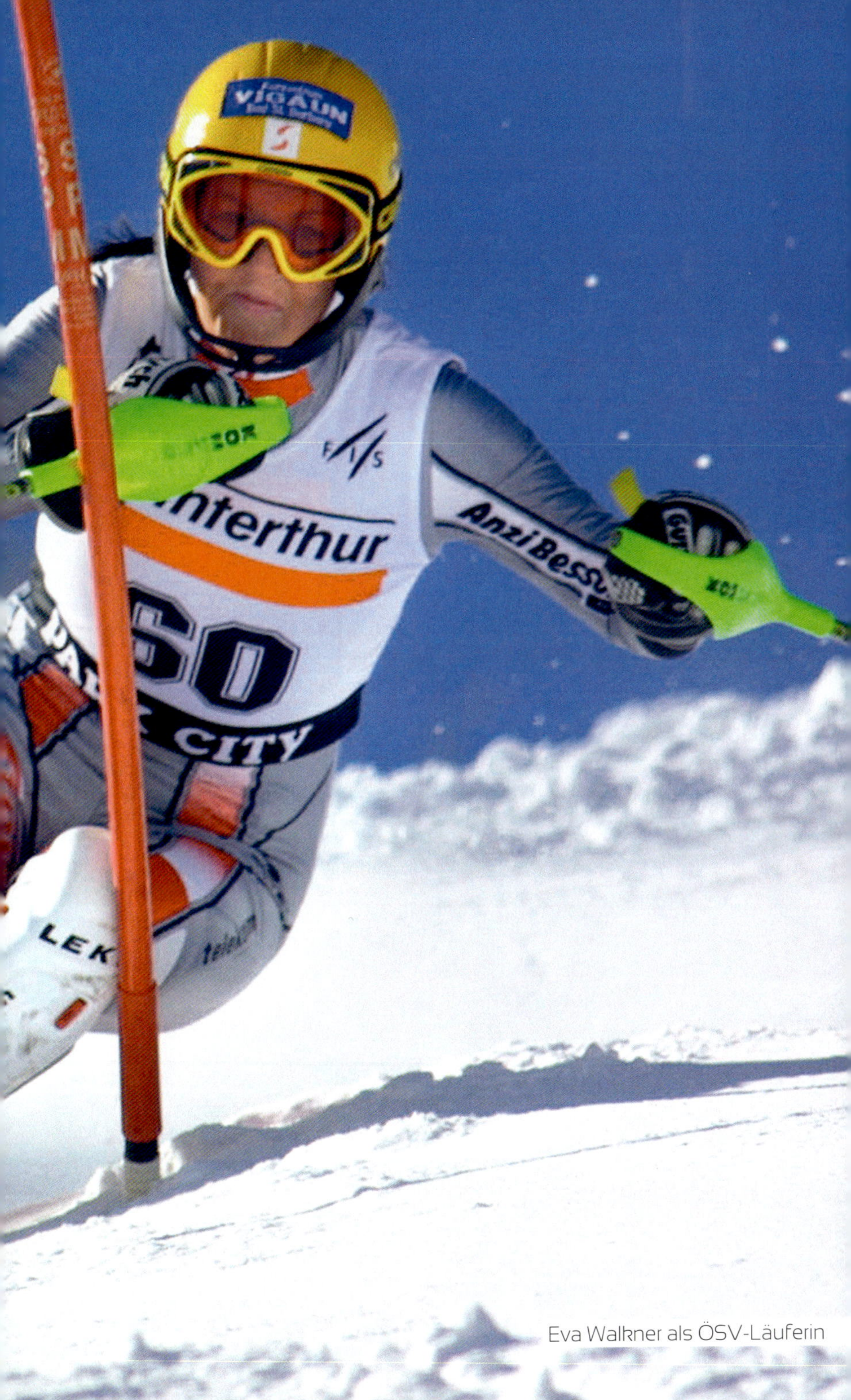

Eva Walkner als ÖSV-Läuferin

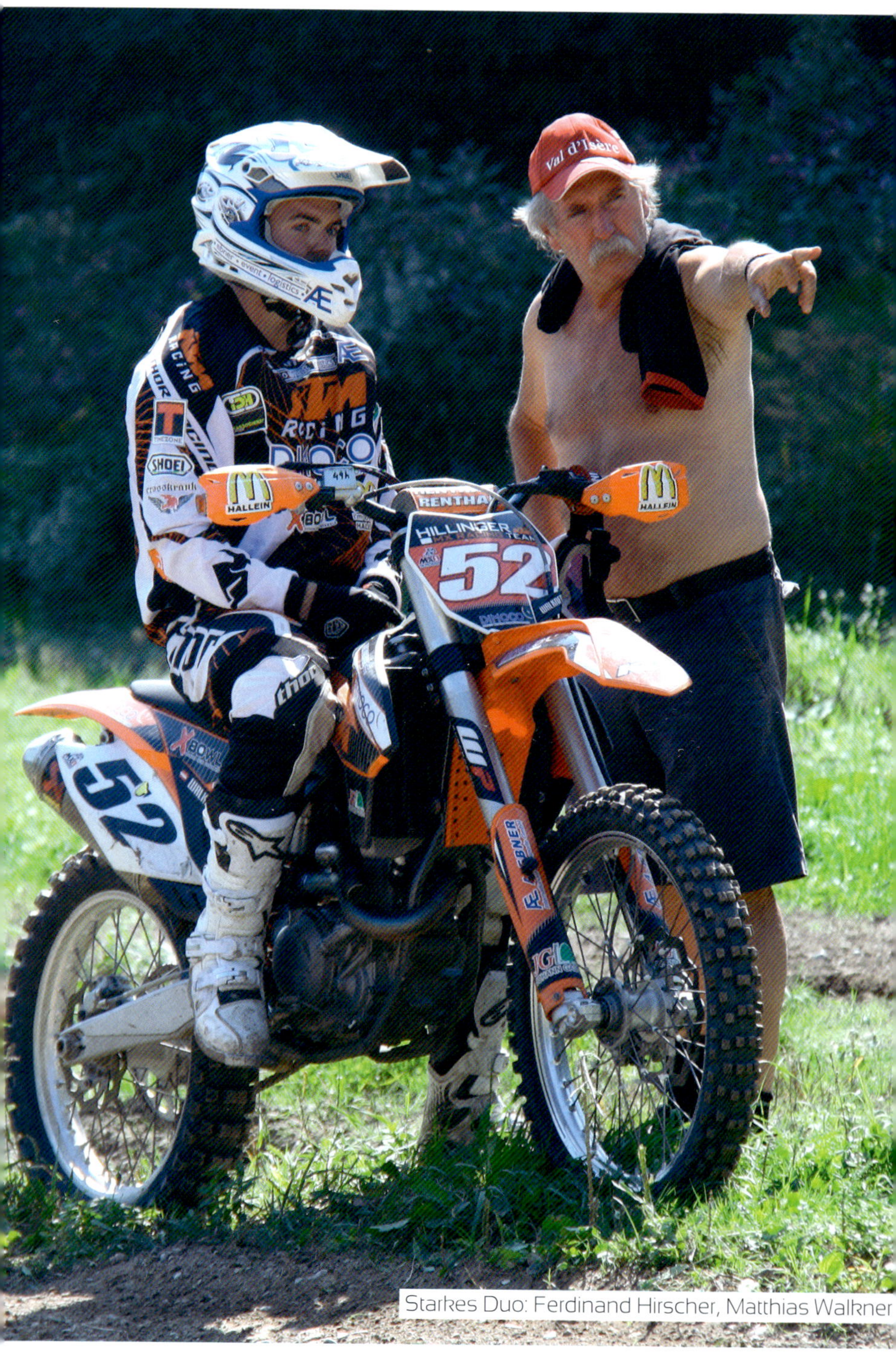

Starkes Duo: Ferdinand Hirscher, Matthias Walkner

Rückblende. Eigentlich mag ich es nicht, Contests zu fahren. Ich finde auf den Schnee zurück, weil ich 2007 die Prüfung zum Alpinkurs ablege und weil ich mit Freunden im freien Gelände unterwegs bin. Freeriden ist meine neue Leidenschaft: durch den Tiefschnee fahren, Schwünge nach eigenem Gutdünken setzen und keine Torfolge beachten müssen, über Steine und Felsen springen.

Bei einem sogenannten „Qualifier" für den Xtreme Verbier werde ich als kompletter Neuling Zweite, der schwere Unfall in Davos verhindert dann mein Antreten bei den nächsten Bewerben. Doch ich habe Blut geleckt. Vielleicht, denke ich mir, würde es sich auszahlen, mehr Zeit und Energie in diese Sportart zu investieren. Bei einigen Qualifiern bin ich ganz vorne dabei und gewinne sie, mir widerstrebt es aber, mich für die World Tour qualifizieren zu müssen und zu viel Zeit in die für mich nicht so wichtige Qualifikations-Serie zu stecken. Anfang Januar 2010 befinde ich mich bei einer Freundin in Meribel. Im nahe gelegenen Chamonix ist ein Tour-Stopp angesetzt. Ich schreibe ein Email an Nicolas Hale-Woods, den Gründer des Xtreme Verbier und Chef der World Tour, und frage auf Anraten meiner Freundin, die ebenfalls Freeriderin ist, um eine Wild Card an. Fragen kostet nichts, die Antwort lautet leider: nein, sorry. Ich fahre zehn Stunden durch die Schweiz und Österreich nach Hause. Als ich mich in den eigenen vier Wänden befinde, erreicht mich eine Nachricht von Nicolas. Wenn ich möchte, gäbe es doch noch einen Startplatz für mich. Und so fahre ich neun Stunden durch Österreich und die Schweiz zurück nach Chamonix und freue mich mehr als ich mich ärgere.

Es ist mein erster Auftritt auf der großen Bühne und ich werde hinter der US-Amerikanerin Jess McMillan Zweite. In Squaw Valley schlage ich mir mein Knie ins Gesicht, ich kann den zweiten Lauf aufgrund meiner starken Kopfschmerzen nicht mehr fahren und werde Siebte, in Fieberbrunn beim nächsten Event Fünfte. Nach dem Verbier Xtreme ist meine Auftaktsaison auch wieder vorbei und ich qualifiziere mich für die Tour im kommenden Jahr. In diesem Jahr werden wir Damen, ob der finanziellen Schwierigkeiten der Tour, in die Qualifier-Serie zurückgeschickt, welche für uns aber als World Tour zählt. Ich werde Fünfte in Chamonix, Zweite beim Österreich-Stopp, verzeichne einen Sturz und einen sechsten Platz in Verbier. Das Ski-Freeriden steht in diesem Jahr ganz klar im Zeichen der Männer und es wird weiter reduziert, heute sind bei den Frauen keine 10 Teilnehmerinnen dabei. Es gibt zwei Qualifikationsserien, eine in Nordamerika, eine in Europa, und nur sehr wenige erhalten die Chance, auf der World Tour mit dabei zu sein.

***

Ich mag Contests nicht, weil sie zuweilen bei enorm schlechten Schneebedingungen ausgetragen werden, die Männer meistens als erste starten und wir Frauen mit den Fahr- und Landespuren der Männer zu kämpfen haben. Die Hänge werden über die Jahre zunehmend einfacher und für eine Freeride World Tour nicht anspruchsvoll genug. Beim Alaska-Stopp fahren wir in zwei Wochen ganze drei Abfahrten. Die restliche Zeit verbringen wir mit Warten. Wir Athleten bekommen vom Heli-Unternehmen keine Plätze, weil diese für die Kunden reserviert sind, und die meisten können sich diesen Luxus auch nicht wirklich leisten. Dann muss man aber am Tag X performen, auch wenn man eine Woche lang nicht auf Skiern gestanden ist. Das Bild von den World Tour Veranstaltungen ist ohnehin ein wenig verfälscht, viele Tage und Stunden werden mit Hangbesichtigungen, Warten, Meetings und auf Abruf bereitstehen verbracht, und nur wenige Tage mit Freeriden, so, wie ich es mir vorstelle. Wie oft frage ich mich: Warum tue ich mir das überhaupt an? Ich kenne die Antwort nicht. Vielleicht brauche ich die Herausforderung?

Erfolg beim Ski-Freeriden ist fragil. Es gibt Kampfrichter, Judges, welche die Kreativität einer gewählten Linie bewerten, die Geschwindigkeit und Flüssigkeit des Laufs, die Höhe der Cliffs, die Skitechnik, den Gesamteindruck, den man hinterlässt: ob man sicher fährt oder eigentlich die halbe Zeit beim Stürzen ist. Die Fahrzeit wird nicht gewertet, sie sollte aber zum Tragen kommen, wenn zwei Fahrer dieselbe Linie wählen. Dies sind die Kriterien, nach denen Punkte vergeben werden. Sollten.

In Wahrheit sieht es beim Freeriden ähnlich aus wie beim Eiskunstlauf, Turnen oder allen anderen Sportarten, in denen Menschen und nicht Maschinen Leistung bewerten. Fehler sind menschlich, und damit habe ich kein Problem. Aufgrund finanzieller Schwierigkeiten – weil Hauptsponsoren abgesprungen sind – wurde allerdings eingespart, nicht nur beim Preisgeld, auch bei den Schiedsrichtern. Gab es früher zwei Judging-Panels, einer für Snowboarder und ein Panel für Skifahrer, so gibt es heute nur noch ein einziges Schiedsrichterteam. Zwei der Judges kommen jedoch aus der Snowboardszene. Einer der Judges kommt aus dem Freestyle Skisport. Also zumindest zwei von den Schiedsrichtern kennen sich mit dem Skisport nicht aus, nur einer von ihnen ist ein exzellenter Freerider und Skifahrer. Und sie sollten nicht miteinander sprechen dürfen, da dies Tür und Tor für Absprachen öffnet. Mehr noch, wenn persönliche Sympathien eventuell eine Rolle spielen oder Athleten bevorzugt werden, weil diese für die Sponsoren der World Tour wichtiger sind als andere, dann ist es für mich an der Zeit, das Boot zu verlassen – dann fehlt mir die Motivation.

Lorraine Huber und ich haben ein gutes Verhältnis zueinander, wir schätzen einander. Sie ist eine großartige Skifahrerin. Nach dem Rennen in Fieberbrunn 2018 sagt sie mir, dass sie sich stundenlang mit meiner Siegeslinie von 2012 beschäftigt hat. Dass sie diese gefahren ist, weiß ich, als ich am Start stehe und sie einige Nummern vor mir startet. Auch ich möchte meine Fahrt von 2012 wiederholen, da ich dafür 97 von 100 Punkten bekommen habe, die höchste Zahl, die jemals eine Frau erhalten hat. Ich weiß also, dass ich keine Fehler machen darf und wenn ich gewinnen will, muss ich auch schneller sein als sie, denn am Ende, so steht es im Reglement, gewinnt bei zwei fehlerfreien Fahrten der Athlet, der die schnellere Zeit hat. Also fahre ich „um mein Leben". Mir gelingt ein fehlerfreier Lauf, ich springe das letzte Cliff deutlich höher als sie und bin auch – wie man später feststellen wird – mit 1:10 Minuten Fahrzeit um 15 Sekunden schneller. Stadionsprecher Stefan Steinacher bejubelt meinen fehlerfreien Lauf.

Ich komme ins Ziel – und bin Zweite. Im ersten Moment bin ich sehr enttäuscht von mir, dass ich zu langsam war. Ich hatte einen perfekten Lauf und meine Chance gehabt und sie nicht genutzt. Gratuliere, Lori! Wenn ich alles gebe und mit meinem Lauf zu 100 Prozent zufrieden sein kann, dann bin ich auch eine gute Verliererin und freue mich, dass wir Frauen eine richtig gute Show gezeigt haben. Es ist ein schöner Tag, Matthias ist auch da, der „Dakar"-Sieger wirft zusätzlichen Glanz auf die Veranstaltung und mich freut es, meine Familie in der Nähe zu haben. Dann kommt Steinacher gefolgt von vielen anderen zu mir und fragt, warum ich lediglich Zweite geworden sei. Alle hier im Ziel hätten sich das gefragt. Ich beginne zu grübeln. Ich bekomme viele private Nachrichten, ob denn die Judges Tomaten auf den Augen hätten, ob sie angetrunken oder bekifft seien und so weiter. Das ist noch nichts Ungewöhnliches, ich bekomme häufig solche Nachrichten. Das Judging ist nicht immer verständlich für jeden und zum Teil auch extrem schwer. Es wird niemals einen Contest geben, bei dem sich niemand benachteiligt fühlt. Aber aufgrund der vielen Nachrichten betreibe ich Ursachenforschung, sehe mir meinen und Hubers Lauf an, stoppe mit.

Und dann werde ich sauer. Man hat mir den Sieg gestohlen. Ich stelle beide Videos nebeneinander und schicke die Datei zusammen mit einigen Zeilen an die Judges. Ich informiere mich höflich, was denn den Ausschlag für meine Bewertung gegeben hätte. Ich habe mich noch nie beschwert in diesen vielen Jahren, aber dieses eine Mal war ich wirklich aufgebracht.

Die Antwort nimmt mir den Atem. „Wir müssen uns bei dir entschuldigen, wir haben dir definitiv den Sieg genommen." Die Läufe seien nicht gestoppt worden und auch kurz nach meinem Lauf hätte man sich nicht darum gekümmert, die Zeiten zu eruieren (was mithilfe vorhandener Technologie eine Arbeit von wenigen Minuten gewesen wäre). Es sind diese Augenblicke, in denen ich mir – ganz kurz nur – die Zeiten des Skirennlaufs zurückwünsche, in denen es um Sekunden und Fragmente von Sekunden geht, und nichts anderes als die korrekte Befahrung des Hangs und die benötigte Zeit dafür zählt.

Die Mentalität der Wettkampfrichter, deren Motivation von Jahr zu Jahr sinkt, stinkt mir. Der Freeride-Bereich bei den Frauen stagniert. Zwischen 2010 und heute hat sich zwar natürlich etwas getan, nicht unbedingt was das Level angeht, aber die Dichte ist größer geworden. Zu den Männern können wir indes nicht näher aufschließen, weil viele kleine Sprünge mehr zählen als wenige große, schwierige. Das liegt wiederum am Judging.

Man sagt uns, wenn wir stürzen, dann werden wir ganz hinten gereiht. Wenn dann eine Fahrerin stürzt, danach nichts mehr zu verlieren hat und etwas Schwieriges probiert und auch schafft, landet sie trotzdem auf dem Podest. Vor denen die nicht gestürzt sind. Man sagt uns, dass Geschwindigkeit zähle und im Falle zweier gleicher Linien ausschlaggebend ist, und dann gewinnt trotzdem diejenige, die den Hang langsamer runterfährt. Man sagt uns, dass viele Sprünge zählen, und es kommt jemand unter die ersten drei mit nur einem hohen Sprung. Ich wurde mit Techniktraining groß und liebe es, großartigen Skifahrern wie einem Stefan Häusl, seines Zeichens Skiführer, oder dem Bergführer und Profi-Freerider Samuel Anthamatten zuzusehen. Auf der World Tour sollte auch Technik bewertet werden, aber wie, wenn nur einer der Judges auch wirklich aus dem Skisport kommt und Ahnung hat, wie eine gute Technik auszusehen hat?! Es gibt keine klaren Strukturen und Regeln. Doch diese werden von Contest zu Contest nach Belieben angepasst und verändert, so wie es gerade am besten passt. Für einen Athleten ist dies wenig zufriedenstellend und stundenlange Diskussionen unter den Athleten nach den Wettkämpfen sind mitlerweile ganz normal.

Die Professionalität, die die World Tour derzeit an den Tag legt, geht meines Erachtens in die falsche Richtung: vermehrt in mediale Features, weniger in gutes Judging. Immer wieder kehren wichtige Fahrer der Serie den Rücken, weil wir auch auf unspektakulären, kurzen Hängen unterwegs sind. Von der anfänglichen Aufbruchsstimmung und Leidenschaft ist leider nicht mehr viel übrig. Wichtige und große Sponsoren steigen aus, neue müssen schnellstmöglich lukriert werden – klar, es ist auch für die Organisation keine einfache Zeit.

Die World Tour ist eine private Organisation, die auf wirtschaftlichen Erfolg ausgerichtet ist. Sie suchen nach Tourismusregionen und Veranstaltungsorten, die Wert darauf legen, sich mit Freeriden zu profilieren, und sie suchen Sponsoren, die in den Austragungsländern den bestmöglichen Return-on-Invest haben. Somit fahren wir nicht selten auf den Hängen der „Junior World Tour" oder auf zu kleinen und kurzen Hügeln, und das hehre Motto der Serie wird ad absurdum geführt: the best riders on the best mountains. Es werden vermehrt Wild Cards an Freestyler vergeben, die World Tour wird den Freeride Sport zwar niemals ändern können, aber sie kann ihre eigene Serie in eine bestimmte Richtung drängen. Weg vom klassischen Big Mountain Skifahren wie damals in den Anfangszeiten, dafür mehr hin zu Freestyle. Tricks werden ungleich höher bewertet als technische und ausgesetzte Linien mit hohen Cliffs. Die Skitechnischen Anforderungen rücken immer mehr in den Hintergrund und Freestyle-Tricks und dazu passende Hänge bestimmen die Rangliste. Ein Weg der vielleicht vielen gefällt und durchaus seine Berechtigung hat, meiner ist es nicht.

Eigentlich liegt es an den Athleten, reinen Businessentscheidungen entgegenzutreten, aber dies geschieht – wie in jedem Sport – viel zu selten. Fabian Lentsch steht in Pas de la Casa in Andorra auf dem Berg, blickt den eisigen Bruchharschhang hinunter und sagt: „Ich fahre jetzt heim." „Fabi, spinnst?", frage ich ihn. Er ist 21 Jahre jung und dumm, denke ich, und ich selbst bin ja schon einige Jahre dabei. Doch dann öffnet er mir die Augen: „Ich will die besten Berge der Welt befahren, ich will zeigen, was ich kann. Mich interessiert es nicht, auf so einem Hang zu fahren, auf der World Tour bräuchten wir steile, geile, würdige Berge." Ich teile seine Meinung, bin aber zurückhaltender. „Auch wenn du heimfährst, einen Sieger wird es trotzdem geben. Und du kannst ja auch hier zeigen, was du kannst." Mir gelingt es nicht, ihn umzustimmen, wollte ich auch nicht. „Die World Tour ist nichts für mich", sagt er noch. Am nächsten Tag reist er ab.

Jahre später denke ich über diese Sätze nach und merke, wie recht dieser junge Mann doch hatte. Wie viel Mut und Entschlossenheit dazugehört, um sich selbst treu zu bleiben. 2018, Jahre später bin auch ich an dem Punkt angelangt, „Nein, danke!" zur Freeride World Tour zu sagen. Ich habe den Spaß an meiner größten Leidenschaft über die letzten zwei Jahre verloren: Zu viel Frustration und Diskussionen unter einigen Ridern über das Judging; die Änderungen in Richtung Freestyle und weg vom Big Mountain Skifahren, zu viele Facebooknachrichten, was denn mit der Tour los sei; zu wenig Investment an den richtigen Stellen.

Die World Tour hat mir sehr vieles ermöglicht und zu Beginn herrschte eine riesengroße Aufbruchsstimmung mit vielen Visionären und Idealisten. Es war eine großartige Zeit, die ich um kein Geld der Welt missen will. Als wir Fahrer dann bei einem Bewerb erfahren, dass zum wiederholten Mal versucht wurde, von außen ins Judging einzugreifen, beschließe ich noch in Canada, die Saison zwar noch zu beenden, aber dann einen Schlussstrich zu ziehen. Von fünf Rennen schaffte ich es in diesem letzten Jahr fünf Mal aufs Podium, bezogen auf die Runs ist es mein bestes Jahr. Mit einer Podiumrate von 80 % in meinen vergangenen fünf World Tour Jahren, zwei Weltmeistertiteln und drei Vize-Weltmeistertiteln kann ich wirklich mit einem guten und zufriedenen Gefühl dieses Kapitel beenden und mich nun anderen Projekten widmen. Ich bin sehr glücklich mit dieser Entscheidung.

Bei der Dakar 2017

DIE SUCHE NACH DER AUSFAHRT

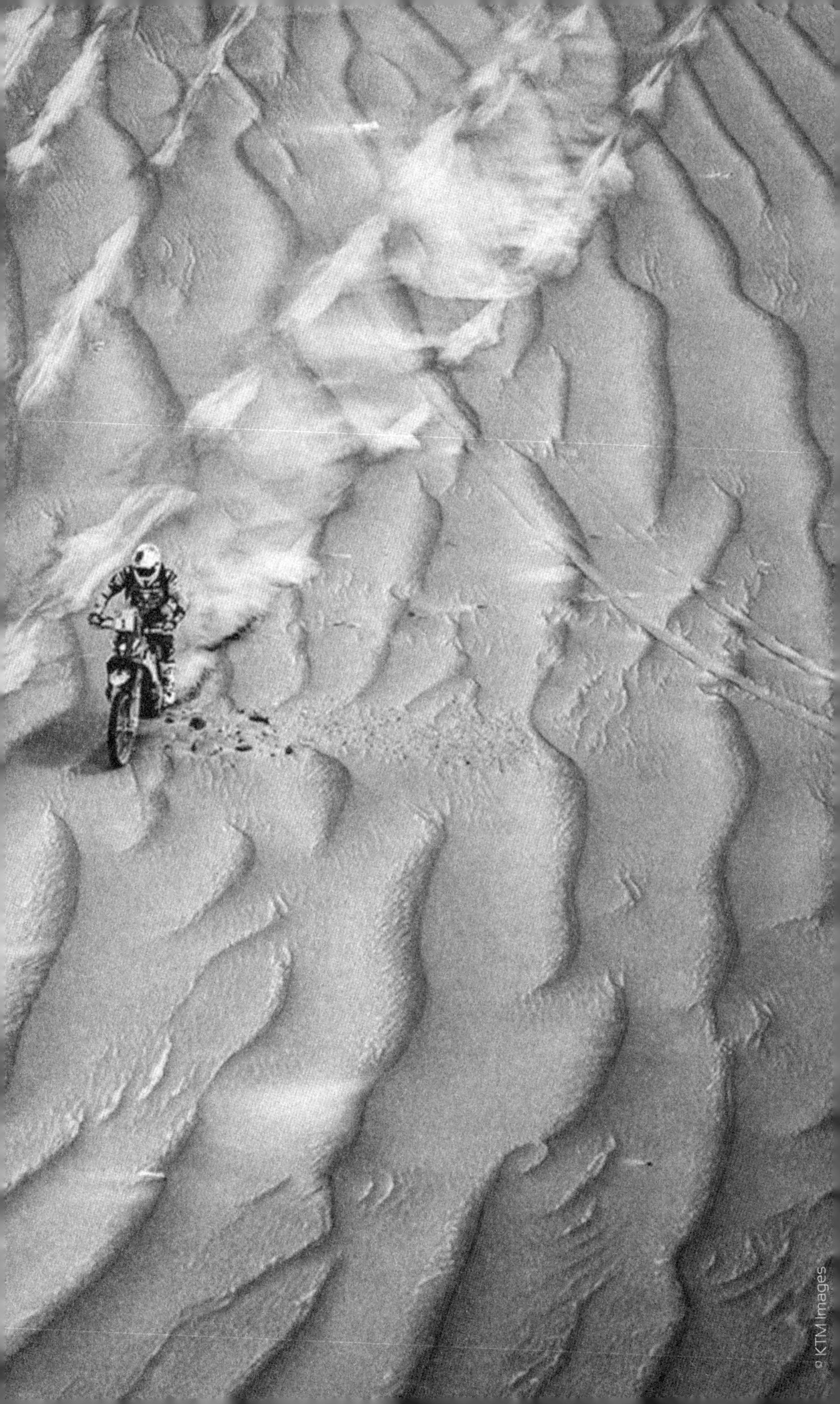

Es ist der 6. Januar 2017, bei uns zu Hause wird das Fest der Heiligen Drei Könige gefeiert und in Bischofshofen gewinnt der Pole Kamil Stoch die Vierschanzentournee. Ich hingegen bin ratlos in Bolivien, bei der „Dakar" steht das Teilstück von Tupiza nach Oruro auf dem Programm.

Als Vortagssieger wurde ich als Erster ins Rennen geschickt. Dem Kompass nach war es zehn Kilometer querfeldein gegangen, dann standen einige Kilometer auf einer breiten Straße an. Diese „main road" hätte ich nach sechs Kilometern wieder verlassen sollen, doch die Abzweigung war im Roadbook nicht vermerkt. Ich fahre Kilometer um Kilometer, die Zahl wird zweistellig und mir wird bewusst, dass ich eigentlich schon längst bei einem Fußballfeld eines Dorfes vorbeigefahren hätte sein müssen. Was ich zu diesem Zeitpunkt nicht weiß: Wäre ich noch weiter gefahren, rund eineinhalb Kilometer, dann hätte die Straße eine Linkskurve geschlagen und ich hätte den Sportplatz gesehen.

So aber quälen mich Unsicherheit und Gewissheit gleichermaßen. Unsicherheit, weil ich mir einfach nicht vorstellen kann, einen Navigationsfehler gemacht zu haben, und Gewissheit, falsch unterwegs zu sein. Ich fahre also kreuz und quer zurück und suche nach einer Abzweigung, die in den zur Verfügung gestellten Unterlagen nicht vermerkt ist. Auf offenen Gesteinsflächen sieht aber alles gleich aus, ich muss an Kreuzungen nachdenken, welche der Straßen ich bereits genommen habe und welche nicht. Der Kilometerzähler indes kennt keine Emotionen und Unsicherheiten, er notiert – richtig oder falsch – jeden gefahrenen Meter. Ich zähle die Kilometer, die ich ohne Nutzen verfahre: Jetzt sind es 5, nun 10, nun 15. Im Dorf versuche ich einem alten Mann zu erklären, dass ich den Fußballplatz suche, steige auch vom Motorrad, um einen Kicker zu imitieren. Keine Antwort. Ich frage einen Buben nach dem Feld und verschrecke ihn durch mein Aussehen und meine Sprache; er versteht kein Englisch und kann nicht weiterhelfen. Minute um Minute, Kilometer um Kilometer vergehen. Ich fahre im Kreis.

Diesen einen Weg, sage ich mir, bin ich noch nicht gefahren. Was soll's. Jetzt habe ich sicher schon knapp eine halbe Stunde gesucht, 38, 40 Kilometer ergebnislos zurückgelegt – die „Dakar" ist gelaufen, also kann ich diesem hier auch noch nachfahren. Ich biege links von der Hauptstraße ab, drücke aufs Gas und befinde mich endlich auf der richtigen Spur. Just in diesem Moment kommen meine ersten Verfolger vorbei, sehen den Staub, den ich aufwirble, und jagen mir nach. Es hätte ein wirklich guter Tag für mich werden können, all die anderen hatten sich schon auf den ersten Kilometern verfahren und erst spät zu mir aufgeschlossen.

In einem Pulk von zehn Rallyefahrern erreiche ich endlich den Fußballplatz, und von dort sind es noch rund 30 Kilometer bis zur Versorgungsstation, dem „Refueling", bei dem die Maschinen aufgetankt werden. Der zweite Teil der Etappe wird abgesagt, weil heftige Regenfälle einsetzen. Wir fahren 350 Kilometer nach La Paz, und auf dem Weg dorthin beginne ich mich richtig zu ärgern. Die anderen haben Navigationsprobleme bekommen, als ich noch keine gehabt habe. Ich war schon vorne weg, habe keine Fehler gemacht. Und dann habe ich als Erster eine fehlende Anmerkung im Roadbook ausbaden müssen. Und jetzt wird die Etappe auch noch abgebrochen! Fuck!

Meine Irritation legt sich auch nicht, als wir im Ziel sind. Wir Fahrer diskutieren untereinander, dass es doch eigentlich ein Wahnsinn sei, wenn die Organisatoren der Rallye Dakar über Sicherheit schwatzen und dann in einer solch hochsensiblen Materie wie der Navigation Fehler machen. Das Roadbook ist für alle gleich, für Motorräder, Autos, Quads, Laster. Rund um jenes Dorf, um das auch ich meine unnötigen Kreise zog, waren plötzlich Autofahrer im Gegenverkehr unterwegs – jene, die den Fehler bereits bemerkt hatten, fuhren zurück und stießen auf jene, die noch glaubten, auf der richtigen Spur zu sein. Wir Sportler können aber nicht recht viel unternehmen. In der Regel findet irgendeiner von uns immer die letztlich richtige Abzweigung, einen Sieger gibt es immer, und damit ist die Diskussion auch wieder beendet.

An diesem Tag verliere ich eine halbe Stunde und falle im Klassement aus den ersten fünf, liege auf Platz sieben oder acht. Der Brite Sam Sunderland, KTM-Fahrer wie ich, übernimmt die Gesamtführung und wird sie bis zum Ende nicht mehr abgeben. Irgendwann beruhigt sich mein Gemüt wieder. Mein Hauptziel ist anzukommen, rede ich mir ein, denke von Tag zu Tag!

***

Motorradfahren ist nicht nur meine Lieblingsbeschäftigung, sondern nach dem Unfall und der Rehabilitationszeit meine beste Therapie. Motorradfahren ist ein komplexer Sport, doch der gesamte Bewegungsablauf läuft automatisiert ab. Über Jahre hinweg entlasten, belasten, hinsetzen, aufstehen, Gas geben, schalten, bremsen hinterlässt Spuren in den Synapsen des Gehirns. Ich liebe meinen Sport und meinen Beruf, und mir ist – ganz ehrlich – egal, was die Leute denken. Ich nehme zum dritten Mal an der Rallye Dakar teil, und sie sagen oder denken sich, dass es jetzt schon einmal für mich an der Zeit wäre, das Ziel zu sehen. Ich respektiere andere Meinungen zutiefst, doch bei Dingen, die nur mich etwas angehen, zählt nur mein Standpunkt. Es gibt nämlich viele, die zu wissen glauben, und dennoch bin ich der Einzige, der exklusiv weiß, was in meiner Sportlerkarriere herausragend oder weniger gut läuft. Bei der Zielerwartung für die „Dakar" 2017 deckt sich allerdings die öffentliche Meinung mit meiner Wahrnehmung: Ich will endlich einmal durchkommen.

Ich will nicht sagen, dass ich körperlich bei dieser Rallye auf dem Niveau der vorangegangenen bin. Kann ich gar nicht sein. Ich habe mich ein halbes Jahr lang damit abgeplagt, eine Lebensqualität zu erreichen, die ich vor meinem Unfall als gottgegeben angesehen hatte. Ich habe nur zwei

Rennen bestritten, in Chile und in Marokko. Nichtsdestotrotz weiß ich, dass ich und mein Material gut genug sind für eine Platzierung unter den ersten fünf. Meine Lehren aus dem Unfall habe ich auch gezogen: mir gelingt es, einen sehr guten Freund von mir, Thomas Haider, in mein Betreuerteam zu integrieren. Ich will nicht nochmals in die Situation geraten, stundenlang in einem Lazarett liegen zu müssen, hilflos und unbeholfen zu sein, und nicht zu wissen, was Sache ist, erkläre ich den Verantwortlichen bei KTM.

Thomas nimmt mir und Teamkollegen Sam Sunderland in jenem Wohnmobil, das wir uns teilen, eine ganze Reihe von Dingen ab. Er kümmert sich um das Essen, hält die fahrbare Wohnung in Schuss, schaut, dass die Klimaanlage richtig eingestellt ist und dass das Wasser warm ist, wenn wir ankommen. Er wäscht durchgeschwitzte Utensilien und hängt sie auf, putzt Helme und säubert Stiefel, richtet das Gewand für den nächsten Tag her und befüllt den „Camelbak“, den Rucksack, den wir mit uns führen und in dem sich hauptsächlich Trinkwasser befindet. Mein Freund weiß, wie ich ticke, und er erspart uns sicher einige Stunden Arbeit pro Tag. Zeit, die wir in andere Tätigkeiten, hauptsächlich in das Studium des Roadbooks, stecken können.

Sunderland und ich haben bis zu diesem Zeitpunkt noch nie eine Rallye Dakar beendet. Dass wir bei dieser Ausgabe im Ziel auf den Plätzen eins und zwei liegen würden, bedeutet im Umkehrschluss für mich, dass Tom seine Arbeit echt gut gemacht hat.

***

Meine dritte „Dakar"-Teilnahme steht im Zeichen des Comebacks und ist doch so viel mehr. Die vierte Etappe gewinne ich nach hartem Kampf gegen Toby Price. Beim ersten „Refueling" liegt er vor mir, beim zweiten führe ich mit 20 Sekunden Vorsprung. Ich wechsle einige Worte mit meinem Markenkollegen, „wird sicher noch spannend, wer das heute gewinnt", sage ich ihm. Wir beide sind extrem schnell unterwegs. Wir rasen durch ein Flussbett, das rund hundert Kilometer lang ist. Fahren macht Spaß, das Material, das Selbstvertrauen passt, und ich bin sicher schneller unterwegs, als ich eigentlich möchte.

Es sind noch andere Fahrer in unserer Nähe, doch weil diese zu einem früheren Zeitpunkt als wir gestartet sind, sollte der Kampf um den Tagessieg eine Angelegenheit zwischen Price und mir werden.

In diesem Flussbett, in dem ich mich so wohl fühle, liegt Toby Price plötzlich am Boden. Zwei Konkurrenten stehen schon bei ihm, als ich vorbeikomme, verlangsame ich das Tempo, deute mit der Hand fragend, ob sie mit der Situation zurechtkämen, und nachdem dies bejaht wird, fahre ich weiter. Mehr als zwei Fahrer sollen nicht bei einem Verletzten stehen bleiben, und ich hätte keine zusätzliche Hilfe liefern können als das, was sie ohnehin schon taten: den Sentinel drücken, den Rettungshubschrauber rufen.

Ich sehe Toby Price gestürzt und die Bilder von 2016 kommen mir wieder in den Kopf. Fahre überlegt, rede ich mir gut zu, und auf den letzten 40, 50 Kilometern passe ich besonders auf. Ich will nicht wieder so daliegen wie vor einem Jahr oder wie Toby Price einige Kilometer hinter mir. Ich gewinne die Etappe von San Salvador de Jujuy in Argentinien nach Tupiza in Bolivien und meine Freude ist überschwänglich. Mein schwerer Sturz im Vorjahr ist in allen Aspekten überwunden. Ich kann gut und schnell Motorrad fahren, ich kann wieder siegen. Doch ich denke auch an Price und hoffe, dass seine Verletzung nicht allzu schlimm sein möge. Die ersten Informationen geben fast Anlass zur Entwarnung, doch am Abend folgt die traurige Gewissheit: Oberschenkelbruch, immerhin geht es ihm in Anbetracht der Umstände relativ gut.

Der Spitzensport lässt kaum Zeit, über die Schicksale und Rückschläge anderer zu sinnieren, genauso wenig, wie er genug Zeit lässt, sich mit anderen zu freuen und mit ihnen zu feiern. Am kommenden Tag muss ich als Erster hinaus in die Wüste, im Dreiminutenabstand wird mich der Rest des Feldes jagen. Es ist wie ein Zeitfahrrennen bei der Tour de France. Der Erste, der ins Ziel kommt, muss noch lange nicht der Sieger sein. Die weiter vorne Gestarteten können sich verfahren und den Weg frei machen für jene, die nachkommen.

***

Lässt sich die „Dakar" mit einem Etappensieg in der Tasche unbeschwerter fortsetzen? Nicht unbedingt, wenn man am nächsten Tag eine halbe Stunde lang nach einem Fußballplatz suchen muss … Schau, dass du ins Ziel kommst – dieser Satz wird zu meinem Mantra, doch er macht mich nicht zu einem zögerlichen Angsthasenfahrer. Die Gesamtwertung habe ich zur Seite gelegt, sie interessiert mich nicht mehr. Ich versuche einfach nur, Tag für Tag mein Bestes zu geben. In den darauffolgenden Etappen bin ich immer im Spitzenfeld zu finden, auf der achten werde ich hinter dem Spanier Joan Barreda (Honda) Zweiter. Unsere Wege kreuzen sich zwei Tage später. Nachdem ich einen ersten Blick auf das Roadbook für Tag zehn geworfen habe, weiß ich, dass diese Etappe extrem schwer zu navigieren sein wird. Weite Teile der 449 abwechslungsreichen Wertungskilometer in Argentinien von Chilecuto nach San Juan spielen sich in Flussbetten ab. Ich bereite mein Roadbook so gut und präzise vor, wie ich nur kann und nehme mir vor, ja keinen Unsinn zu machen.

Auch Sam Sunderland ist in die Notizen, die jeder Fahrer von den Organisatoren am Vorabend der nächsten Etappe erhält, vertieft. Jeder arbeitet für sich, aber wenn ich oder er Fragen haben, dann tauschen wir uns aus. So ist es auch an diesem Abend, wir checken das Roadbook, verstärken es farblich, um auf Schlüssel- oder Gefahrenstellen hinzuweisen und schauen in den Bildschirm eines Computers. Zusammen mit dem ehemaligen Rallyefahrer Jordi Viladoms gehen wir die Etappe auf Google Earth Stück für Stück durch. Wir gewinnen weitere Eindrücke über die Beschaffenheit des Teilstücks und dessen Schwierigkeiten. Größere und kleinere Flussbetten wechseln sich ab oder laufen parallel zueinander, es sieht nach einer wirklichen Herausforderung aus.

Auf den ersten 60, 70 Kilometern navigiere ich perfekt und habe den vor mir gestarteten Barreda in Sichtweite. Passt, keine Fehler bei den schwierigen Passagen, denke ich mir, während ich ein Flussbett hinauffahre. Rechts halten, rechts abbiegen, sagt die nächste Note auf der Roadbook-Rolle. Der Ausdruck „Flussbett“ ist irreführend. In Wahrheit handelt es sich um viel kleine Flüsse und Trichter, die sich teilen, vereinen und wieder teilen. Wichtig für mich ist, dass die Richtung zum nächsten Wegpunkt, die mir der Kompass zeigt, stimmt.

Ich verpasse die Ausfahrt.
Weil sich der Fluss aufgeteilt hat auf verschiedene Bachbetten. Weil der Kilometerstand auf dem Tacho wegen 300 oder 400 Metern nicht mit jenem im Roadbook übereinstimmt. Weil die Ausfahrt hübsch zugewachsen und nicht erkennbar ist.

Somit fahre ich weiter im Flussbett, gebe Gas, bremse ab, blicke um mich. Barreda kommt mir entgegen, aber nicht wie einer, der auf der Suche ist, sondern wie einer, der weiß, dass er einen Fehler gemacht hat und der sich seiner Sache sicher ist. Seiner Körperhaltung nach ist er zielstrebig, wissend, fast dominant. Ich weiß nicht, was ich denken soll, denn ich fühle mich nicht auf dem falschen Weg. Alle Informationen, die mir zur Verfügung stehen, besagen, dass ich mich nicht verfahren habe, oder noch nicht, zumindest. Der letzte Wegpunkt liegt drei Kilometer zurück, diesen habe ich ordnungsgemäß passiert. Der Kompass zeigt mir die Richtung zum nächsten, diese stimmt auch, also fahre ich weiter. Vielleicht hat Barreda den letzten Wegpunkt verpasst? Was weiß denn ich!

Wenig später wird auch mir klar, dass ich falsch unterwegs sein muss, ich drehe um und fahre zum letzten gesicherten

Kontrollpunkt zurück. Dort drehe ich den Kilometerzähler wieder auf die richtige Zahl zurück, auf 80,4, und fahre wieder los. Wenn ich fahre, beschäftige ich mich nicht mit anderen. Ich habe genug mit mir selbst zu tun. Deswegen frage ich mich auch nicht, ob sich Joan Barreda ins Fäustchen gelacht hat, als er mich auf dem falschen Weg gesehen hat. Aber er wird sich wohl seinen Teil gedacht haben.

Ich fahre, bis ich mich wieder an der Stelle von vorhin befinde. Drehe wieder um und rase zurück, stelle die Kilometer wieder neu ein. Das Spiel wiederholt sich noch einige Male, in der Zwischenzeit befinden sich immer mehr Fahrer im Flussbett. Ihnen ergeht es ähnlich wie mir Minuten früher. Sie sehen mich umdrehen und zurückpreschen, fahren aber selber weiter. Auf diese Art und Weise verliert jeder von uns seine 5 bis 20 Minuten. Mehr Staub liegt in der Luft, immer mehr Spuren sind am Boden zu sehen – das Chaos wird immer größer

Halte dich rechts, sagt das Roadbook, und weil ich bereits sehr viel Zeit verloren habe, entscheide ich, einem Nebenarm zu folgen. Hinter einigen Bäumen türmen sich Hügel, oder besser: Berge, auf, über die ich fahren will. Doch der Gebirgskamm nimmt kein Ende, letztlich kehre ich wieder um und fahre in das Flussbett zurück. Dort sind wir in der Zwischenzeit schon zu zehnt.

Es ist zugewachsen und sumpfig, und im Sumpf sind die Spuren von drei oder vier Motorrädern ersichtlich. Endlich habe ich den Ausgang gefunden und viele sind vor mir. Ich komme mit einem blauen Auge davon, denke ich mir, aber hier habe ich viel Zeit verloren, indem ich acht oder zehn Kilometer andauernd auf und ab gefahren bin. Doch in einer technischen Passage kosten wenige Kilometer aufgrund des niedrigeren Grundtempos mehr Zeit als viele Kilometer auf einer Piste.

Auch danach bin ich nicht fehlerfrei im Navigieren, immerhin gehöre ich beim „Refueling" zusammen mit Barreda und Sunderland zu den ersten. Jetzt habe ich mich wirklich gescheit verfahren und gehöre immer noch zur Spitzengruppe, analysiere ich. Da müssen auch die anderen ganz schöne Probleme gehabt haben. Adrien Van Beveren (Frankreich/Yamaha) hat die Navigation bestraft, Pablo Quintanilla (Chile/Husqvarna) hat sich verletzt.

Während der Verbindungsetappe sagt mir Stefan Huber, unser KTM Team Technical Manager: „Wow, super, wie du heute fährst! Es ist ein großer Chaostag, dich hat's in der Gesamtwertung nach vorne gespült. Nur nicht zu viel riskieren, dann könnte sich noch ein Podestplatz ausgehen!"

Mit diesen Worten im Ohr lege ich die nächsten Wertungskilometer verhalten an, überstehe noch extrem schwierige Flussdurchfahrten, bei denen ich zögerlich und unsicher agiere und bin am Ende einfach nur froh, als ich das Ziel sehe. Als Tages-Vierter verbessere ich mich in der Gesamtwertung auf den zweiten Platz, 30 Minuten hinter Sunderland, acht Minuten vor Gerard Ferrés (Spanien/KTM).

Es ist ein Tag, an dem ich einen neuen Geist, neue Motivation finde. Der immer noch über mir hängende Frust von Tag fünf ist verflogen, und obwohl auch Tag zehn alles andere als optimal verlaufen ist, weiß ich: Durchkommen ist ein Minimalanspruch, ich kann auch auf dem Podest landen. Auf den letzten beiden Teilstücken sitzt mir Ferrés im Nacken und mein Vorsprung schmilzt.

Ich habe 3:40 Minuten Vorsprung auf Gerard Ferrés, und ich werde mitten im argentinischen Nirgendwo als Zweiter der Rallye Dakar geehrt, erhalte den Beduinen für den zweiten Platz und kann mein Glück nicht fassen. Nicht nur angekommen, sondern auch auf dem Podest gelandet! Wie cool ist das denn?! Fotos werden geschossen, Interviews gegeben. Die „Dakar" ist beendet.

Nun ja – nur nicht so hastig!
Auf der letzten Etappe stehen 64 Wertungskilometer und 786 Verbindungskilometer von Rio Cuarto nach Buenos Aires auf dem Programm. Auf den Verbindungsstücken, die auch durch bewohntes Gebiet führen können, gilt eine Geschwindigkeitsbegrenzung, die strikt eingehalten werden muss. Via GPS verfolgen die Organisatoren die Fahrer und sprechen Zeitstrafen aus, sollten diese zu schnell unterwegs sein.

Obwohl die Sieger gekürt und die Preise überreicht sind, muss der ganze Tross in Argentiniens Hauptstadt übersiedeln.

Wenn die Geschwindigkeitsbegrenzung von 120 km/h um einen Kilometer überschritten wird, gibt es eine Strafminute. Beim nächsten Kilometer sind es zwei. Und jetzt halte einmal dieses Tempo auf den Autobahnen, über die wir zumeist fahren. Es ist extrem mühsam und zäh, und so sehr die letzten Wertungskilometer Spaß gemacht haben, so sehr hasse ich dieses Teilstück.

Warum?, frage ich mich, während ich Richtung Ziel fahre, warum? Die „Dakar" ist beendet. Egal, wie und wann wir jetzt nach Buenos Aires kommen – es ist vorbei. Und dennoch läuft gerade Kopfkino. Würden die Organisatoren tatsächlich das Klassement nochmals umwerfen, wenn ein Fahrer jetzt schneller fahren und aus den ersten drei fallen würde?, frage ich mich. Innerlich muss ich grinsen. Könnte ich die „Dakar" vielleicht noch gewinnen? Doch es sind flüchtige, nichtige Gedanken, die ich nicht prüfen oder werten muss. Sie kommen und gehen und vertreiben mir die Zeit nach Buenos Aires. Zweiter! Ich bin Zweiter, und das ist alles, was zählt.

***

Die „Dakar" kannst du an einem einzigen Tag gewinnen, aber an allen anderen Tagen verlieren. Wenn ich mich bei der zehnten Etappe an Joan Barreda angehängt hätte, wäre vielleicht sogar der Sieg 2016 möglich gewesen. Doch es entspricht nicht meinem Naturell, anderen zu folgen, wenn ich nicht hundertprozentig von der Richtigkeit ihres Tuns überzeugt bin. Barreda ist ein hervorragender Fahrer, aber er gilt nicht als der sicherste Navigator. Bei dieser Auflage der „Dakar" hat er an einigen Tagen keine Fehler gemacht. Nach der dritten Etappe haben wir uns im Biwak alle gefragt, wie es denn sein kann, dass er einer der wenigen ist, der diese Strecke souverän meistert.

Dies nährt die Vermutung – eigentlich ist es bestätigte Gewissheit – dass der Spanier auf Strecken trainiert haben könnte, auf der die Rallye Dakar ausgetragen wurde. Im Reglement ist festgeschrieben, dass die Teilnehmer in den sechs Monaten vor der „Dakar“ nicht in jene Länder reisen dürfen, in denen der Event ausgetragen wird, um sich keinen Wettbewerbsvorteil zu verschaffen. Das war einfach umzusetzen, als die Wüstenrallye noch in Afrika ausgetragen wurde, schwieriger, seit in Südamerika gefahren wird. Pablo Quintanilla beispielsweise kommt aus Chile – will man ihm verbieten, bei sich zu Hause zu leben?

Die „Dakar“ ist ein Riesen-Unternehmen, alles ist planbar aber nicht alles ist überprüf- und kontrollierbar. Zu viele Protagonisten, Dienstleister und Zulieferer sind involviert, wer kann wissen, welche Informationen und Unterlagen von ihnen weitergegeben werden? Barreda hat im Flussbett der zehnten Etappe genau gewusst, wohin er musste, und ich nehme ihm – bei aller sportlichen Freundschaft – nicht ab, dass er das Roadbook so gut im Griff gehabt hat.

***

Die Erfahrungen des zehnten Tages der „Dakar“ 2017, das Einschätzen von Situationen und Mitkonkurrenten werden mir jedenfalls noch nützlich werden. Am zehnten Tag der „Dakar“ 2018 zum Beispiel.

„Ein akribischer Arbeiter"

Heinz Kinigadner über Matthias Walkner

Eigentlich kann ich mich nicht mehr so recht erinnern, wann und wie wir uns das erste Mal über den Weg gelaufen sind. Das verschwimmt in die Jahre rein, in denen er bei KTM gearbeitet hat, Motocross gefahren ist und schon sehr, sehr gut war. Matthias bestritt WM-Läufe als Privatfahrer, hatte aber durchaus gutes Material, weil er bei KTM als Testfahrer arbeitete.

Ich plaudere kein Firmengeheimnis aus, wenn ich sage, dass es immer schon eine leichte interne Rivalität zwischen dem KTM-Testteam und der Sportabteilung gab und gibt. Klar haben die Entwickler eine große Freude, wenn sie mit ihren Akteuren die Werksfahrer ärgern können. Alle wissen, dass sie für KTM arbeiten und fahren, doch ein leichter Konkurrenzdruck ist dennoch da. Und die Chefetage freut sich selbstverständlich über jeden guten Rang, der mit einer unserer Maschinen gefahren wird.

Als Matthias in die MX3-Motocrossklasse wechselte, war die Einschätzung im Werk, dass wir dieses Spielfeld den Privatfahrern überlassen. Walkner hat richtig stark aufgezeigt, ist 2012 Weltmeister geworden. Beim Finale in Deutschland war KTM prominent vertreten, auch KTM-CEO Stefan Pierer war mit dabei, und wir alle haben uns riesig über diesen WM-Titel gefreut. KTM hat quasi einen WM-Titel eingefahren, der das Budget unserer Sportabteilung nichts gekostet hat. Mir ist schon wichtig zu betonen, dass wir zu diesem Triumph von Matthias Walkner nicht recht viel beigetragen haben. Diese Weltmeisterschaft hat der Hiasi in Eigenregie geholt, zusammen mit Wolfgang Hillinger, seinem Freund und Sponsor, mit der Unterstützung seiner Familie und von Ferdinand Hirscher.

Bei diesem WM-Finale in Teutschenthal habe ich Walkner zum ersten Mal näher beobachtet und besser kennengelernt. Als die MX3-Klasse dann eingestellt wurde und er mich fragte, was er denn machen, ob er in den Enduro-Sektor wechseln solle, sagte ich ihm, dass die Enduro-WM für KTM nicht interessant genug wäre, um sich sehr zu engagieren – 25 Fahrer, fünf mögliche WM-Titel, wenige Zuschauer: unattraktiv bis zum Gehtnichtmehr also. Das Unternehmen kommt zwar aus der Enduro-Ecke, hat deswegen auch lange an dieser Serie festgehalten, ist jetzt aber nur noch bei prestigeträchtigen Rennen wie am Erzberg dabei. Enduro ist einzig deswegen für KTM wichtig, weil wir sehr viele dieser Maschinen verkaufen.

Ich riet Walkner auch deswegen ab, weil er vom Motocross kam und für Enduro ein Trial-Background wichtiger gewesen wäre, also das Beherrschen des Motorrads, es ohne großen Kraftaufwand zu heben, es über Steine und Hindernisse zu balancieren. „Aber du könntest einer der Besten im Rallyesport werden", sagte ich ihm bei einem Gespräch im

Werk in Mattighofen, „motorrad- und fahrtechnisch hast du es drauf, und wenn du navigieren lernst, kannst du deine Karriere noch locker um zehn Jahre verlängern."

Matthias war ein bisschen skeptisch und ich konnte seine Gefühlslage nachvollziehen. Ich war auch Motocross-Weltmeister gewesen und ich dachte mir damals in den 1980er Jahren auch, dass nur jene Sportler Enduro- und Rallyerahrer würden, die im Motocross chancenlos wären. Motocross war und ist die Formel 1 des Offroadsports, du brauchst ein gutes Fahrkönnen, du brauchst Kampfgeist, weil es ein Rennen Mann gegen Mann ist. Die Enduro-Rallye war eine vermeintliche Randsportart, und sie wurde anfänglich von mir, und wohl auch von Matthias, nicht so richtig ernst genommen.

Meine Meinung änderte sich, als ich – zweifacher Motocross-Weltmeister – ein paar Etappen bei der Paris–Dakar gewonnen hatte. Plötzlich kannte mich der Taxifahrer in Wien, aber nicht aufgrund meiner WM-Titel, sondern aufgrund meiner Wüsten-Siege. Der Bekanntheitsgrad und die Breitenwirkung der Paris–Dakar sind ungleich größer als jene der Motocross-Szene. Für meine Titel musste ich allerdings viel mehr arbeiten und kämpfen als später im Rallyesport, weswegen ich im ersten Moment etwas enttäuscht war, als ich die neuen Wertigkeiten erkannte. Das geht Matthias Walkner genauso. Im Motocross stehen das ganze Jahr über Rennen an, als Athlet ist man gezwungen, die eigene physische und psychische Verfassung immer auf dem höchsten Niveau zu halten. Soll nicht heißen, dass ich damals und er heute für das Rallye-Fahren nichts tun mussten, doch die Prioritäten verschieben sich.

Tatsache ist, dass wir Motocrossfahrer mit einem anderen Fahrverständnis zur Rallye kommen als jene, die sich über den Enduro-Sektor nähern. Walkner agiert anders als Marc Coma oder Cyril Despres oder, damals, Stéphane Peterhansel oder Fabrizio Meoni. Vielleicht waren oder sind diese die besseren Rallyefahrer, weil sie das große Ganze besser kennen, aber von der Fahrtechnik her hatte ich bzw. hat Walkner Vorteile. Wenn mir das Motorrad in der Wüste einmal ausgebrochen ist, hat sich mein Pulsschlag nicht verändert. Andere hätten sich bei diesen Situationen fast schon in die Hose gemacht. Im Motocross sind wir es eben gewohnt, mit dem Motorrad ständig über die Grenzen zu gehen.

Die Rallye Dakar ist jedenfalls mit nichts anderem im Motorradsektor zu vergleichen. Sie ist weltweit bekannt und wird überallhin übertragen, von Japan bis Chile, von Kanada bis Russland. Wenn wir von Breitenwirkung sprechen, dann ist die „Dakar" auf dem Niveau des Moto-GP. Nur dass die Rallye in zwei Wochen durchgezogen wird und die Motorrad-Rennserie das ganze Jahr über geht.

***

Nein, ich sehe mich nicht als Matthias Walkners Entdecker oder Mentor. Viel eher als einer, der von ihm um Rat gefragt wurde und ihm nach bestem Wissen und Gewissen eine Antwort gegeben hat. Dass Walkner 2018 dann die „Dakar" gewonnen hat, ist doppelt schön für mich. In erster Linie bin ich KTM-Fan, doch es macht die Sache noch lässiger, wenn ein Landsmann triumphiert.

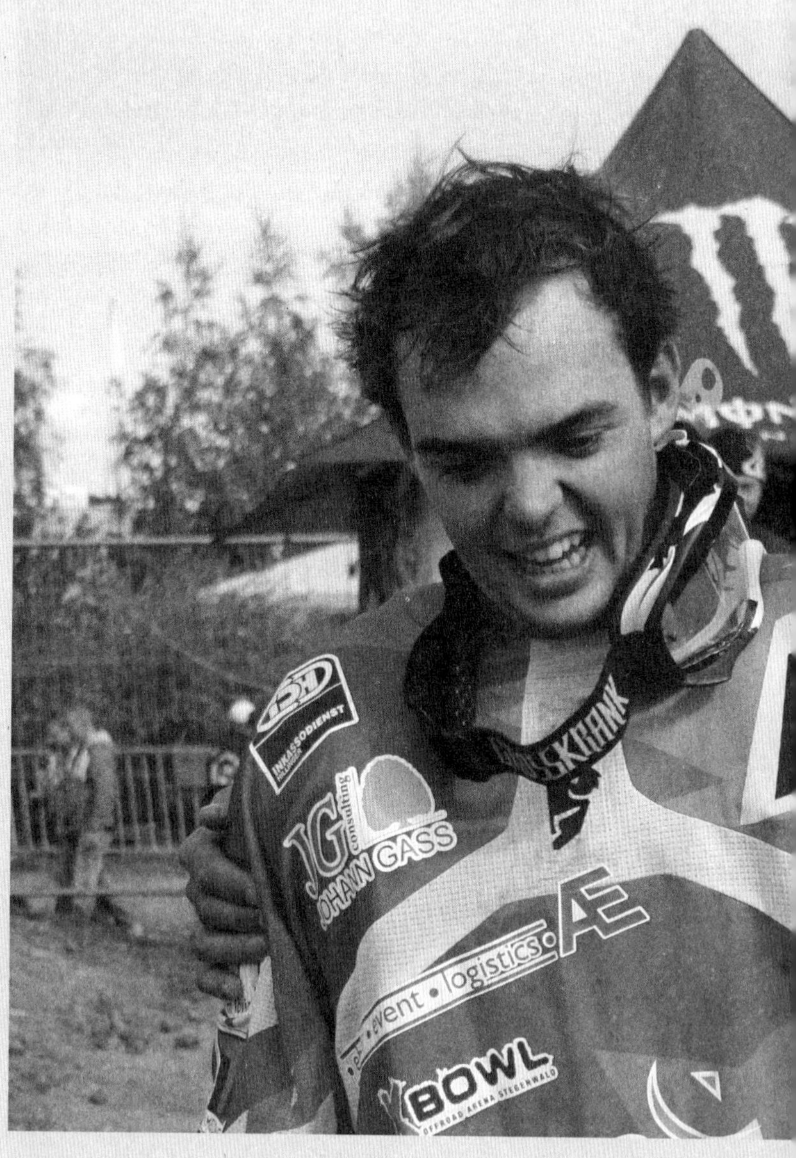
INKASSODIENST
consulting
GASS
event • logistics •
BOWL

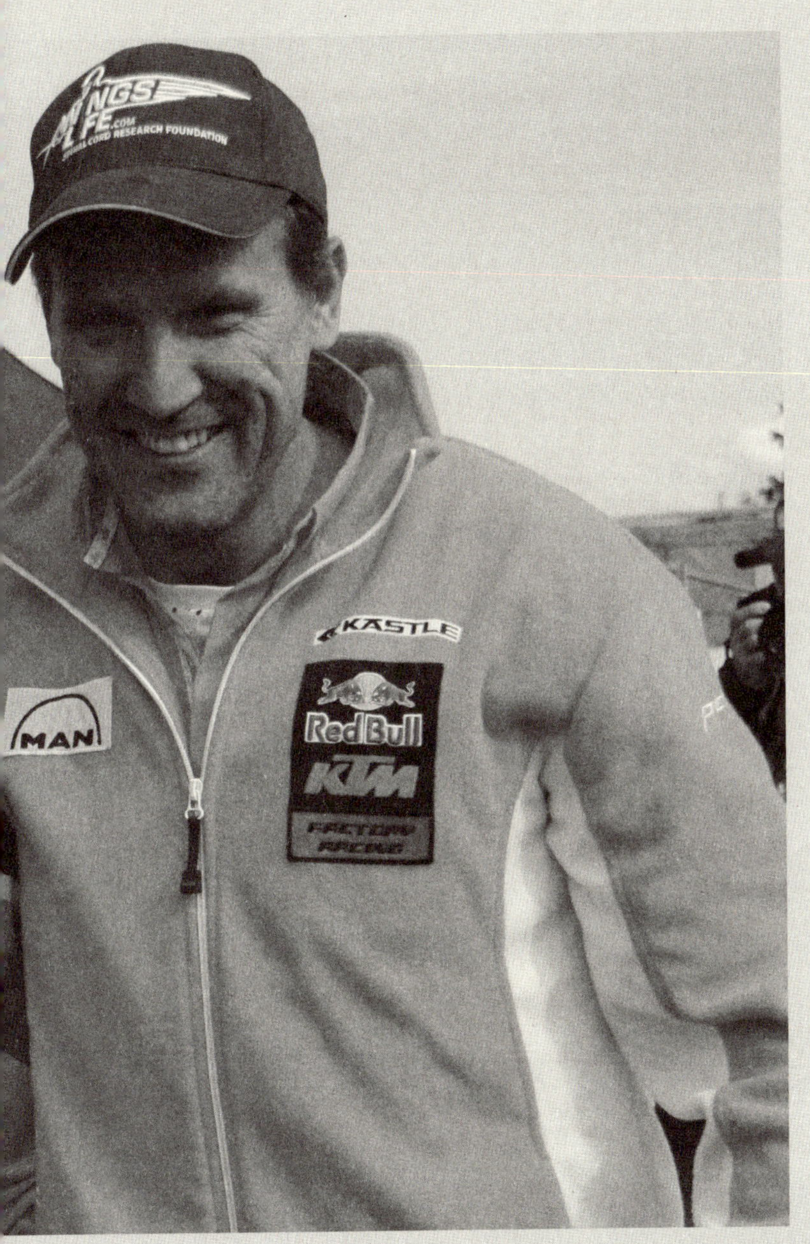
RESEARCH FOUNDATION
KÄSTLE
Red Bull
KTM
MAN

Ein wenig wiederholte sich 2018 die Geschichte von 2017, wenn auch mit einem anderen Protagonisten: Sam Sunderland habe ich in Dubai getroffen, er nagte mit seiner Motocross-Karriere am Hungertuch und ich bewog ihn, mit dem Rallye-Fahren zu beginnen. Brach sich zuerst den Oberschenkel, gewann dann die „Dakar". Wie der Hiasi.

Matthias Walkner hat nicht das Über-Drüber-Motorradtalent, aber er ist ein sehr fleißiger Arbeiter, ein Thomas-Muster-Typ. Er hat sich seine Erfolge mit hartem, konsequentem Tun verdient. Dann hat es sicher noch andere Wegbegleiter, wie auch mich gegeben. Aber mittlerweile haben wir, denke ich, einen Freundschaftsstatus erreicht. Matthias weiß, dass ich ihm gerne weiterhelfe, wenn er etwas benötigt, mich freut es, seine positive Entwicklung zu verfolgen.

Der „Dakar"-Sieg geht einzig und allein auf seine akribische Arbeit zurück, auf seinen Einsatz im Erlernen des Roadbook-Fahrens, auf die vielen Stunden Konzentrationsprogramm im Red Bull-Trainingszentrum.

Nicht immer war und ist die Zusammenarbeit mit ihm leicht, und das ist auch gut und richtig so. Matthias ist weiterhin KTM-Testfahrer, macht deswegen Feintuning am Motorrad und bemerkt dadurch Nuancen, die andere Fahrer eventuell nicht so schnell, wenn überhaupt gefunden hätten. Da hat er den fünffachen „Dakar"-Sieger Marc Coma auf ein paar Dinge hingewiesen, über die dieser noch gar nicht nachgedacht hatte. Hiasi wird lästig, wenn er aufgrund seiner Tests Möglichkeiten kennt, die ihn schneller machen könnten, die aber nicht im Motorrad integriert sind. Dann wird er für einige richtig ungut lästig. Aber alle wissen, dass Walkner im Grunde die Maschine weiterentwickeln und sein Potenzial ausschöpfen will. Dass sein Nachbohren nicht aus einer Laune heraus entsteht, sondern einen positiven Hintergrund hat.

Alle Dinge, die Matthias vorbringt, haben jedenfalls Hand und Fuß, sind aber nicht immer sofort umzusetzen. Zwei Jahre lang hat er um einen Tempomaten gebeten, damit er in jenen Abschnitten, auf denen Geschwindigkeitsbegrenzungen gelten, einen Vorteil hat. Es geht darum, einen Fahrer in solch einer „Speedzone" überholen zu können, ohne eine Strafe zu riskieren. Und wenn er aus diesem Abschnitt als Führender herauskommt, schluckt der Konkurrent den Staub, und nicht er. Doch ein Tempomat bedeutet Elektronik und dies widerspricht der KTM-Philosophie, das Hauptaugenmerk auf die Mechanik zu legen. Ein anderes Werksteam verfolgt das Motto „drive by wire" und fällt in Führung liegend aus. Das wichtigste bei der „Dakar" ist, ohne Probleme durchzukommen. Dann ergibt sich die Platzierung von alleine.

Es hat seinen Grund, wenn die Motorräder der Sportabteilung nicht sofort alle Stückchen spielen. Die Rallye-Maschinen tragen die Historie der alten Paris–Dakar in sich. Als noch in Afrika gefahren wurde, trugen sie den Übernamen „Wüstenschiffe". In Südamerika ist die „Dakar" wesentlich technischer geworden, weswegen ein ganz anderer Motorrad-Typ verlangt wird. Und während die einen sich langsam auf die neuen Gegebenheiten einstellen, kommt Walkner vom Motocross und sagt, dass er eigentlich ein Motorrad benötigt, das er schon gewöhnt ist, eines, das jedenfalls schneller ist als ein „Wüstenschiff". Und er trifft auch auf ein Team, welches das erfahrenste im Rallye-Sport ist und jedes Jahr aufs Neue beweist, dass kontinuierliche Arbeit am zielführendsten ist. Unsere Leute bauen nichts ein, was das Motorrad für den Moment schneller macht, es aber vielleicht nach drei Tagen ausfallen lässt. Das kleinste Problem auf einer Etappe bei der „Dakar" heißt: Das Rennen ist vorbei oder zumindest verloren. Am Ende des Tages treffen Anschauungswelten aufeinander, nämlich jene des Rennfahrers, der Performance sehen will – und die auch oft von Mitbewerbern von KTM gepflegt wird –, gegen jene des Teamchefs, der der Zielankunft alles andere unterordnet.

Dann passiert es, dass wir in Mattighofen zur Halbzeit einer Rallye ungläubig auf das Gesamtklassement blicken, wo es auf den vorderen Plätzen nur so von Hondas und Yamahas wimmelt. Das schaut diesmal nicht gut aus, denken sich dann wohl einige. Doch in der zweiten Woche ändert sich das Bild, und am Ende sind vielleicht drei Fremdfabrikate unter den ersten zehn, dafür aber sieben KTMs.

Die „Dakar" hat ihre eigenen Gesetze. Und die kennt KTM am besten.

Zu den Gesetzen der Rallye Dakar gehört auch der Umstand, dass den Fahrern immer etwas passieren kann. Zu den persönlichen Problemen des Einzelnen gesellen sich organisatorische Schwierigkeiten. KTM hat 40 Personen vor Ort, doch die sind im Tross des Events eingebunden und rollen wie Schnee in einer Lawine mit. Wer sich verletzt, ist raus aus diesem Wanderzirkus. Das ist Sam Sunderland bei einer Rallye in Marokko passiert, das ist mir im Jahr 2000 in Südlibyen passiert. Dort hat es mir den Oberschenkel zerschmettert, und einige andere Brüche hatte ich auch noch. Die Rettungskette hat gut geklappt, ich kam mit dem Hubschrauber ins Biwak. Jedes Mal, wenn der Flug nach Tunis hätte losgehen sollen, kam der Funkspruch, der den Helikopter für einen anderen Schwerverletzten anforderte. Letztlich waren wir dann ein Dutzend im Flieger nach Tunis. Mein Unfall ereignete sich um 9 Uhr morgens. Nach Tunesien ging es, als es stockdunkel war. Ein anderes Mal riss ich mir in Niger das Kreuzband. Der Notarzt und seine Helfer kamen mit dem Helikopter, setzten mich in den Schatten, schienten mir den Fuß, gaben mir Schmerzmittel. „Wir haben auf dieser Etappe noch zwei Verletzte liegen", sagten sie mir, „wir kommen am Abend, um dich abzuholen." Und dann liegst du vier, fünf Stunden einsam herum und wartest. Von der persönlichen Wahrnehmung heraus ist nachvollziehbar, dass der Eindruck entsteht, nichts ginge weiter. Man muss aber nur bedenken, wo die Unfälle geschehen – in unwirtlichen Gegenden, abseits der Zivilisation. Ich musste mich damit abfinden, dass es ein, zwei Tage dauerte, bis ich bestmöglich versorgt werden konnte. Aber ich sagte mir auch immer: Es hat mich niemand gezwungen, dass ich da oder dort hinfahre. Mein Wunsch, mein Wille: Trage die Konsequenzen.

***

Wenn ich an Matthias Walkner denke, dann denke ich auch an eine Person, die einen speziellen Humor hat und immer für besondere Aktionen gut ist. Einmal hat es in Tunesien ge-

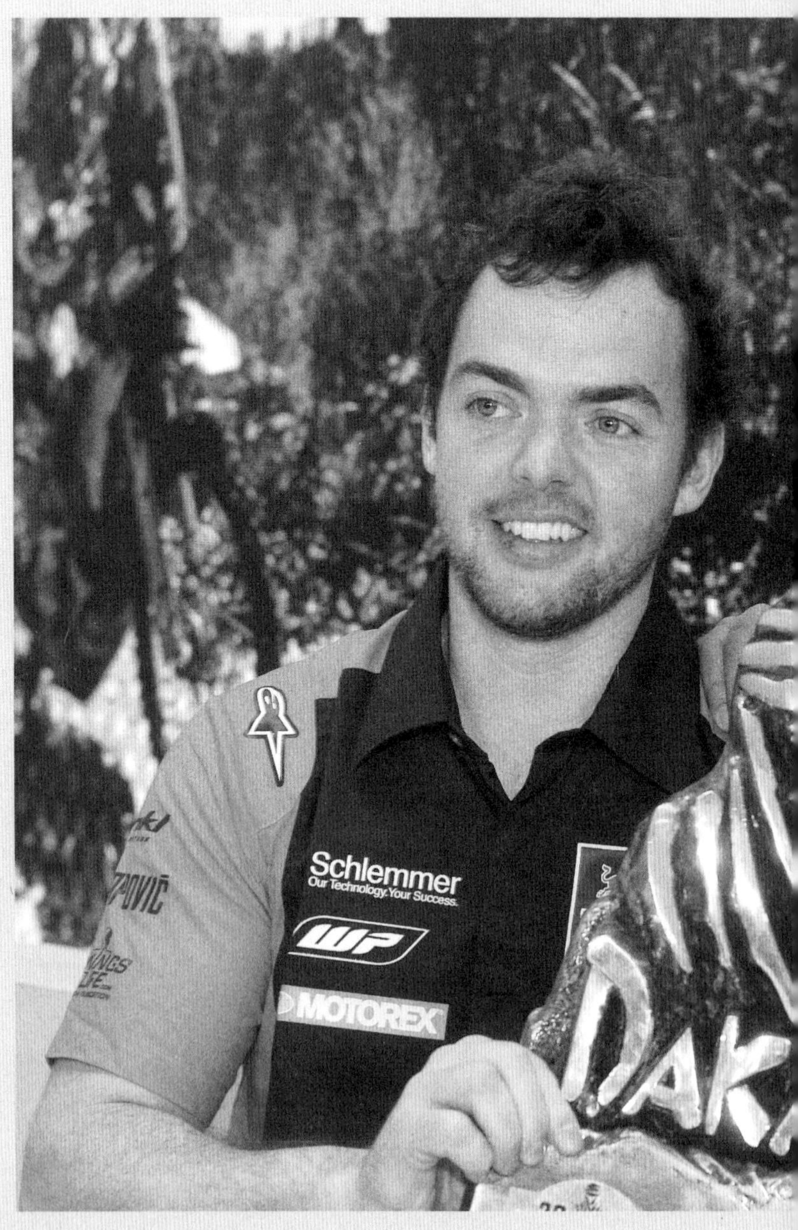
Schlemmer
Our Technology. Your Success.
WP
MOTOREX

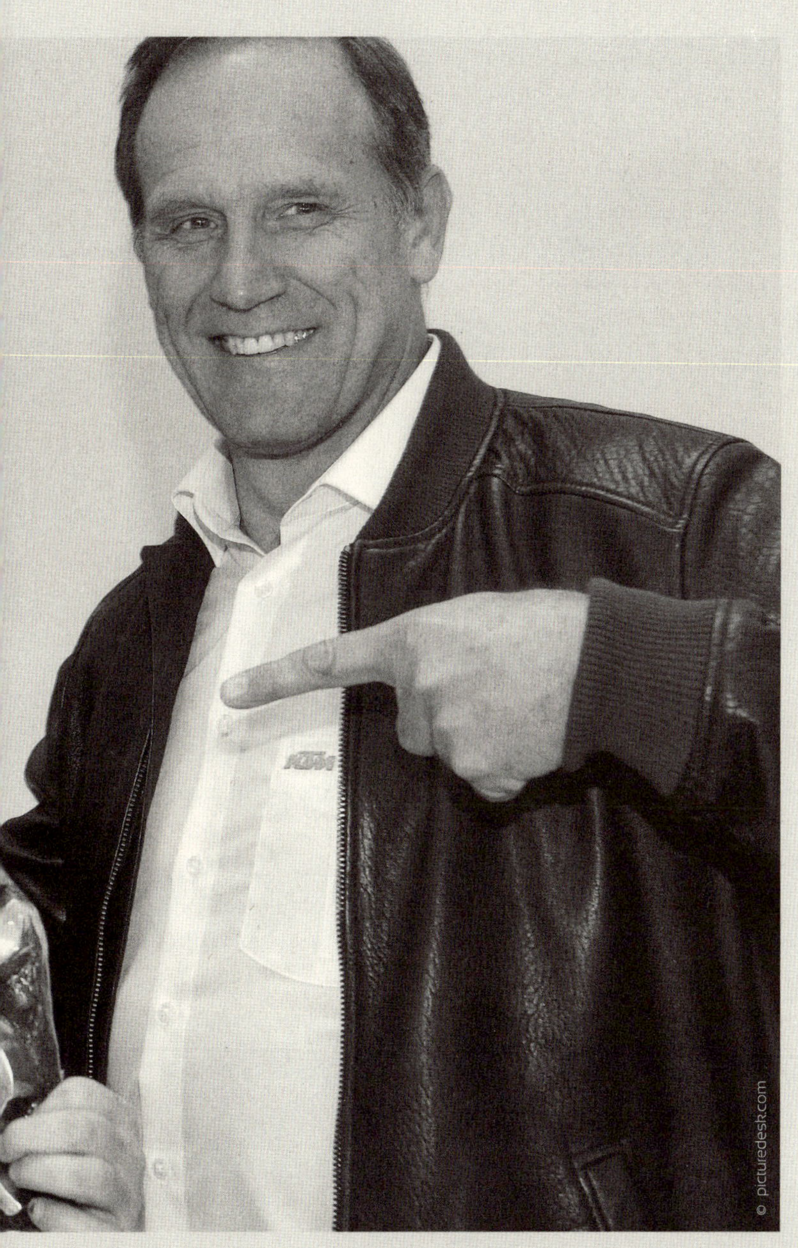
KTM

regnet. Er stülpt seine nassen Handschuhe über den Auspuff, um sie zu trocknen, indem er Gas gibt. Das tut er dann auch, gibt aber selbstverständlich zu viel Gas. Er hat die Handschuhe 30 Meter entfernt wiedergefunden. In Nordafrika haben wir uns blendend unterhalten, wenn die Vorderräder im weichen Sand einsanken und man einen Hechtsprung über den Lenker hinaus in den Sand machte. Dies geschieht ja bei moderater Geschwindigkeit, es sind keine dramatischen Stürze. Über die können wir alle lachen.

Er hat auch lachen können, als ich ihn einmal bei der „Dakar" darauf angesprochen habe, dass er augenscheinlich zugenommen hat. Ist wohl ein bisschen viel geworden über die Weihnachtsfeiertage, meinte er. Meinen Sohn Hannes und mich hat er aber zuvor schön ins Schwitzen gebracht. Matthias war nach den letzten Trainingscamps am Kitzsteinhorn und in Spanien über Weihnachten und Neujahr zu Hause und hat es sich gut gehen lassen. Am 3. oder 4. Januar 2018 rief er Hannes an, der für KTM das Gewand entwirft und schneidern lässt. Das Zeug ist alles zu eng, nichts passt. Wir rufen also unseren Produzenten an, der versichert, nach den vorgegebenen Maßen gefertigt zu haben. Wir fangen einen Streit mit unserem niederländischen Mittelsmann und den Herstellern in China an. Alle versichern uns, nach bestem Wissen und Gewissen gearbeitet zu haben. Und dann sehe ich ihn in Südamerika, während er zum Masseur geht und so richtige Wülste unter seinem T-Shirt hervorquellen. „Was ist denn mit dir los!?", frage ich ungläubig. Ein bisschen Speck, meint er, täte ihm gut. Plötzlich wog er vier Kilogramm mehr …

Man wird Walkner aber nicht gerecht, wenn man ihn als gedankenlosen Spaßvogel abtut. Wenn er redet, dann haben seine Worte Gewicht und regen zum Nachdenken an. Bei einem Empfang zu seinem zweiten Platz bei der Rallye Dakar 2017 im Salzburger „Bulls Corner" wurde er gefragt, ob er diesem Beruf noch sehr lange nachgehen wollen würde. Er glaube eher nicht, meinte er. Ihm käme beim Rallye-Fahren vor, dass da jeder Teilnehmer auf einem Pulverfass säße, und dass da für jeden eine Zündschnur brenne – aber dass man nicht wisse, wie lang diese sei.

Mich hat gewundert, dass er so tiefgründig darüber nachgedacht hatte, aber ich wusste, dass er absolut recht hatte. Als ich ihn ein Jahr später auf die gewonnene „Dakar" ansprach, meinte er, dass er sich dabei richtig gut gefühlt und die Komfortzone selten verlassen habe. Aber wie auch immer, beim Rallye-Fahren hast du täglich drei bis fünf Situationen, die nicht ohne sind, bei denen es knapp ist. Ich habe zu meiner Zeit Tagebuch geführt und mich am Abend daran erinnert, welche Herausforderungen ich zu bestehen hatte: Löcher, Steine, Tiere, Blindflüge mit weit über 100 Stundenkilometern.

KTM hat zwischen 2004 und 2006 drei Werksfahrer verloren: Fabrizio Meoni, Richard Sainct und Andy Caldecott. Es waren Ereignisse, die uns den Rallye-Sport von einer anderen Seite gezeigt haben. Jedes Mal, wenn einer unserer Fahrer gesagt hat, dass er nicht mehr weiter fahren möchte, hat es uns einerseits leidgetan, weil wir einen Spitzenpiloten verloren, aber andererseits hat es uns für ihn gefreut, weil wir wussten, dass er es geschafft hat, heil und lebend aus diesem seinen Karriereabschnitt herauszukommen. Matthias hat einen Vertrag bis 2020, aber KTM würde ihm keine Steine in den Weg legen, wenn er diesen von heute auf morgen auflösen wollen würde.

Vorstellen könnte ich mir, dass Hiasi einmal einen Platz in einem Auto-Team bekommen könnte. Motorradfahrer haben für das Gelände ein wesentlich besseres Auge als Autofahrer und müssen auch noch selber navigieren, während im Auto zwei Leute sitzen. Momentan gibt es aber außer Mini und Toyota keine Werksteams, die mit Autos bei der „Dakar" dabei sind. Es wäre ein lohnendes Ziel, denn aktuell gibt es lediglich drei Personen, die die wichtigste Rallye auf zwei und vier Rädern gewonnen haben: Nani Roma, Hubert Auriol und Stéphane Peterhansel, letzterer sechsmal mit dem Motorrad, siebenmal mit dem Auto.

Bedauerlich finde ich, dass sich die Rallye Dakar langsam zu einem Kampf um Sekunden entwickelt, obwohl es tausende Kilometer durchs Gelände geht. Der Grund, warum KTM in diese Sparte eingestiegen ist, war, dass hier das Abenteuer-Image greifbar war. Die „Dakar" vermittelt, was andere Motorsportarten nicht können. Man kann sich nicht mit Valentino Rossi identifizieren, wenn dieser seine Runden dreht. Aber wenn man ein Foto von Marc Coma sieht, wie er durch Mauretanien rast, dann denkt man: Wow! Irgendwann will ich das auch tun, mit dem Motorrad nach Südspanien oder Griechenland oder eben nach Nordafrika fahren. Dieses Direktmarketing geht aber verloren, wenn der Kampf um die Sekunden im Vordergrund steht. In den 1980er und 1990er Jahren bin ich nach dem Kompass gefahren, habe an einem Tag drei Stunden verloren und am nächsten wieder zwei

Stunden Vorsprung gehabt. Heute ist es schwer, 15 Minuten aufzuholen. Deswegen würde mir eine Motorradklasse gefallen, bei der jeder Teilnehmer seine eigene Werkzeugkiste dabei hat und nur er und kein anderer an der Maschine arbeitet. Eine „unsupported"-Klasse quasi, in der die Fahrer wieder die richtigen Abenteuerhelden würden.

Die „Dakar" muss sich jedenfalls auszahlen und rechnen. Die Rallye-WM-Läufe, die das Jahr über in Südamerika, Nordafrika, Arabien stattfinden, würden von KTM boykottiert, benötigten wir die Läufe nicht als Trainings für die Fahrer und als Feldtests für das Material. Aber für Renommee oder Marketing bringen sie nichts, jedes Rennen kostet uns nur 100.000–150.000 Euro.

Die Rallye Dakar hingegen kostet Millionen und ist im Jahreslauf nicht immer sehr präsent in den Köpfen der KTM-Entscheidungsträger. Wenn im Sommer über das Budget gesprochen wird, dann wird auch regelmäßig die Frage gestellt, ob wir die „Dakar" in dieser Form auch weiterhin brauchen, noch dazu, da ja KTM seit knapp zwei Jahrzehnten Seriensieger ist. „Dakar"-Zeit bei KTM ist von Oktober, November bis Februar, März. Doch während sie läuft ist sie das einzig Präsente und somit dominierende Motorsportthema. Mitte Januar gibt es keinen Moto-GP, keine Formel 1. Jeder, der sich für Motorsport interessiert, blickt auf die „Dakar" und somit auch auf deren Protagonisten, auf Matthias Walkner.

Ich hoffe, dass er uns noch länger erhalten bleibt. Und dass er den richtigen Moment findet, um zu sagen: Danke, schön war's!

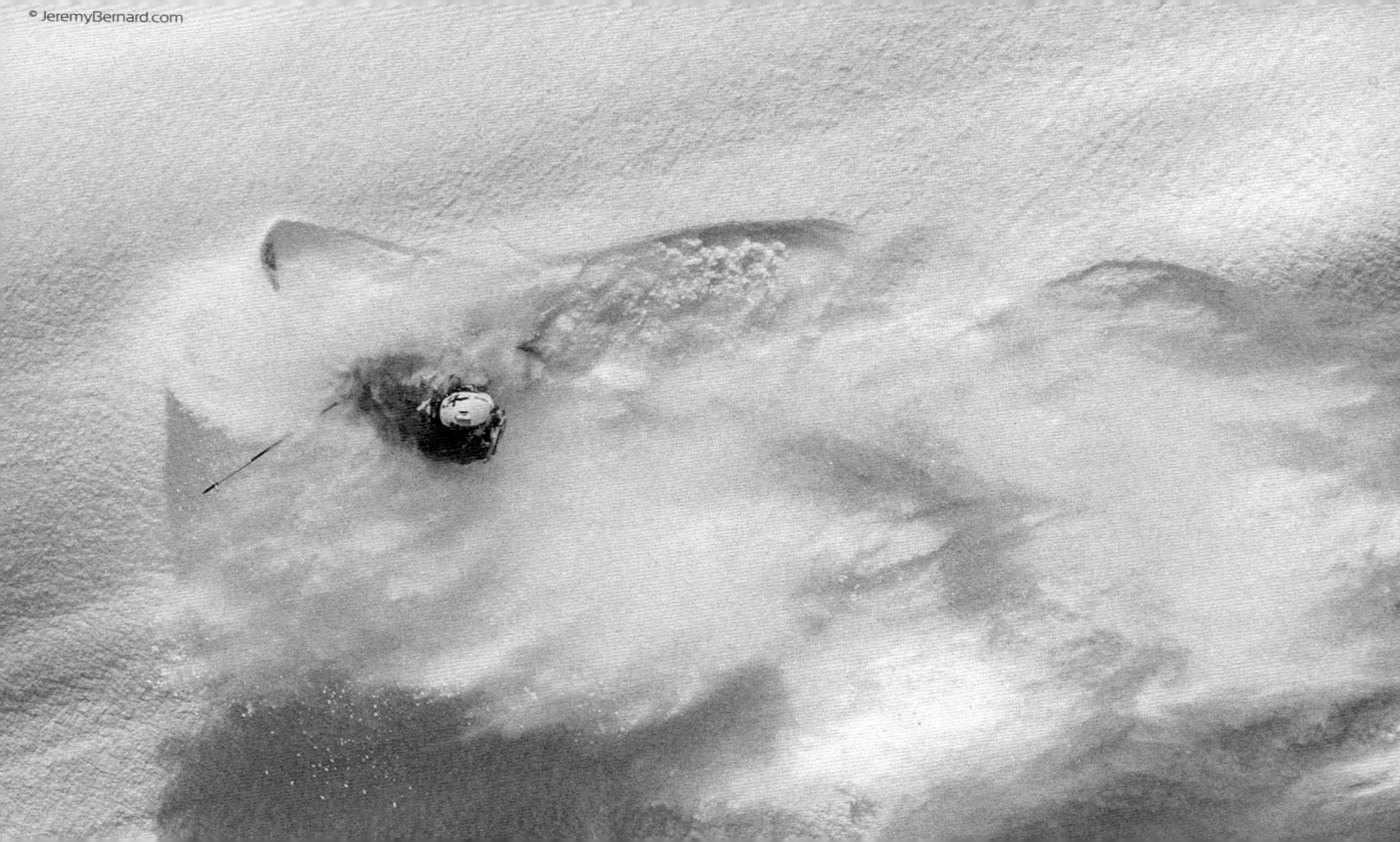

Vom Iran in die Evolution

FILMMACHERIN UND PRODUZENTIN

Es ist der 19. Oktober 2018 und ein besonderer Tag für mich. Es steht die Premiere meines jüngsten Filmprojekts auf dem Programm, „Evolution of Dreams", das ich gemeinsam mit meiner World Tour Kollegin und Freundin Jackie Paaso umgesetzt habe. Gut 500 Interessierte haben sich im Autohaus von SKODA Salzburg eingefunden, die positive Resonanz ist überwältigend.

Ich fühle mich bestätigt, weiterhin auf dem richtigen Weg in meinem Leben zu sein.
Nichts ist für eine Sportlerin schwieriger, als mit den Wettbewerben aufzuhören, nicht mehr im World Tour Tross dabei zu sein, nicht mehr von Training zu Training und von Contest zu Contest denken zu können. Ich würde sogar so weit gehen und sagen, dass für mich Aufhören zum richtigen Zeitpunkt beinahe gleich schwer ist, wie Weltmeisterin zu werden – das eine wie das andere verlangt besondere Bemühungen. Vor allem wenn man immer noch erfolgreich ist und ganz an der Spitze mitfährt.

Langweilig ist mir allerdings noch nie geworden. Noch während ich im Wettkampfsport unterwegs bin, beschäftige ich mich mit Bergsteigen und Klettern, absolviere die Ausbildungen zur Bergretterin und gehöre der Halleiner Ortsstelle an, ich bike, klettere, surfe, widme mich der Fotografie, ich studiere BWL, halte Vorträge und arbeite, neben der Pressearbeit für Matthias, eng mit meinen Sponsoren zusammen, kurzum, ich habe keine Zeit, zu faulenzen. Auch dann nicht, wenn ich verletzungsbedingt zur Untätigkeit gezwungen scheine – dann erst recht nicht.

Dass Ski-Freeriden abseits der Wettbewerbe noch ganz andere Möglichkeiten bietet, kommt mir und meinen Interessen entgegen. Das Stichwort heißt: Skifilme, doch dieses Betätigungsfeld ist durchaus differenziert zu betrachten. Bei US-amerikanischen Produktionen stehen große Sponsoren dahinter, die sich für diese Filme und die Vermarktung ihrer Produkte jene Athleten einkaufen, die sie dafür haben möchten. Da wirken wirklich viele gute Typen mit, die eigentlich auch den Contests der World Tour gut tun würden, die aber aus den unterschiedlichsten Gründen die Wettbewerbe nicht (mehr) fahren. Als europäischer Freerider sind die Chancen, in einem dieser Filme mitzuwirken, allerdings sehr gering. Spektakuläre Filme produzieren nichtsdestotrotz aber auch ein Jeremie Heitz oder Sam Anthamatten aus der Schweiz beispielsweise oder Landsmann Fabian Lentsch. Sie erzählen Geschichten und bringen das Abenteuer von den hohen, steilen, schneebedeckten Bergwänden in die Kinos und Wohnzimmer. Sponsoren haben dadurch einen höheren Mehrwert als durch die immer gleichbleibenden Storys auf der Freeride World Tour.

In Europa sind das Verständnis und auch die Budgets für Skifilme in der Regel nicht allzu groß. Wenn ich hier erzählte, dass ich als Freerider einen Skipart in einem MSP-Film hätte, dann würde ich wohl folgende Fragen erhalten: Was genau ist ein Freerider? Was ist ein Skipart? Was ist MSP? (MSP steht übrigens für Matchstick Productions und ist auf den Bereich Skifilme spezialisiert.) Wenn ich aber sage, dass ich zweifache Weltmeisterin im Ski-Freeriden bin, dann kennt sich fast jeder aus. WM-Titel sind, egal in welcher Sportart, verständlich für alle.

Ich habe das Glück, dass mein damaliger Bekleidungssponsor NIKE, eine weltweite Kampagne startet, die „Nike ACG Sweetspots" heißt. Wir Athleten dürfen uns eine Location aussuchen und dort einen Skifilm drehen. Entstehen sollte eine Webisode von sechs Minuten Länge. Meine Destination finde ich sehr rasch, und so verbringe ich 2009 zwei Wochen im Iran zum Filmen.

Iran – das klingt für die meisten nach Achse des Bösen, nach Gefahr und Abenteuer. Nicht für mich, ich möchte dort hin, um mir selber meine Meinung zu bilden. Unter gewissen Aspekten wandle ich auf den Spuren von Peter Habeler, der sich oft und lange in diesem Land aufgehalten und sich dort für die Entwicklung des Alpinismus eingesetzt hat. Bei der lokalen Bergsteigerlegende Razul blättere ich im Gästebuch, in dem sich auch Habeler verewigt hat, als er eine Erstbesteigung vornahm. Schon cool, denke ich mir, dass der Peter Habeler in seinen 20igern hier im Iran bei genau diesem Mann war, mit dem ich jetzt Tee trinke. In diesem asiatischen Land und generell auf Reisen habe ich die Gelegenheit, mein Motto zu leben, Reisen bildet und verbindet, erweitert den Horizont und man lernt andere Kulturen differenziert und ohne Vorurteile zu betrachten. Die Welt zu sehen, bringt mir immens viel an Lebenserfahrung.

Einmal dort erkenne ich rasch, dass das in der Presse teilweise kolportierte negative Bild – dem ich ohnehin sehr kritisch gegenüberstehe – nicht der Realität entspricht. Viele Dinge mögen stimmen. Frauen müssen Kopftücher tragen, Männer weigern sich, mir die Hand zu geben. Zweimal lande ich in den Fängen der Polizei, weil ich die Bekleidungsvorschriften unbewusst missachte. Doch wenn es 25 Grad Celsius hat und man in einem Auto ohne Klimaanlage sitzt, dann kann es schon passieren, dass das Kopftuch relativ weit nach hinten rutscht, während ich meinen Kopf aus dem fahrenden Auto strecke. Ein T-Shirt oder kurze Hosen, wie sie unser Guide und unser Fotograf tragen, sind bei Frauen nicht erlaubt.

Auf der Wache geht es anfänglich sehr ernst zu, die Polizisten blicken uns finster an, kontrollieren unter UV-Licht unsere Pässe. Dann fangen sie an, Fragen zu stellen. Wer denn unser Bundespräsident sei und was wir von den iranischen Nuklearplänen hielten. Diplomatisch ziehen wir uns aus der Affäre. Peter, unser Fotograf, wird gefragt, ob er denn verheiratet sei. „Nein, aber ich habe eine Freundin." „Wie, Sie sind nicht verheiratet und haben nur eine Freundin?", sind die Männer erstaunt und bieten an, ein paar mehr zu besorgen. Sie lachen. Im Iran ist Polygamie erlaubt, ganz ernst ist ihr Angebot freilich nicht. Zwei Stun-

10. Juli – 14. Juli

EISKURS

Danken möchte ich Mr. Safar, denn ohne seine Hilfe und vor allem die seiner Mullis wären wir mit unserem Riesengepäck (18 Personen) wohl kaum weiter als bis Bandarton gelangt. Unser Ziel war die Ersteigung der westlichen Eiswand (gr. Schneeflanke) des Hain-Ken, die von Franzosen erstbegangen worden war. In einem „Monsterunternehmen" (12 Mann hoch) durchstiegen wir die etwa 45°–50° geneigte Flanke bei ausgezeichneten Verhältnissen.

Schade war nur, daß das für den Eiskurs so bitter nötig gewesene Eis sich nicht finden ließ und wir also gezwungen waren „bis zu den Knien im Eis zu stehen".

Ich hoffe auf ein Wiedersehen mit meinen Freunden!

Andfarah, 14. Juli 1966

Peter Habeler
Bergführer, Mayrhofen
Tirol, Österreich

Aufzeichnungen von Peter Habeler

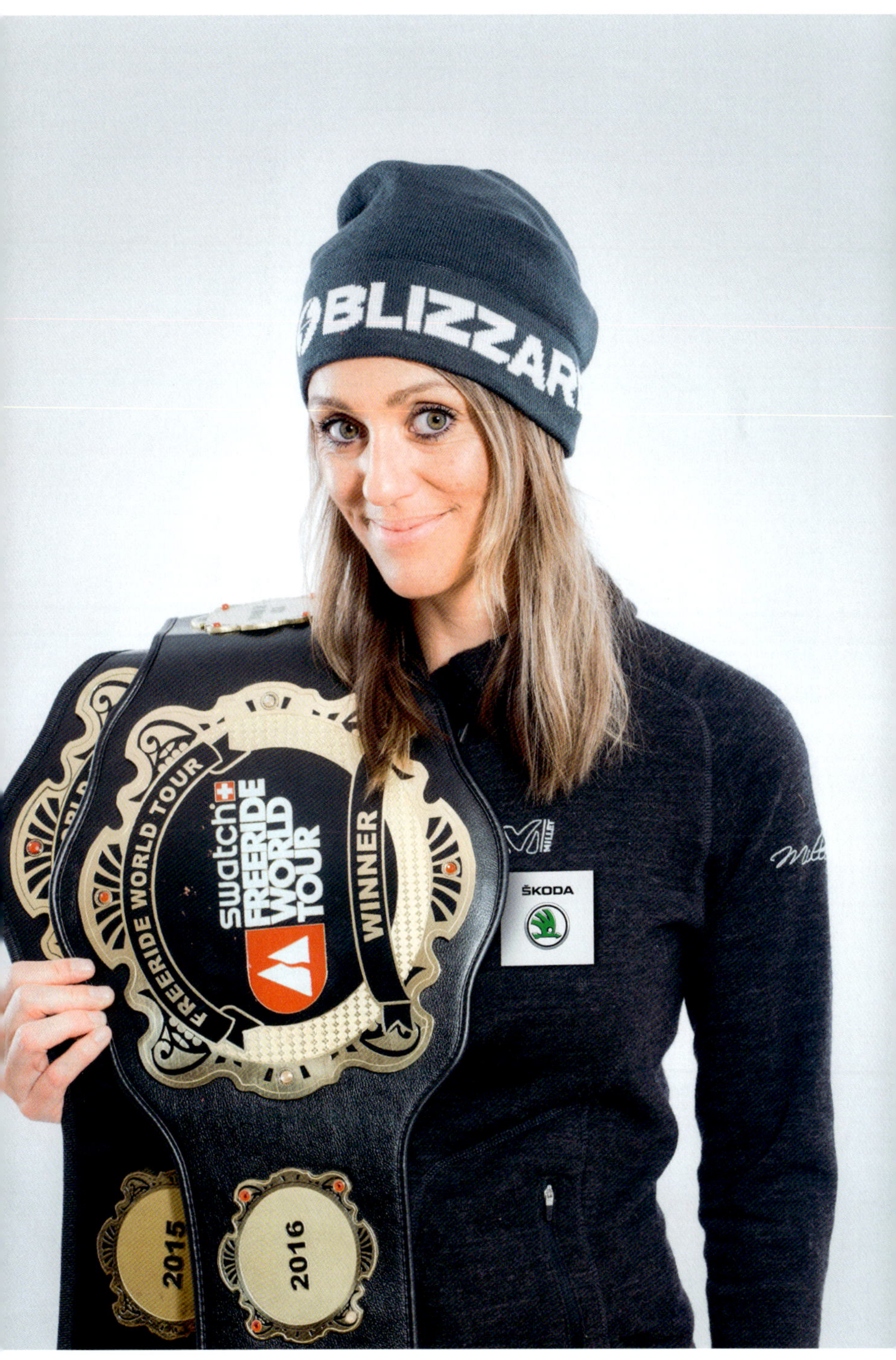

BLIZZAR
swatch
FREERIDE WORLD TOUR
FREERIDE WORLD TOUR
WINNER
ŠKODA
2015
2016

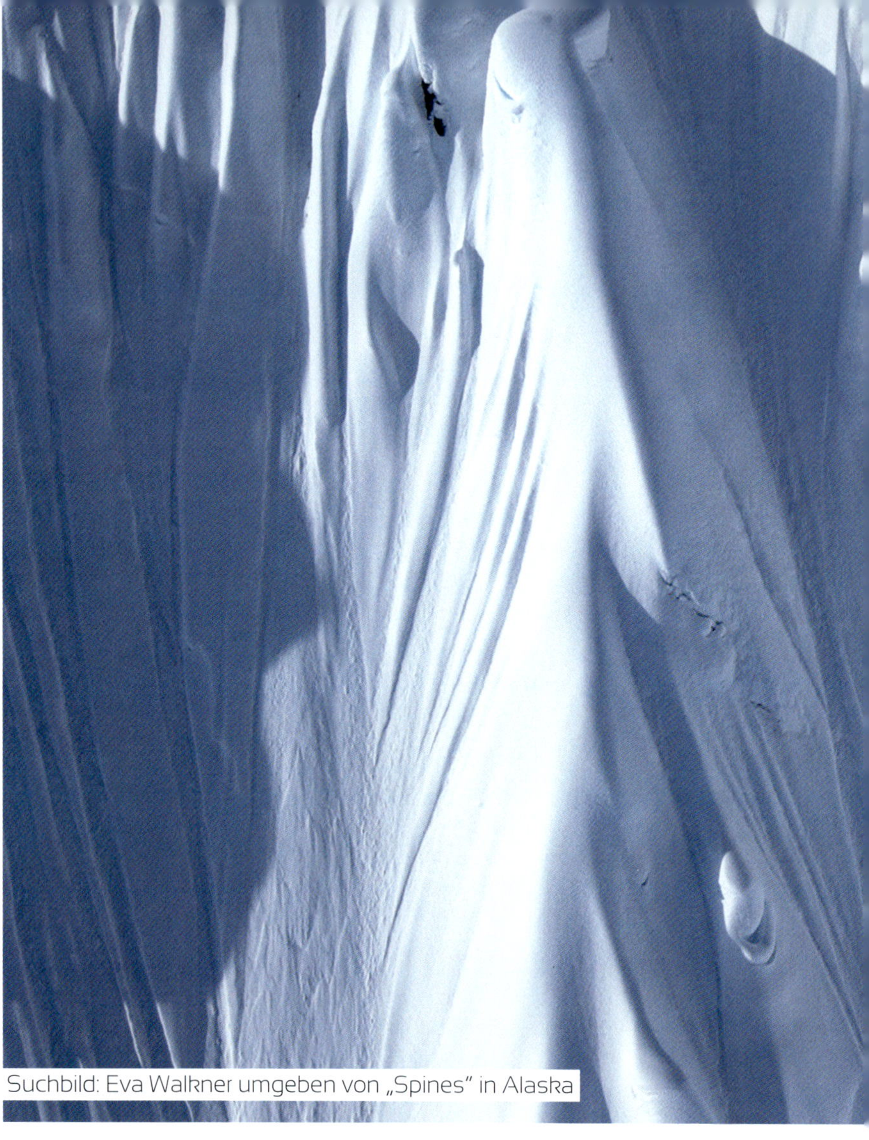

Suchbild: Eva Walkner umgeben von „Spines" in Alaska

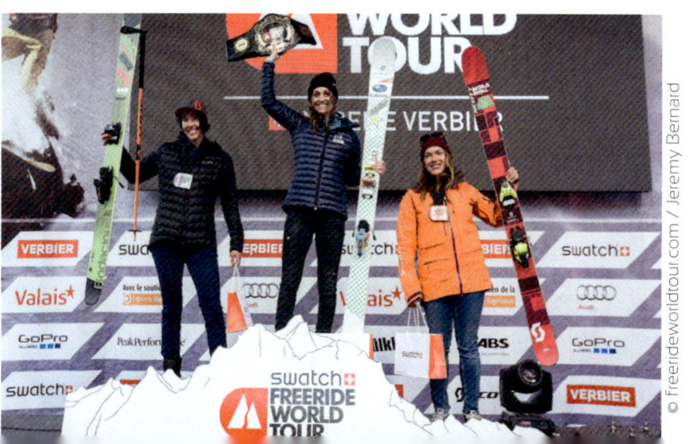

© freerideworldtour.com / Jeremy Bernard

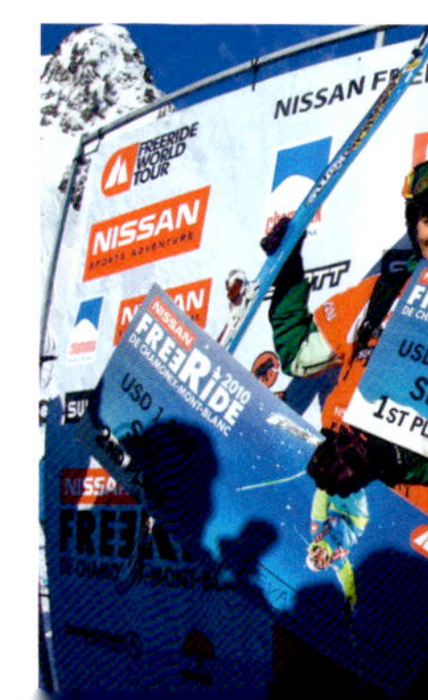

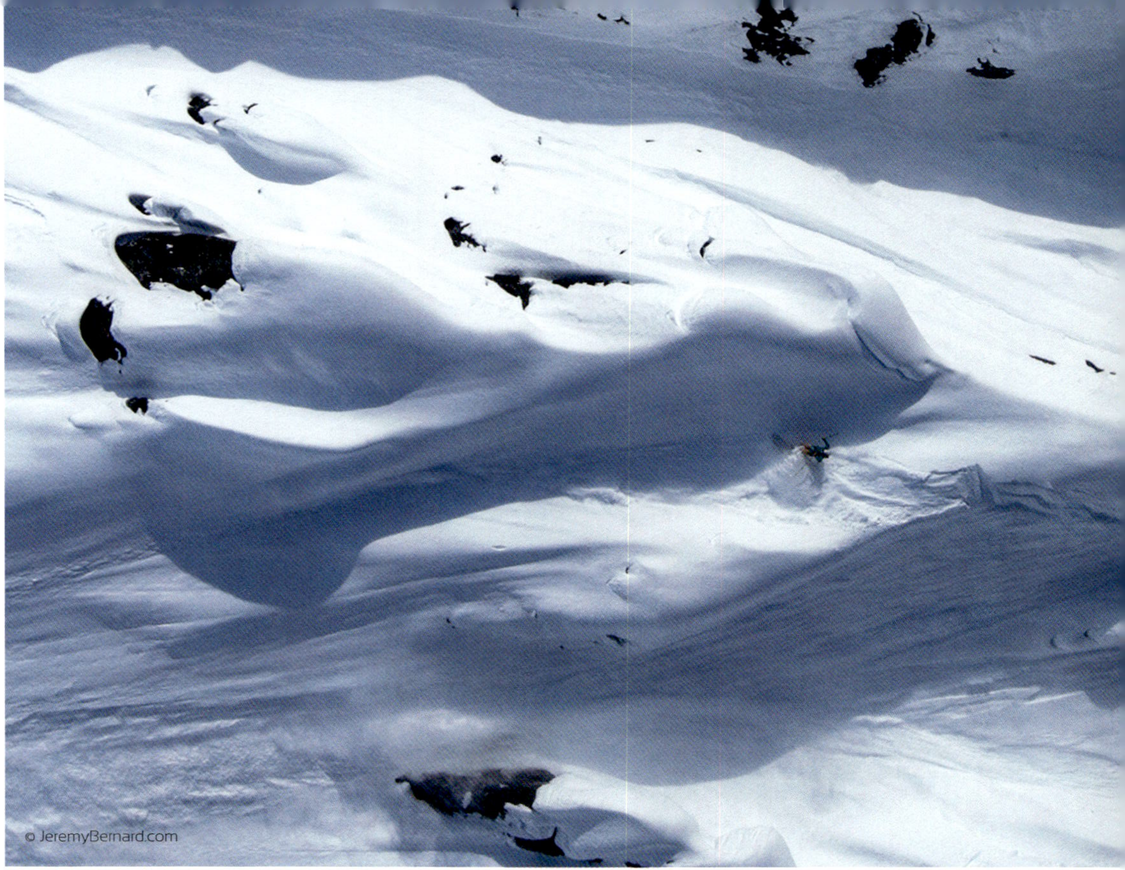

© JeremyBernard.com

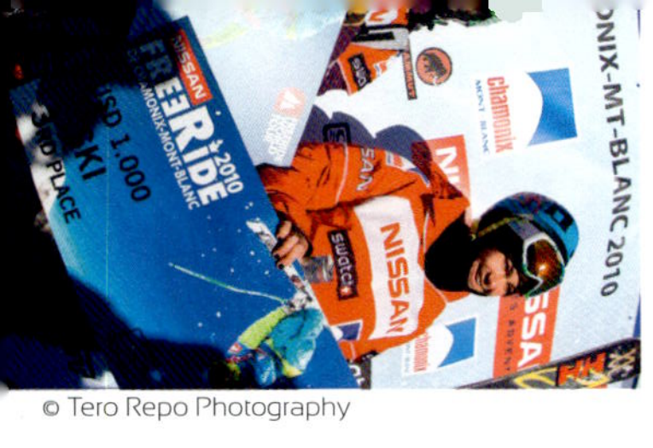

© Tero Repo Photography

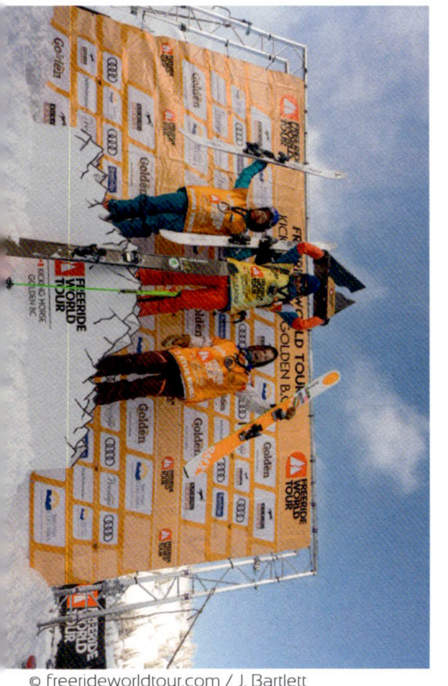

© freerideworldtour.com / J. Bartlett

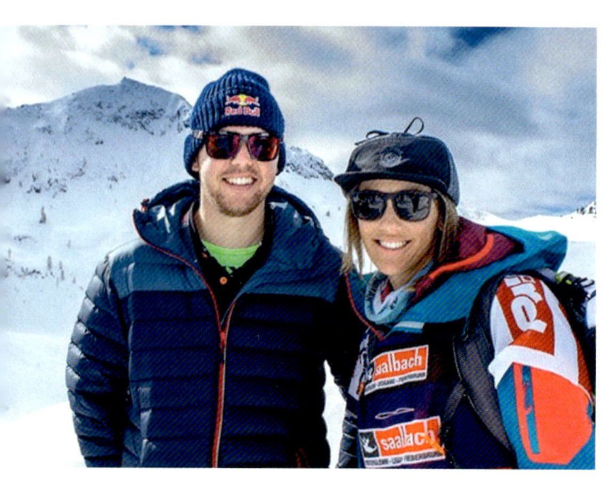

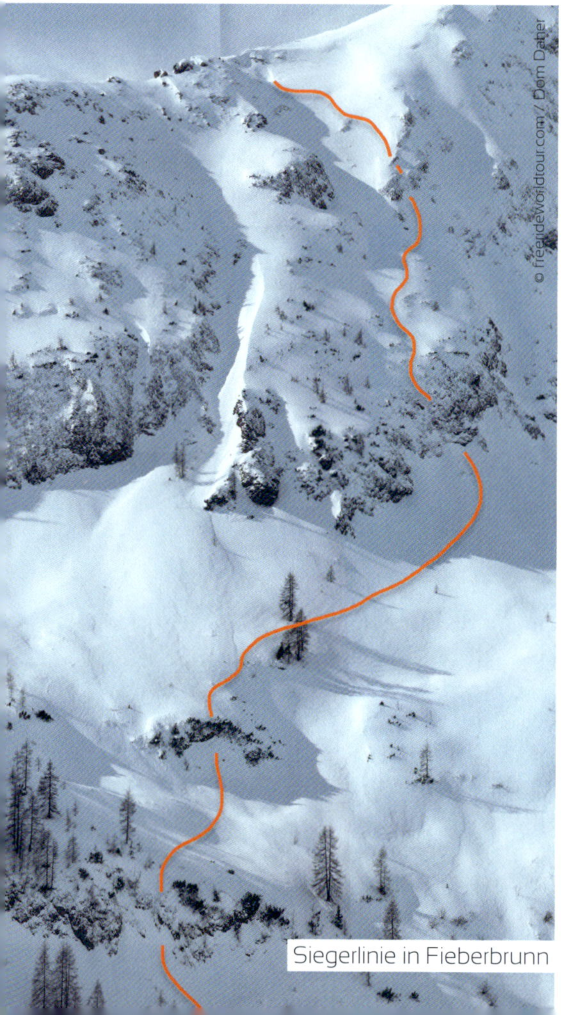

Siegerlinie in Fieberbrunn

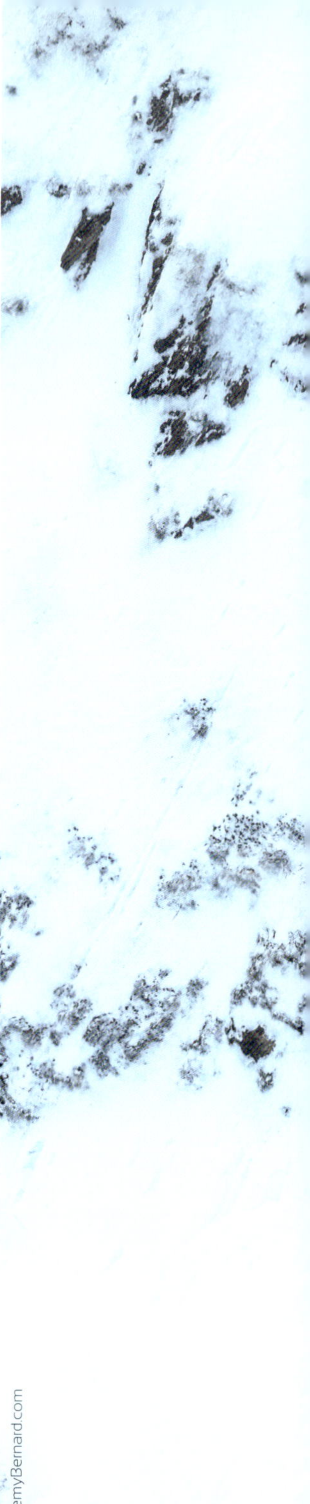

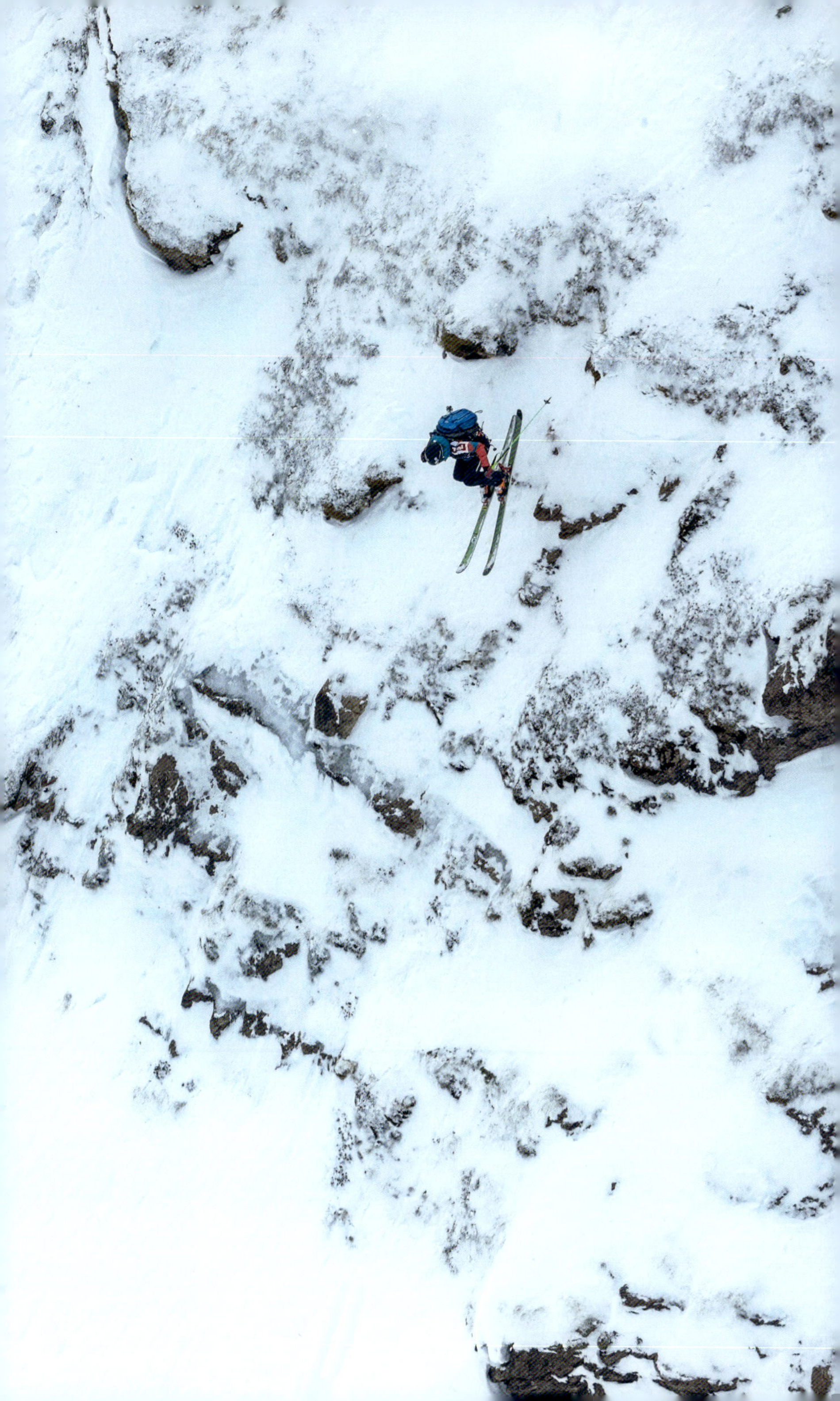

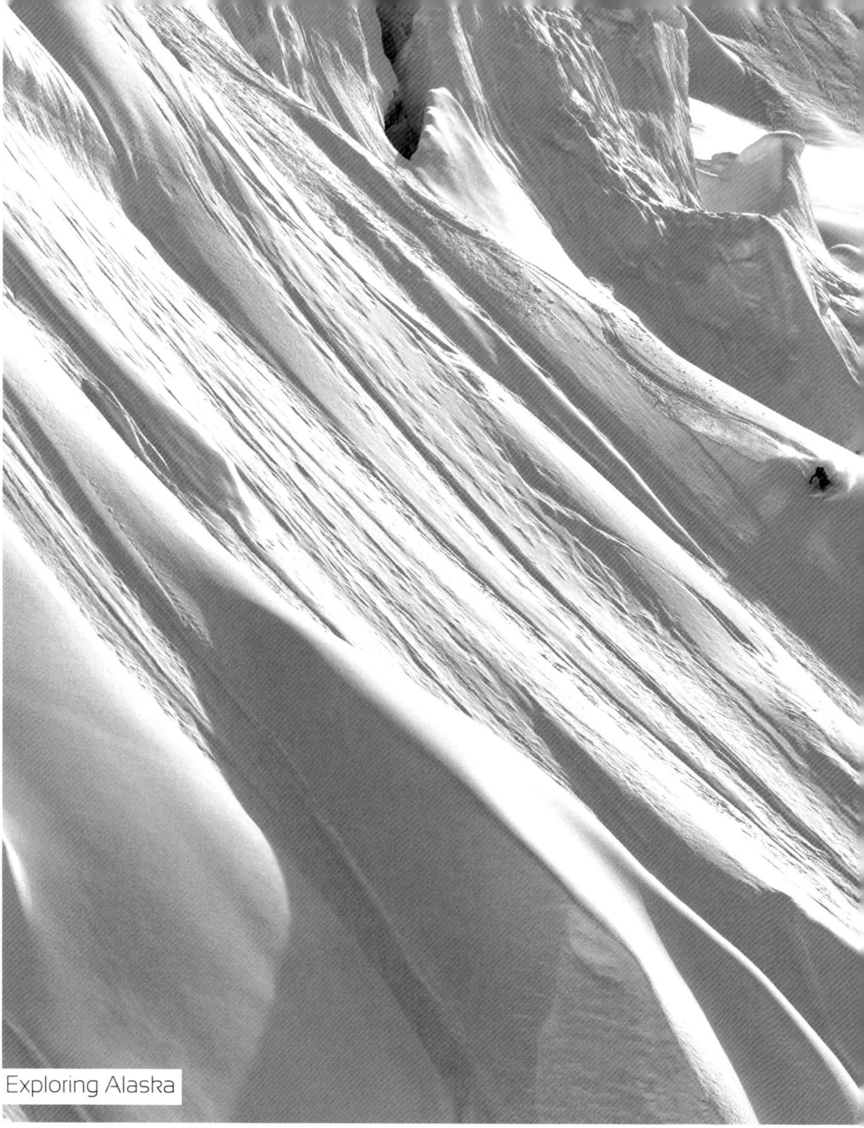

Exploring Alaska

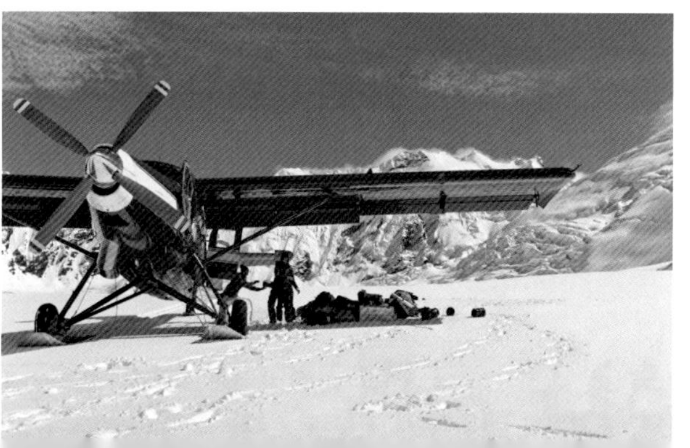

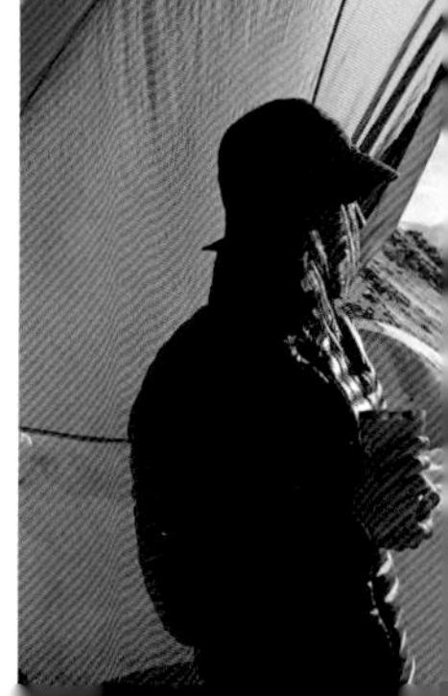

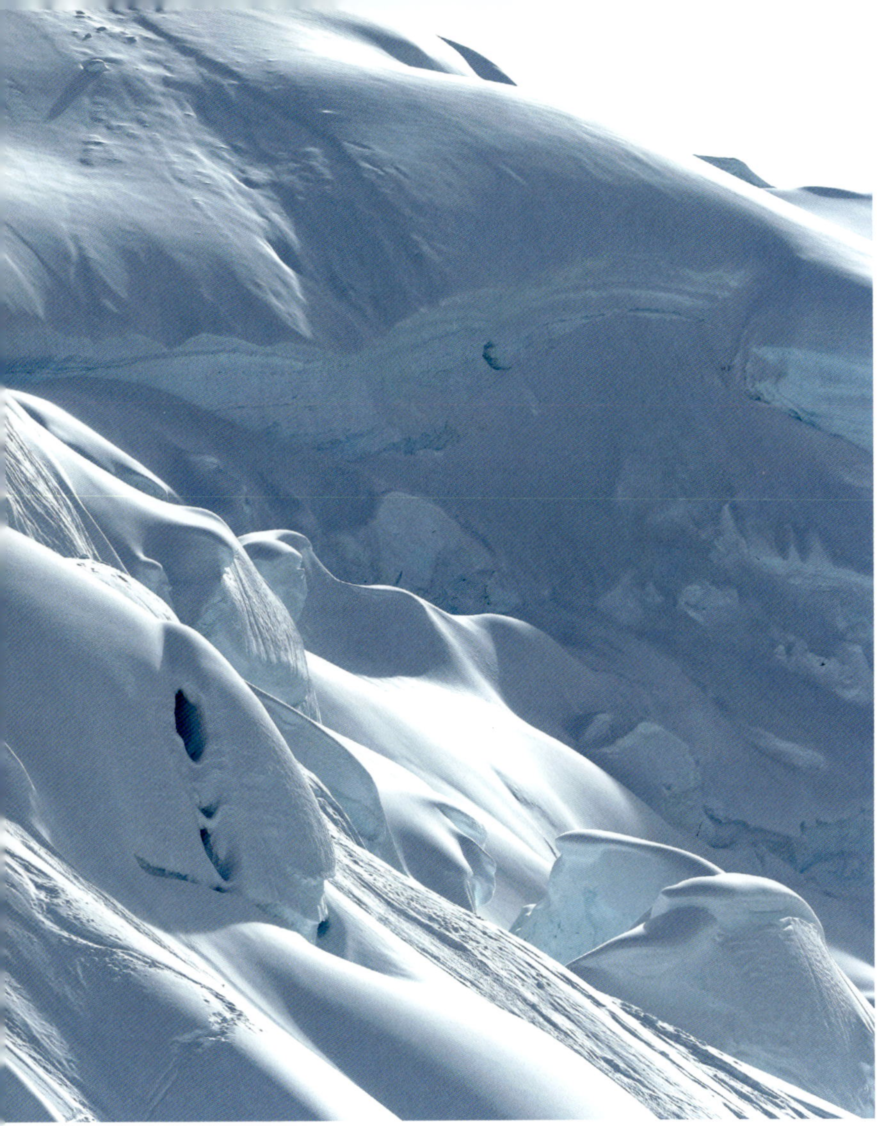

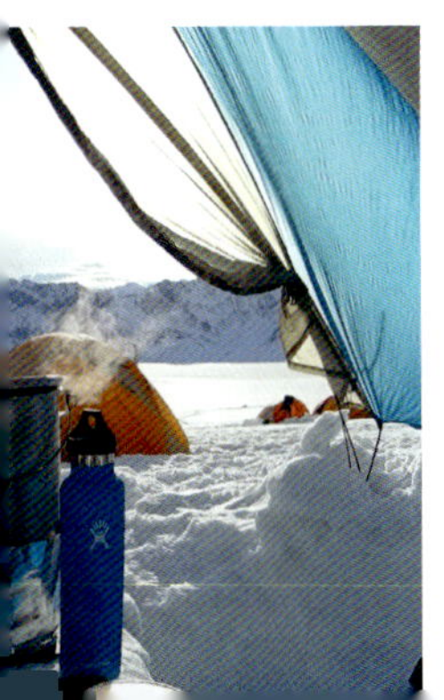

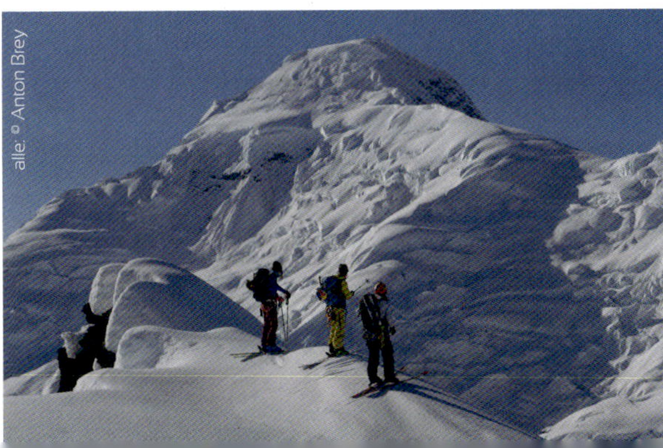

alle: © Anton Brey

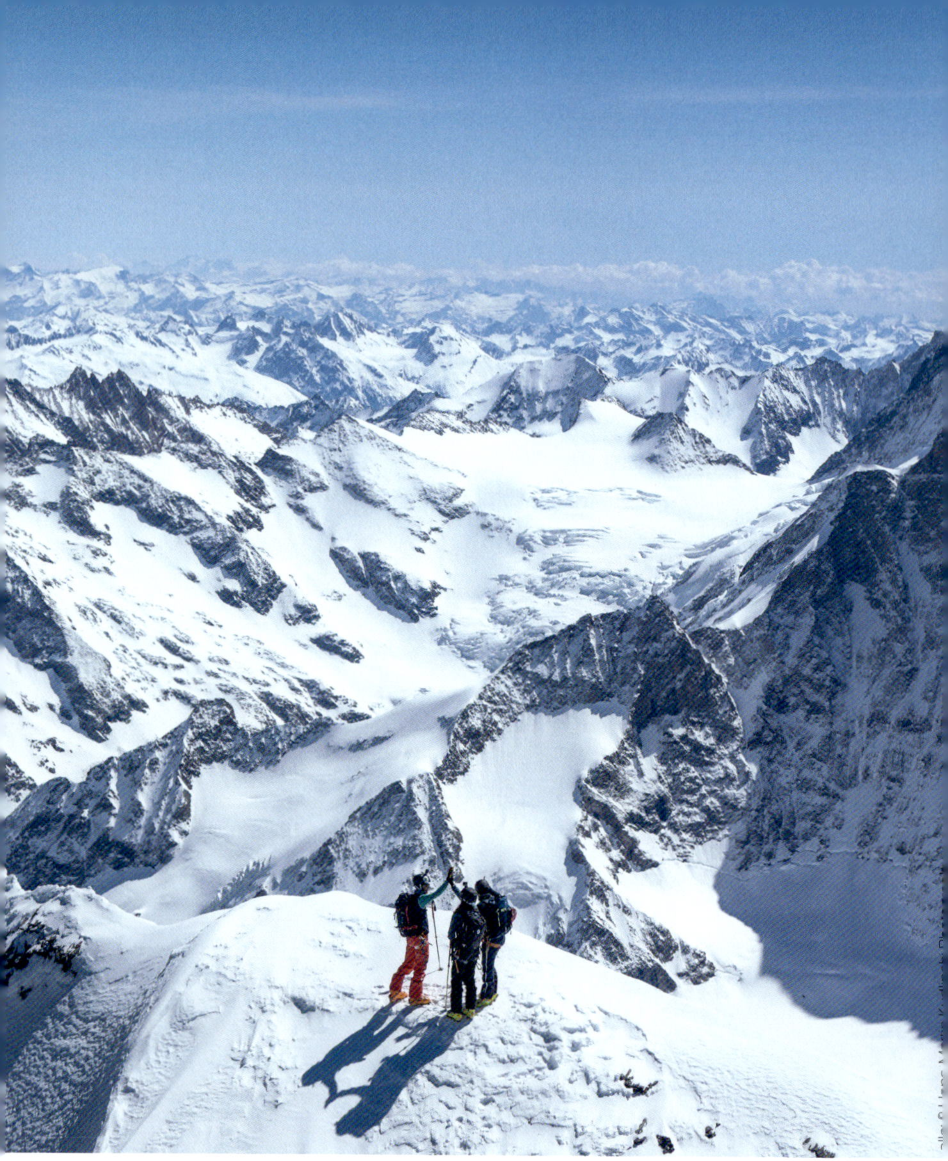

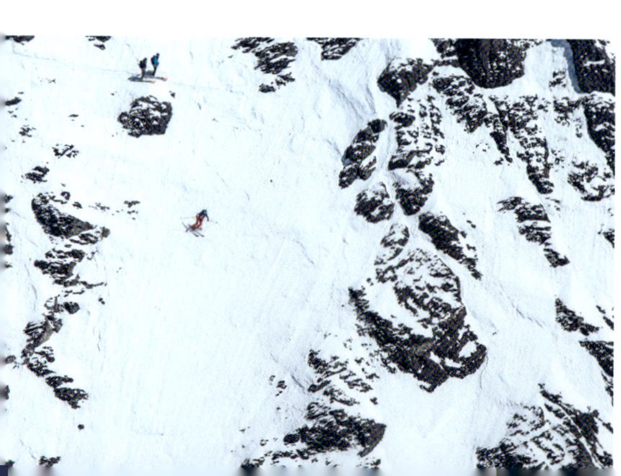

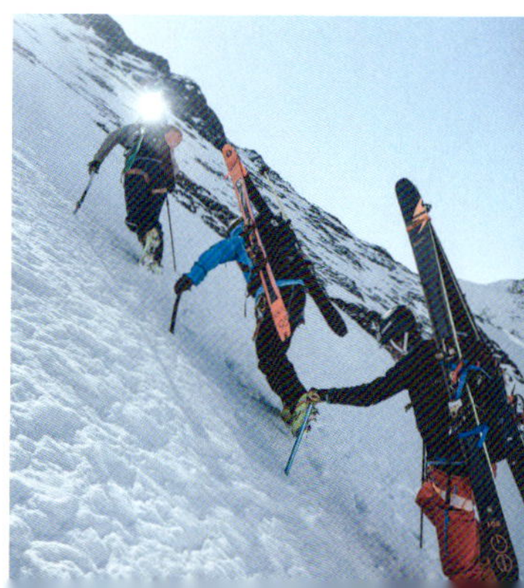

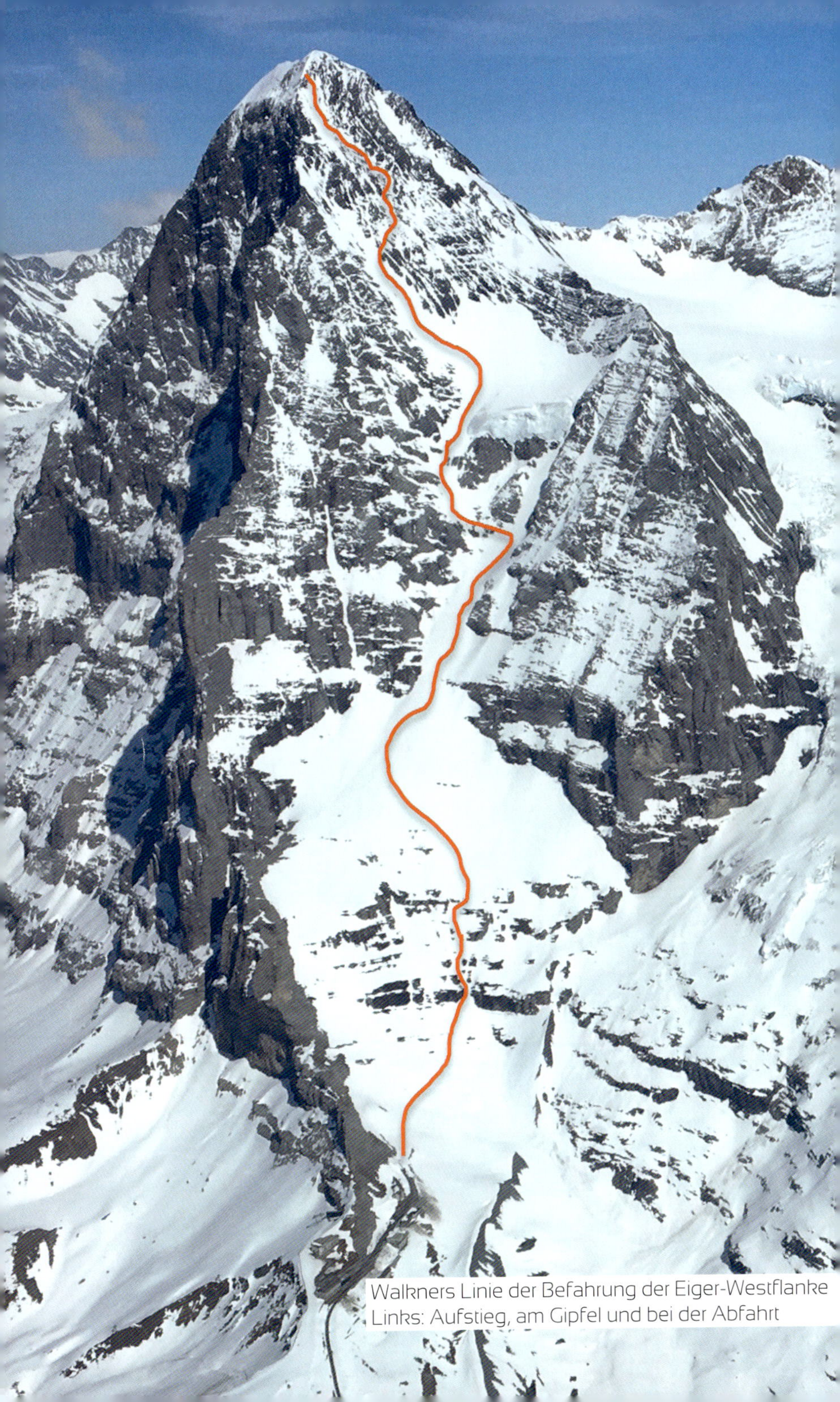

Walkners Linie der Befahrung der Eiger-Westflanke
Links: Aufstieg, am Gipfel und bei der Abfahrt

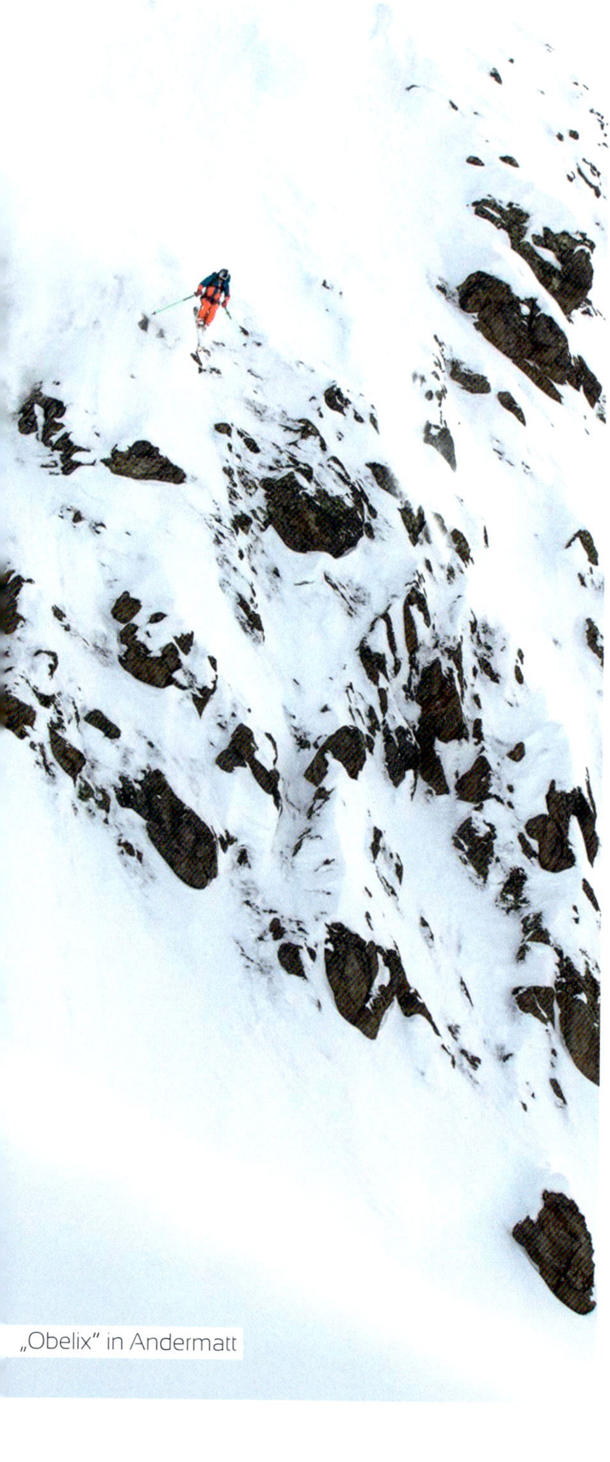

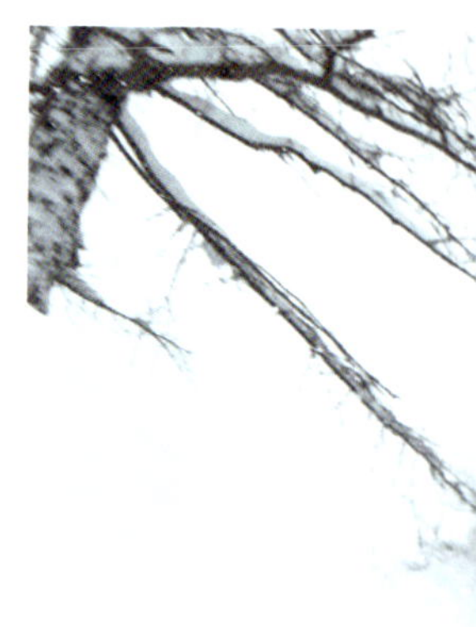

„Obelix" in Andermatt

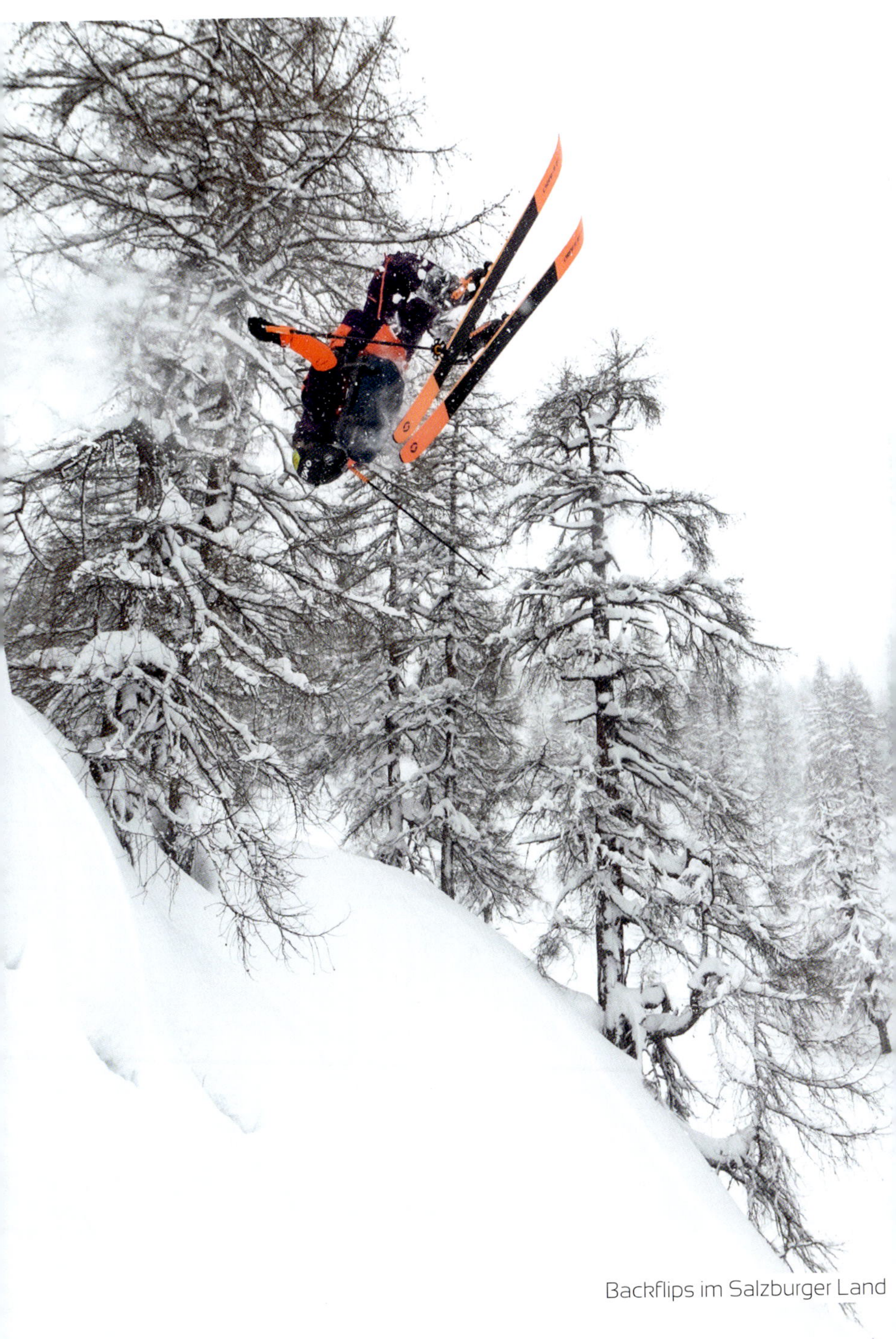

Backflips im Salzburger Land

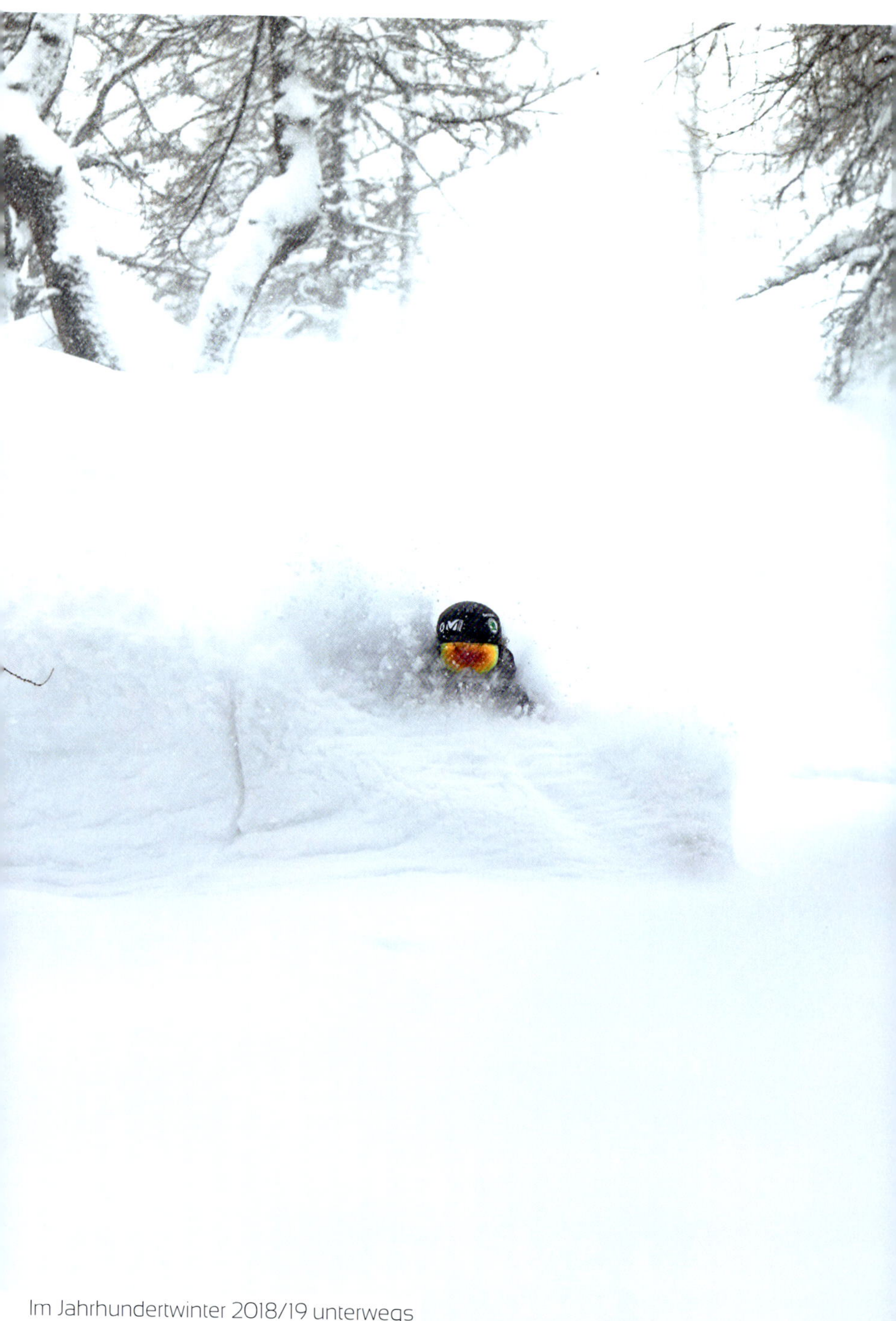

Im Jahrhundertwinter 2018/19 unterwegs

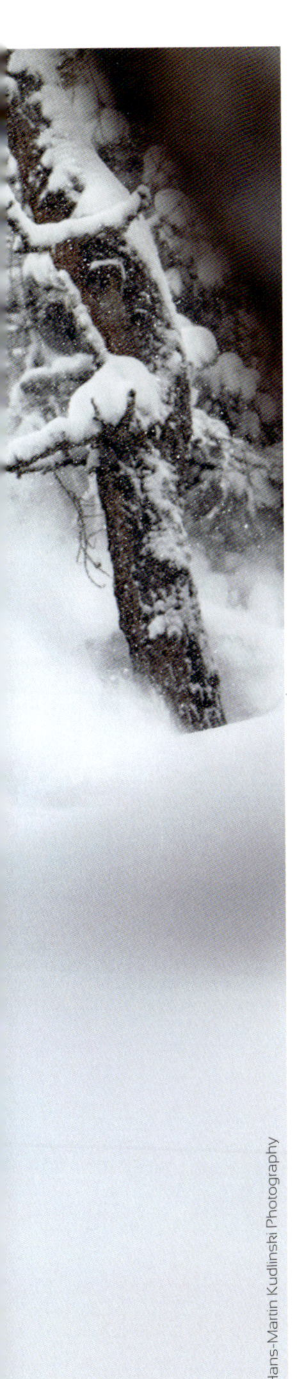

alle: © Hans-Martin Kudlinski Photography

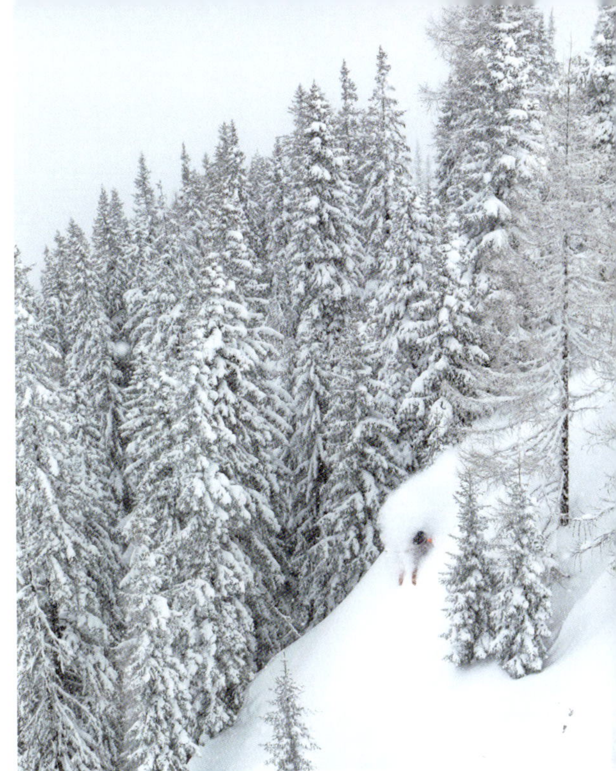

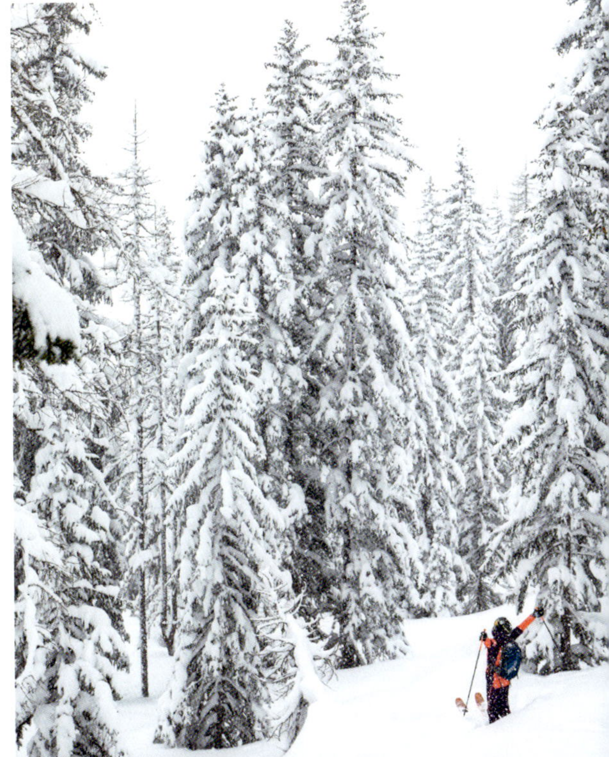

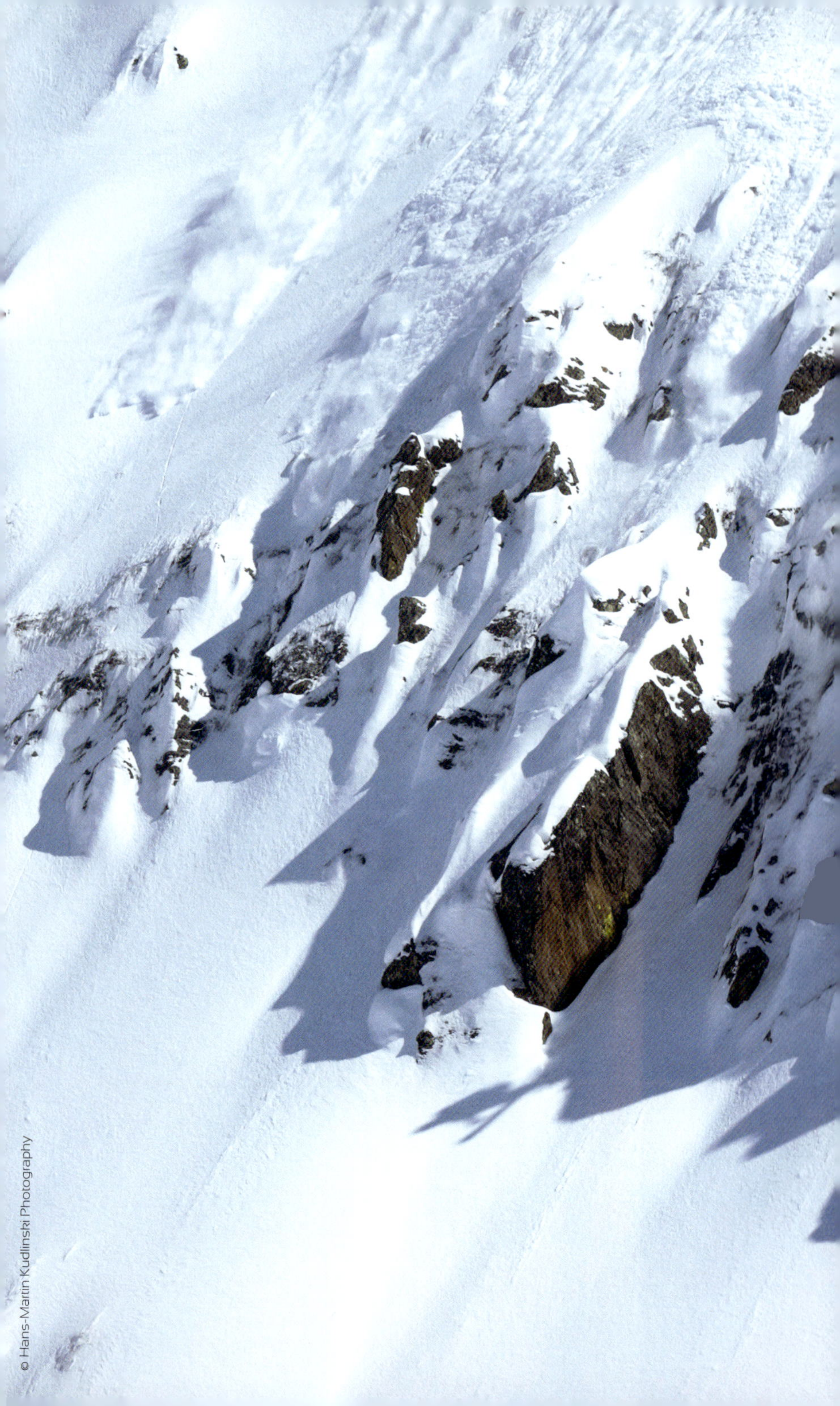

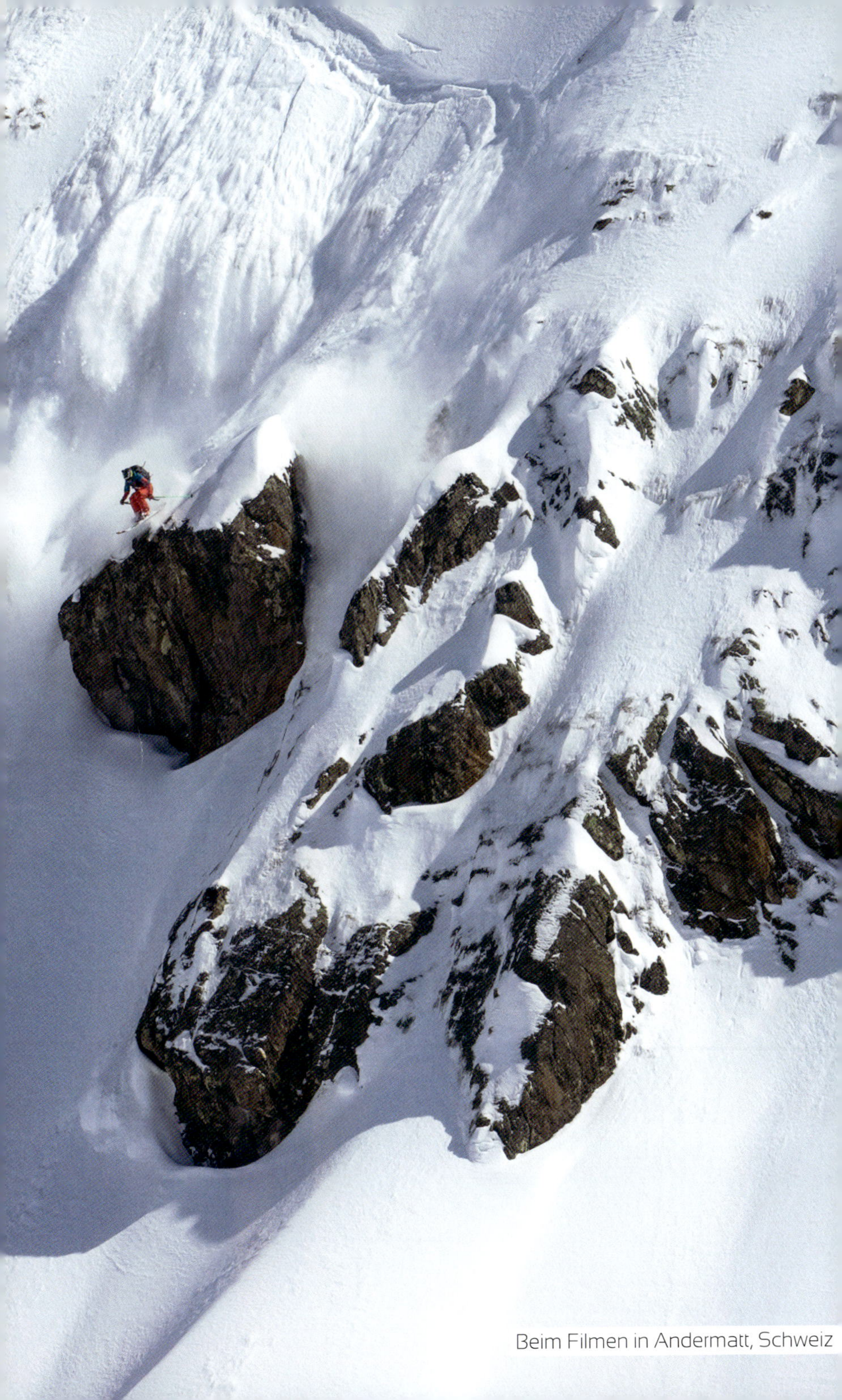

Beim Filmen in Andermatt, Schweiz

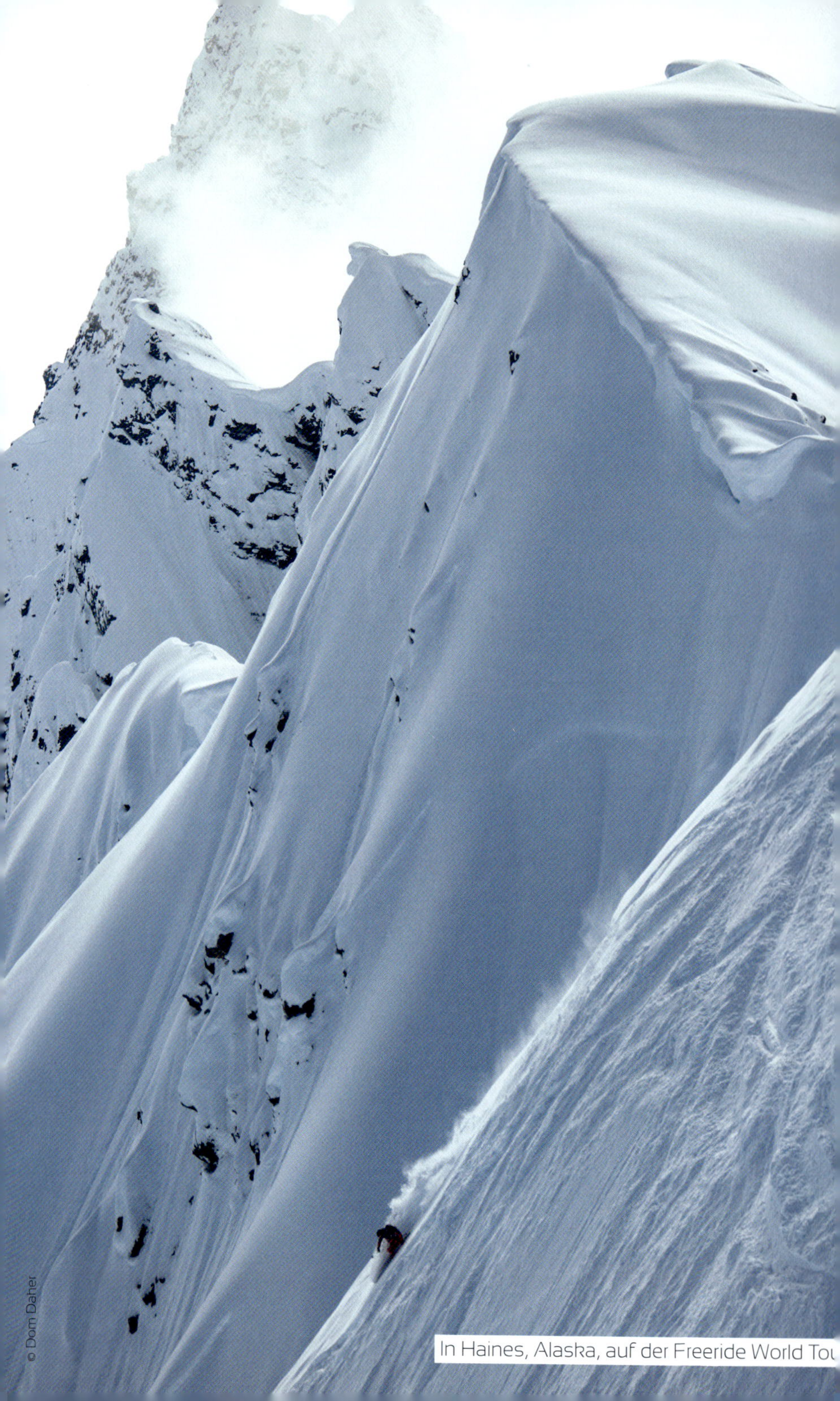

In Haines, Alaska, auf der Freeride World Tou

den später dürfen wir wieder gehen. Die Männer werden per Handschlag verabschiedet, wir Frauen nur mit einem „Auf Wiedersehen". Unser Guide Mohammad meint, wir müssten aufpassen, es könnte sein, dass sie uns Spione hinterherschickten. Das würden sie manchmal machen, wenn sie misstrauisch seien.

Beim zweiten Mal bezahlt unser Guide umgerechnet 50 Euro Schmiergeld. Einige Frauen im Tschador in einem Bus haben uns Skifahrerinnen verpfiffen, weil wir kein Kleid tragen, welches unseren Hintern bedeckt, sondern von den Bergen kommend einfach unsere Jacken um die Taille gebunden haben. Sie beschweren sich bei ihrem Guide, der ruft die Polizei. Wir müssen ihnen zur Wache folgen, wo Mohammad mit ein paar Scheinen die Sache aus der Welt schafft.

Für jene, die streng nach der Religion und den Vorschriften leben, bin ich vielleicht eine unangepasste Exotin. „Crazy people" nennt Mohammad indes die radikalen Iraner. Einmal mache ich Fotos in einer U-Bahn-Station in Teheran und muss sie löschen, wie mir ein Stationswärter, der uns durch die Kamera beobachtet hatte, nachdrücklich erklärt. Der gehört in die Kategorie „crazy people", wie unser Guide meint. Für andere, die sich auf Pässen oder Bergen über neue Gesichter freuen, bin ich eine Person, die gerne zum Tee oder zum Abendessen eingeladen wird. Wir sind Exoten – Frauen und Skifahrerinnen –, mit uns will man sich über das Bild des Iran im Westen unterhalten, und man bittet uns: „Sagt in eurem Film, dass wir keine bösen Menschen sind und auch nichts Böses wollen." Es ist herzergreifend und -erwärmend. Ich lerne viele liebe Menschen kennen, in bergigen Höhen, arme Leute, die von 100 Euro oder weniger im Monat leben, und die mit uns teilen, was sie haben. Die Gastfreundschaft im Iran ist groß.

***

Ich erinnere mich an die Parfumwolken in den Aeroflot-Fliegern, die zwischen Moskau und Teheran verkehren, weil ich als geruchsempfindliche Person von zu viel Parfum Kopfweh bekomme. Das überlebe ich nicht, denke ich beim Einsteigen und bemerke kurz vor der Landung, dass die Männer, ihre Parfumflaschen hervorholen und sich nochmals richtig einsprühen. Das Flugzeug war eine einzige Parfumwolke. Eine Stewardess nähert sich uns, sagt, dass wir im Iran wären und wir Frauen ein Kopftuch aufsetzen sollten. Ich binde mir einen Knoten, wie ich ihn daheim von meiner Oma und meiner Mama gelernt habe, doch im Flughafengebäude lachen uns Mädchen an: nein, nein, so nicht. Sie haben lackierte Zehennägel, tragen bunte anstelle schwarzer Kleider sowie Flip-Flops und zeigen uns, wie das Tuch richtig gebunden wird. Es sind junge, moderne und westlich orientierte Frauen. Sie tragen das Kopftuch sehr weit hinten, um möglichst viel ihrer Haarpracht zu zeigen, vielleicht auch, um ein wenig zu provozieren. Der Iran ist prüde, denkt man, aber auf einer Fahrt durch die Hauptstadt erspäht unser Kameramann ein Sado-Maso-Spiel hinter einem Fenster. Alkohol ist verboten im Iran, erhältlich ist er trotzdem. Unser Guide erzählt, dass harte alkoholische Sachen, Gin, Wodka, Whiskey und so weiter, bei einem Boten bestellt und von diesem frei Haus angeliefert wird.

Teheran ist voll von Lärm und Smog, und die Lieblingsbeschäftigung der Autofahrer ist das Hupen. Ich muss mich mit den Konsequenzen der beißenden und stark verschmutzen Luft – rote Augen und triefende Nase – herumschlagen. Den Taxifahrer bitte ich, dass er den Motor gerne abstellen kann, weil wir mit unserem Skigepäck noch einige Zeit benötigen werden. „Nein, nein", meint er, „ich heize das Auto für euch auf." „Es hat 20 Grad Celsius", entgegne ich, „und wir haben unsere Skijacken an. Das ist sehr nett, danke, aber es ist nicht notwendig, das Auto zu wärmen." Aber vergeblich. Auch auf einem Pass im Gebirge, auf dem wir Tee trinken, stellt Mohammad das Auto nicht ab. Wir halten uns ja ohnehin nur 10, 15 Minuten auf, für diese Zeit kann der Motor schon laufen. Das Umweltbewusstsein ist einfach ein anderes als bei uns, und nicht nur wird Abfallpapier aus dem fah-

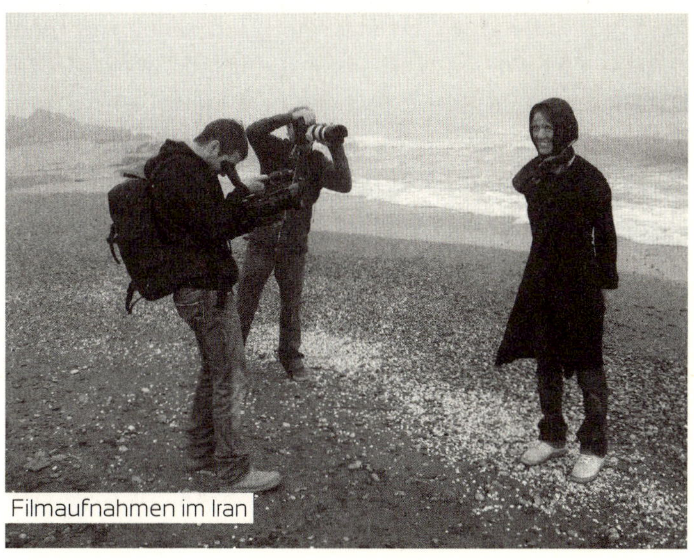
Filmaufnahmen im Iran

renden Auto geworfen, sondern inmitten eines schönen Waldes gewollt oder ungewollt eine Müllhalde angelegt. Benzin kostet nichts, und zahlt man es schwarz dann noch viel weniger, und jeder hat ein Auto. Mohammad erzählt uns, dass er bei einer sportärztlichen Untersuchung war, bei der ihm eine Raucherlunge diagnostiziert wurde, so als wäre er ein Kettenraucher. „Dabei habe ich nie in meinem Leben geraucht." Auch wenn das laute, überfüllte Teheran in einer dicken schwarzen Smogwolke erstickt, sind die Berge des Iran wunderschön und einsam. Der Iran ein großartiges Land mit einer facettenreichen Landschaft, traumhaften Bergen und viel Gastfreundlichkeit.

***

Ein Jahr später bin ich mit Nike und mit einem anderen Team-Fahrer in Argentinien. Immer noch bin ich relativ jung und unerfahren im Freeriden. Ich sehe, wie mein Kollege Richard ein paar Cliffs springt, darunter ein relativ hohes. Ich selbst taste mich langsam heran und fahre den Hang anfangs eher gemütlich hinunter. Währenddessen mache ich eine geistige Notiz, dass ich auf jeden Fall auch dieses eine Cliff springen will. Ich mache mich auf den Weg nach oben. Es geht sehr viel Wind und es liegt Triebschnee im Hang – alles Anzeichen, für eine kritische Schneesituation und dafür, dass man eine Befahrung vielleicht besser unterlassen sollte. Wie heißt es so schön: Der Wind ist der Baumeister der Lawine. Oben findet sich eine massive Wechte, die etwa 15 Meter misst. Es ist mir klar, dass sie durch jegliches Zusatzgewicht jederzeit brechen kann und eine Gefahr birgt. Nicht selten passieren tödliche Unfälle genau auf diese Weise. Ich halte mich also fern von der Kante, aber erwische dennoch genau den Punkt, wo die Wechte auf festen steinigen Boden trifft.

In diesem Grenzbereich, wo die Wechte beginnt, liegt eine Zuckereisschicht, ich befinde mich beim Queren zu meinem „Drop In" zu nahe an der Kante – dabei breche ich ein. Nun stecke ich mit meinen hinteren Skienden und Füßen bis zum Oberkörper fest, so als wäre ich in eine Gletscherspalte gefallen. Meine Ellbogen haben reagiert und sich nach außen verankert. Unter meinen Füßen ist sehr viel Luft und ich versuche, mich mit meinen Armen rauszustemmen. Doch je mehr Druck ich auf Eis und Schnee ausübe, umso mehr bricht die tragende Schicht um mich herum ein. Das Licht ist diffus, das Wetter schlecht, der Kameramann, den ich sehe und herbeiwinken und schreien will, sieht mich nicht, er steht zu weit weg. Das Walkie-Talkie, das ich bei mir habe und in das ich mein „Ich bin eingebrochen im Schnee! Hilfe! Hilfe!" spreche, funktioniert nicht. Verdammte Scheiße, denke ich. Ich habe ein Problem. Mein Puls geht nach oben. Wenn die Wechte bricht, geht das schlimm aus. Wenn ich ganz reinfalle und sie abbricht, brauche ich nicht einmal anzudenken, ob ich das überleben könnte. Bleib ruhig und denk nach, Eva! Ich muss eine Lösung finden, denn Hilfe ist nicht auf dem Weg. Wenn ich meine Arme weit auseinanderspreize und eine gute Druckverteilung, in Richtung festem Untergrund, erreiche, vielleicht hält mich der Schnee dann? Ich bemühe mich, ruhig zu atmen, mache mich so breit ich kann und versuche den Druck möglichst großflächig zu verteilen. Langsam, ganz langsam, arbeite ich mich nach oben und stemme mich aus dem Loch. Mein ganzer mit Adrenalin gefluteter Körper zittert. Ich fahre den einfachsten Hang nach unten und erzähle den anderen, was passiert ist. Sie scheinen nicht wirklich verstanden zu haben, was gerade geschehen ist und ignorieren meine Aufregung beinahe. Egal: Ich bin gerade so voller Adrenalin, dass ich mir das größte Cliff vom ganzen Hang suche und dies springen will. Mein Kollege Richie ist schon zweimal drüber, und ich will es nun auch wissen. Serge, unser Guide, fährt mich mit dem Snowmobile nach oben und da es an der 200 Meter langen Wechte keinerlei Orientierungspunkte gibt, ist ein Drop-In sehr schwer zu finden. Zwanzig Meter weiter rechts misst die Wechte 15 Meter und bei meinem Startpunkt nur zwei. Somit muss ich den exakten Punkt finden. Nachdem Serge vorne an der Kante war, um für mich den Start abzuchecken, kommt er mit einem Kopfschütteln zurück: „Ich habe ein schlechtes Gefühl, ich glaube, da ist etwas abgegangen." Ich meine nur selbstbewusst: „Ach, wird schon nichts sein", und spreche ins Walkie-Talkie, dass ich in zehn Sekunden starte ... Sofort kommt der Funkspruch zurück: „STOP, a big avalanche just came down!" Nochmals frage ich nach, ob ich meine Linie trotzdem noch fahren könne. „Nein, der ganze Hang ist weg und es ist nur noch Eis übrig."

Ich fahre an der flachsten Stelle am Hang runter und als ich unten bin und das Ausmaß der Lawine sehe, mache ich drei Kreuze. Wenn Serge nicht vorgegangen wäre, oder wenn ich zehn Sekunden früher losgefahren wäre, dann ... Dann läge ich jetzt zehn Meter unter einem Schneehaufen! Die weißen Massen endeten in einem Kessel, in dem sich der Schnee schön zusammenschieben kann. Jeder der schon mal eine Lawine gesehen hat, weiß, dass der Schnee betonhart ist und man lange graben muss – sehr lange. Ich zittere, meine Stimme ist gebrochen und mir kommen die Tränen. Heute bin ich zweimal knapp dem Schlimmsten entronnen, ich hatte einen aufmerksamen Schutzengel. „Leute, wir lassen es sein für heute", entscheide ich. Zwei solche Erlebnisse an einem Tag reichen mir. Ich bin mit meinen Nerven am Ende. Lawinen kommen in meiner Freeride-Karriere immer wieder vor, einmal rette ich mich in Verbier knapp vor einer, die ein Freerider über mir ausgelöst hat und bei der der Hang um mich herum bricht und sich Schollen auftun. So hart es klingen mag: In unserem Sport lernt man (auch) genau so. Ich kann die Theorie studieren und Bücher auswen-

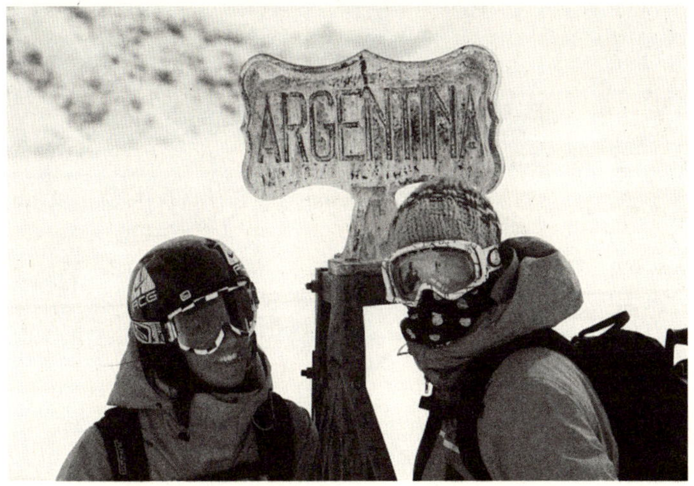

dig lernen, doch letztlich muss ich hinausgehen in die Berge und diese Erfahrungen am eigenen Leibe machen. Und diese Erfahrungen habe ich gesammelt, vor allem in meinen Anfängen. Ich habe viele Fehler gemacht und aus jedem einzelnen für mich etwas mitgenommen. Generell lernt man nie aus in den Bergen, egal wie lange man den Sport schon ausübt, auf welchem Level man ihn betreibt oder wie fundiert eine Ausbildung ist.

***

Für Freerider ist Gulmarg in der Kaschmirregion ein heißer Tipp. In dieser exotischen, außergewöhnlichen Umgebung gibt es unverspurte Tiefschneehänge – es ist etwas anderes als das übliche Freeriden am Arlberg. Dort drehe ich zusammen mit Katharina Schuler 2011 den Kurzfilm

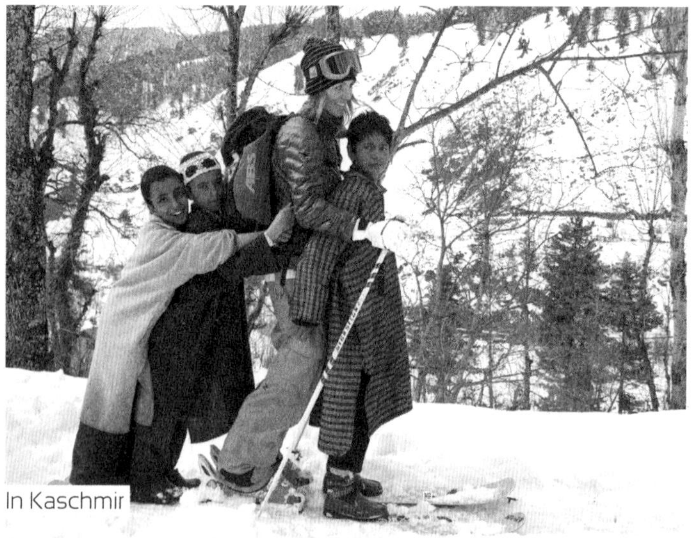
In Kaschmir

„Path of Roses". Der Titel geht auf die Namensänderung des Ortes zurück, der zuerst Gaurimarg hieß. Im Sommer präsentiert er sich voller Blumen, weswegen der Ort von Scheich Yousuf Shah Chak in Gulmarg, „Rosenwiese", umbenannt wurde. Daraus leiten wir den Filmtitel ab. Kaschmir liegt im Dreiländereck von Indien, Pakistan und China, Gulmarg selbst in Indien nahe der pakistanischen Grenze und der „Line of Control". Wir treffen dort auf viele bewaffnete Männer – und trotzdem: der Skishop-Besitzer erklärt uns, dass wir uns am sichersten Platz der Welt aufhielten. Hier gäbe es keinen Religionskrieg. Sie wollen keinen Krieg, sondern in Frieden leben. Nach einer langen Abfahrt, bei der wir im hintersten Tal landen, stoßen wir auf eine eingezäunte Zeltstadt, die ein Militärstützpunkt ist. Ein Hund bellt, Soldaten mit ihren Maschinengewehren in der Hand sind in unserem Blickfeld. Und wir in ihrem. Mir wird mulmig. Wir sind Fremde, die ihre Sprache nicht sprechen.

Wenn man uns gedeutet hätte, wir hätten hier nichts verloren und sollten schnell weiterfahren, hätte ich vollstes Verständnis gehabt und wäre auch nicht überrascht darüber gewesen. Doch stattdessen hören wir ein nettes „Welcome!" und werden auf einen Tee eingeladen. Die angsteinflößenden Männer mit ihren Waffen werden zu netten und gastfreundlichen Menschen, freuen sich über die Abwechslung, doch aufgrund großer sprachlicher Barrieren unterhalten wir uns hauptsächlich mit Händen und Füßen. Jedes Land hat seine Eigenheiten, die ich aufsauge und respektiere. In Gulmarg geht die Gondel – wenn sie denn funktioniert – gerade mal um neun, um elf, um zwei Uhr oder eben überhaupt nicht. Und wenn sie läuft, dann beinahe im Schritttempo. In Europa würden wir uns darüber ärgern, in Indien ist es uns zwar nicht ganz egal, aber wir müssen akzeptieren lernen, dass hier alles ein wenig gemütlicher läuft. Und hat man sich mal angepasst, ist diese Art von Lebensstil, entschleunigend und beruhigend.

***

Was ich nicht kann, ist untätig sein. Nach meinem Kreuzbandriss in Revelstoke im Dezember 2012 beginne ich in der Heimat nicht nur mit der Rehabilitation, sondern auch mit der Organisation eines Filmprojekts, das ich schon einige Zeit mit mir herumtrage. Zuerst spreche ich über meine Idee mit den Tour-Kolleginnen Nadine Wallner und Christine Hargin, letztere kenne ich noch von den Europacup-Rennen, dann schreibe ich ein Konzept, kontaktiere Sponsoren und Produktionsfirmen. Mein Traum, in Alaska zu drehen, artet zu einem Fulltime-Job aus und lenkt mich von der Tatsache ab, in einem der besten und strengsten Winter nur Zuschauerin zu sein. Ich bekomme ein anständiges Budget zusammen und im April 2014 sitzen wir drei im Flugzeug nach Alaska. Unser Plan: Wir wollen nach Haines zum Heliskiing, weil keine von uns drei Alaska-Erfahrung hat, Hänge und Schnee komplett anders sind als bei uns und wir dort quasi trainieren und Erfahrung sammeln wollen. Im zweiten Teil des Trips wollen wir dann ins Bagley Icefield fliegen, um zu campen und zu hiken. Es kommt anders, nicht alles verläuft nach Wunsch. Wir müssen uns den Helikopter in Haines mit anderen, renommierten Filmcrews, die um ein vielfaches mehr an

Budget haben, teilen. Außerdem genießen die Filmcrews, die schon länger vor Ort sind, ein Vorrecht und dürfen sich die besten Hänge aussuchen. Zudem sind wir nach dem schlechtesten Winter, den Alaska seit Jahren gesehen hat, dort – viele Hänge sind aufgrund von Lawinengefahr und wenig Schnee nicht befahrbar. Wir sagen unserem Guide, dass wir endlich etwas richtig Anspruchsvolles fahren wollen: nämlich „Dirty Needles". Die „Pirats" Snowboardcrew setzt aber die ersten Spuren rein, und wir warten bis zum nächsten Schneefall, der die alten Spuren zudeckt. Es ist so weit, wir dürfen „Dirty Needles" befahren. Ich bin noch immer ein wenig unsicher – mein Knie schmerzt noch, ich bin seit zwei Jahren keine herausfordernde Linie gefahren und meine Oberschenkel sind halb so groß wie in anderen Wintern. Und was passiert? Ich wähle den falschen Drop-In und finde mich im steilsten Teil von „Dirty Needles".

Es ist so steil, dass ich mit der Hand seitlich im Schnee streife. Zweimal bleibe ich kurz stehen, um mich zu orientieren. Gutes Sluff-Management ist gefordert, denn wenn dich diese Oberflächenlawine erwischt, zieht es dir die Beine weg und du bist machtlos. Der „Wasserfall" rutschenden Pulverschnees (Sluff) begleitet mich bis nach ganz unten, und je länger ich fahre, umso mehr geht mir das Herz auf! Dieser Run war extrem intensiv, einer der besten Momente, die ich jemals im Freeriden hatte.

Christine verfährt sich im unteren Teil auch, steht über einem Band mehrerer Felsen, fährt aber sehr smart und findet einen guten und sicheren Exit. Es ist extrem schwer, da man von oben immer nur ein paar Meter sieht, der Hang rollt und die Spines von Alaska nicht so viele und klare Orientierungspunkte bieten. Nadine fährt in den einfacheren Teil des Hanges, die Hauptrinne, wo auch unser Guide später runterfahren wird, es geht wie auch bei uns zuvor viel Sluff ab. Sie macht einen Fehler, fährt in ihren eigenen Sluff hinein und hat nun keine Chance mehr. Ihre Beine werden von den Schneemassen weggezogen, sie wird 300 Meter mitgerissen und zieht sich einen offenen Unterschenkelbruch zu. Ihre Schmerzensschreie lassen Christine und mich zusammenzucken. Wir müssen das Projekt verschieben. Erst im Frühjahr 2016 stellen wir den Film fertig, doch es bleibt bis zuletzt eine schwere Geburt. Christine steigt aufgrund zwischenmenschlicher Probleme mit Nadine aus, ich versuche sie noch zu überreden, weil wir gut befreundet sind – leider ohne Erfolg. Ich überlege auch kurz, ob ich das Projekt abbreche, weil es ohne Christine nicht mehr dasselbe ist. Aber es ist nun einfach schon zu weit vorangeschritten. Wir planen drei Wochen für die Aufnahmen ein, aber weil es warm wie selten zuvor ist, ist der Schnee feucht und die Lawinenabgänge massiv. Letztlich haben wir lediglich zwei gute halbe Tage, an denen wir unsere Runs filmen können. Das eigentliche Projekt bleibt uns verwehrt.

Stolz bin ich auf den Film nicht. Es wurde viel inszeniert, zu viel dramatisiert und es gab viele Probleme auf verschiedenen Ebenen. Ich habe aber sehr viel gelernt: dass ich mir in Zukunft mein Team ganz genau aussuche. Wenn man drei Wochen am Stück gemeinsam verbringt, dann muss die Mannschaft einfach zusammenpassen, sonst wird es ein einziger Krampf. Das wiederum belastet die ganze Unternehmung. Dieses Projekt war auch der Grund und die Motivation einen neuen Film zu machen, einen Film mit einer Kollegin und langjährigen Freundin, bei der ich zu 100 Prozent weiß, dass es passt, dass wir die gleiche Einstellung teilen und uns auch sportlich enorm pushen, weil wir gleich stark sind. Einen Film, der unseren Vorstellungen entspricht, von der Story begonnen, bis hin zur Musik.

***

Während also „Exploring Alaska" auf Ski- und Bergfestivals anläuft, beschäftige ich mich zusammen mit meiner guten Freundin und Kollegin Jackie Paaso bereits mit dem nächsten Streifen. Wir wollen ihn „Evolution of Dreams" nennen, und wir arbeiten zwei Jahre lang daran.

Auch diese Arbeiten verlaufen nicht reibungslos, Jackie verletzt sich im Laufe der Zeit zweimal, doch wir bekommen genügend Material zusammen. Im Film geht es um ihr und mein Leben, um die ursprünglichen Träume, Olympiasiegerinnen oder die besten der Welt zu werden – ich im Ski Alpin, sie auf der Buckelpiste –, um das Scheitern und um die Suche nach neuen Zielen.

Wir zeigen alte Aufnahmen aus unseren Anfängen, Action von der Freeride World Tour, unsere Entwicklung Richtung Mountaineering und unsere Freude, Berge und Bergerlebnisse neu interpretieren und genießen zu können. Die Grundaussage des Films ist, dass es spannend ist, sich weiterzuentwickeln. Das man seine Träume nie aufgeben sollte und es sich auszahlt ist für sie zu kämpfen. Dieses Projekt schweißt Jackie und mich zusammen, und aus einer guten, aber etwas oberflächlichen Freundschaft wird eine tiefgründigere.

Der 19. Oktober 2018 ist ein besonderer Tag für mich. Es ist der Auftakt einer Serie von über 130 Events und Screenings, bei denen unser Film gezeigt wird: auf Filmfestivals, Messen, Sportveranstaltungen, vielleicht auch einmal im Fernsehen. Unser Film wird im Rahmen der „Montagne en Scène" Filmtour gemeinsam mit zwei anderen Bergfilmen, bei drei ausverkauften Vorstellungen in Paris gezeigt. Das Palais des Congrès fasst beinahe 5.000 Leute und wir sind

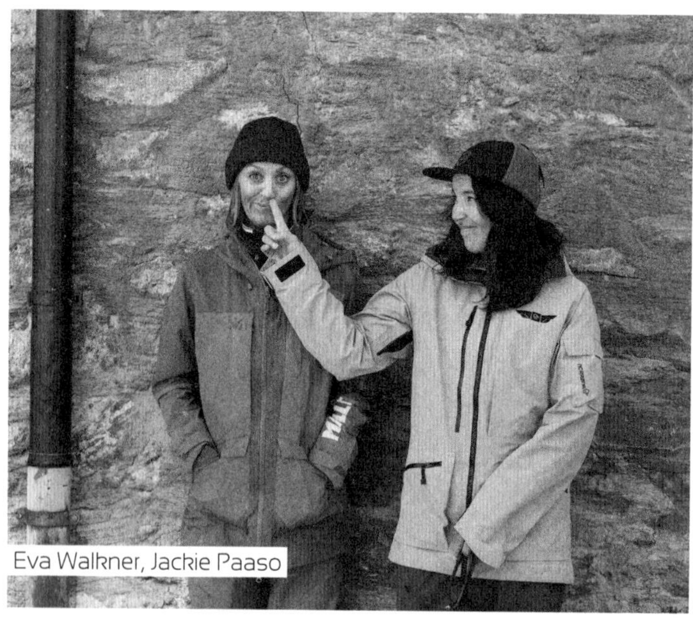
Eva Walkner, Jackie Paaso

richtig nervös, als wir auf die Bühne gebeten werden und vor so einem Publikum über unseren Film sprechen dürfen. „Evolution of Dreams" ist UNSERE Geschichte. Und auf die bin ich stolz.

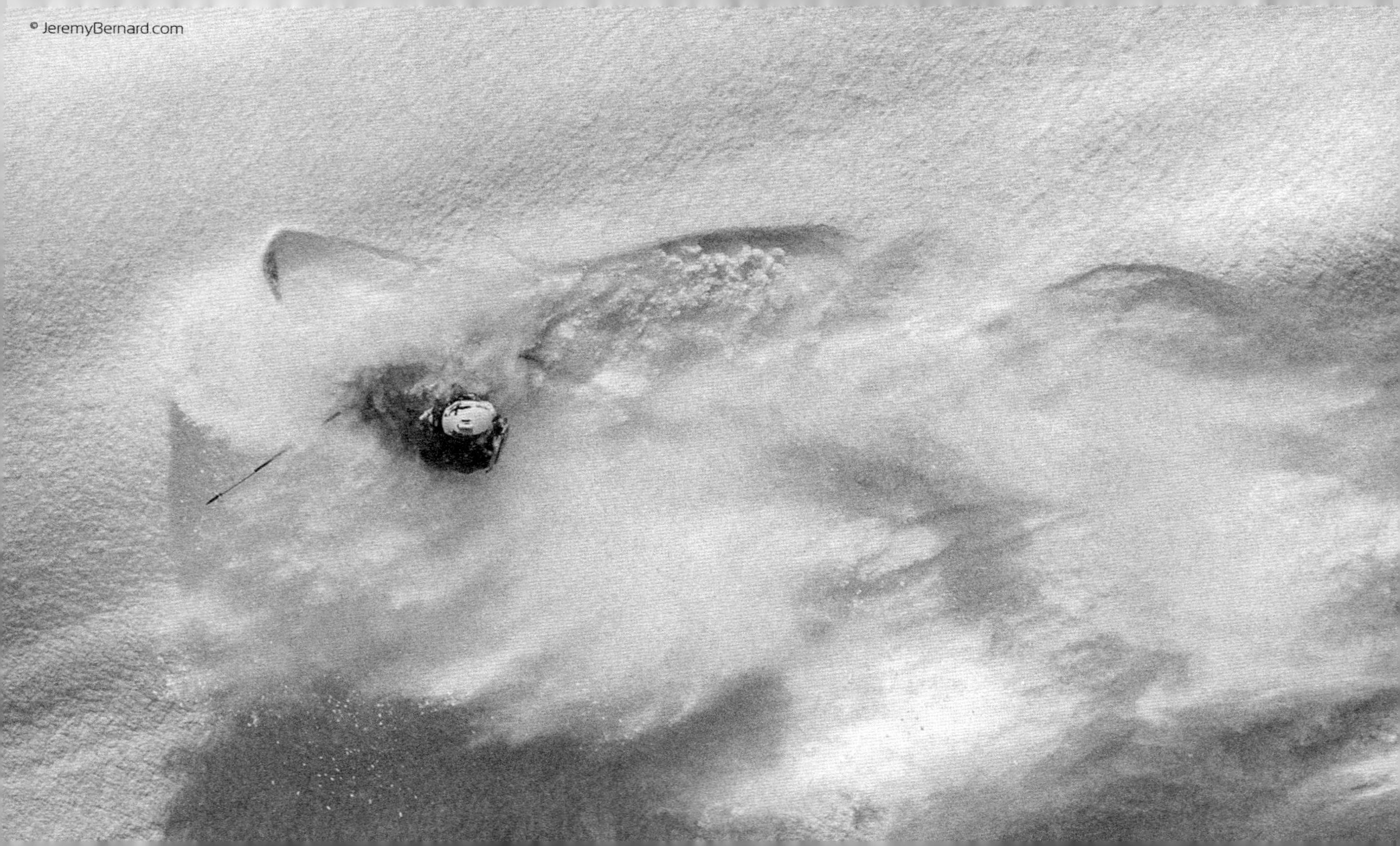

Über soziale Medien und Sponsoren

INFLUENCER ODER WELTMEISTERIN

Mein Bruder Matthias hat in den Anfängen seiner Karriere, so wie auch ich, sehr lange gekämpft, um Sponsoren zu finden. Mit Wolfgang Hillinger tritt ein Mann in seine Sportlerlaufbahn, der ihn fördert und fordert und zu einem seiner besten Freunde wird. Als Matthias dann bei KTM unter Vertrag genommen wird, setzt ein Paradigmenwechsel ein, er hat ein großes Unternehmen und mit Red Bull und OMV zwei noch größere Konzerne, die hinter ihm stehen. Früher ging es in seiner Motorsportwelt um relativ kleine Beträge, heute hat mein Bruder einige große Unternehmen als Sponsoren, hält begehrte Vorträge vor hunderten Menschen und wird für Veranstaltungen gebucht – es freut mich für ihn, dass er sich ökonomisch keine Sorgen mehr machen muss.

Auch ich kann seit vielen Jahren dank meiner Sponsoren von meinen Tätigkeiten und Unternehmungen leben, wobei die Bezahlung nicht immer monetär, sondern zuweilen auch in Naturalien erfolgt – in Ski, Bekleidung und diversen anderen Utensilien. Die Gegenleistungen, die ein Sponsor verlangt, gehen heute über das hinaus, was noch vor einem oder zwei Jahrzehnten gang und gäbe war. Das Stichwort heißt Social Media und ich habe selten einen Marketingmanager getroffen, der darauf nicht extremen Wert gelegt hätte. Verträge werden heutzutage nicht mehr primär nach Leistung, Platzierungen und die daraus resultierende Medienpräsenz ausverhandelt, Follower, Likes und Interaktionen werden gleichermaßen, wenn nicht mittlerweile sogar schon stärker als Ergebnisse, Erfolge und Argumentationen herangezogen. Vor allem in meiner Sportart. Auch die Herkunft des Athleten spielt eine immense Rolle. Diese Erfahrung muss auch ich als World Tour-Siegerin machen. Bei einem europäischen Unternehmen werden Zahlen und Fakten verglichen: hier ich, aus dem kleinen Österreich, Weltbeste in meiner Sportart, damals 10.000 Follower auf Instagram; dort eine andere, aus den USA, konnte sich bei den Freeride Qualifier Events nur ganz hinten im Ranking platzieren, aber knapp 30.000 Follower in den sozialen Medien. Follower vs. Weltmeistertitel, also – den Zuschlag bekam der stärkere Instagram-Account. Das wurde in der Firma auch offen ausgesprochen. Ich war damals sehr verunsichert, ob dies wirklich die Richtung ist, in die ich mit meiner Sportart gehen will, schließlich war ich es immer gewohnt nach Platzierungen und sportlichen Erfolgen bewertet zu werden und nicht nach meinem Social Media Kanal. Sportliche Erfolge alleine genügen zumindest in meiner Sportart nicht mehr oder nur sehr bedingt. Viele Freerider können es schaffen, auch wenn sie sich nicht auf Weltklasseniveau bewegen, davon zu leben. Eine schlaue und sehr gute Selbstvermarktung bzw. -inszenierung ist der Schlüssel dazu. Das ist einerseits gut, weil der Sport auch von den Geschichten und Typen lebt, andererseits macht es die Sache für uns Profi-Freerider nicht einfacher.

Überleben in Nischensportarten ist ein harter Kampf auf vielen Ebenen. Potenzielle Sponsoren machen bewusst oder auch unbewusst Druck auf Athleten, sodass immer mehr Profisportler ihre Follower-Anzahl in den sozialen Medien künstlich vergrößern – „Follower" werden einfach dazugekauft und wachsen über Nacht um das Vielfache. Algorythmen werden auszutricksen versucht mit sogenannten „pods". Das sind Instagrammer die sich zusammentun und ihre Postings untereinander kommentieren, um so mehr Kommentare auf das Posting zu bekommen. Das ist leider die Realität. Hinterfragt werden derartige Methoden aber nur sehr selten. Aktivitäten für den Sponsor spielen sich nicht mehr nur in der Präsentation des Logos auf dem Helm oder der Kleidung oder bei Medienauftritten ab, er möchte auch Aktionen unter seinem Label in der virtuellen Welt sehen oder setzen.

Influencer machen ihren Job teilweise hervorragend – ob nun aus Motivation der Selbstinsinzierung oder als erfolgreiches Geschäftsmodell. Sie müssen gute Fotos liefern, also lernen sie, sich fotografisch immer besser in Szene zu setzen. Ein Selfie hier, ein Bikinifoto dort oder ein schönes Landschaftsfoto. Nicht selten ist das ein Fulltime-Job. Ein Profisportler findet kaum Zeit dafür, er muss trainieren. Die Zeit und die Pulsfrequenz sind einem Athleten wichtiger als ein Bild im richtigen Licht mit dem richtigen Hintergrund. Wenn Profisportler sich auf Instagram melden, dann sieht man in der Regel keine inszenierten und perfekt gestellten Selfies oder Landschaftsaufnahmen, sondern Actionfotos aus ihrem Sport und beim Training. Ein Influencer im Outdoor-Sport-Bereich ist ein Online-Marketer, der sich selbst als Marke verkauft und perfekt in Szene setzt oder aber mit faszinierenden Landschaftsaufnahmen seine „community" begeistert. Ein Profisportler ist ein Athlet, der seine Tage und Wochen dem Training widmet, für Medaillengewinne und Erfolge arbeitet und nicht für Likes und Followerzahlen.

Auch wenn es durchaus Parallelen gibt, ist es wichtig, dass sich diese beiden Bereiche unterscheiden.

Das mag nun ein wenig verzweifelt klingen, ist es manchmal auch, aber zuweilen habe ich das Gefühl, dass in meiner Sportart die Anzahl der Follower immer mehr an Gewichtung gewinnt, und die Erfolge immer mehr in den Hintergrund rücken. Influencen bedeutet beeinflussen. Auch ich zähle mich zu den Influencern in meiner Sparte, in meiner Sportart. Womit ich manchmal jedoch zu kämpfen habe, dass in Accounts mit einer hohen Followeranzahl zum Teil mehr investiert wird als in uns richtige Athleten. Natürlich unterscheiden sich hier auch die einzelnen Sportarten und gerade im Bereich Freeride und Bergsport gibt es enorm viele Influencer, die sich nicht selten als Profisportler verkaufen.

Mir ist klar, dass Firmen wahrgenommen werden wollen und dass die Verbreitung der eigenen Interessen, der eigenen Claims in der heutigen Zeit auch über Facebook oder Instagram oder andere Kanäle passiert. Gekaufte Follower bringen allerdings für Sponsoren keinen Mehrwert, dafür werden andere förderungswürdige Athleten um den Lohn ihrer Medienarbeit betrogen. Zuweilen wünsche ich mir wirklich, dass der gesamte Social Media Wahn von einem Tag auf den anderen zusammenbricht und ein Ende hat, wir wieder bei null anfangen und ein Leben in der Realität führen können. Dem ist aber nicht so, so kann es schon vorkommen, dass die Weltbesten meiner Disziplin, jene, die die höchsten Cliffs springen, die besten Skifahrer sind, dann jungen Marketing-Assistentinnen großer Unternehmen gegenüber sitzen und sich erklären lassen müssen, wie wichtig schöne Selfies und inszenierte Fotos sind, Hashtags und Interaktionen mit der

Fanbase. Auch mir wurde schon mal empfohlen, Geld in Social Media Aktivitäten zu investieren und besondere Beiträge zu bewerben, auch, dass ich mehr Selfies machen müsse. Ich antworte darauf, dass ich eine Leistungssportlerin bin, die eine Podestrate von 80 Prozent hat und in den letzten fünf Jahren entweder Weltmeisterin oder Vizeweltmeisterin wurde, und dass ich hoffe, dass die Firma mit meiner sportlichen Leistung zufrieden ist und mich als Athletin und nicht als Berufs-Influencer sieht. Außerdem bemühe ich mich so oder so, meine Social Media Accounts zu pflegen und auch hier steigt meine Followerzahl an. Das gehört heutzutage einfach zu einer guten Selbstvermarktung dazu und das will ich auch so, solange ich in erster Linie als Profiathletin gesehen werde. Influencer haben durchaus ihre Berechtigung, auf jeden Fall! Es gibt auch sehr gute und authentische Influencer. Beide Seiten haben ihre Berechtigung, solange man Sportler für ihre Leistung und Erfolge würdigt und Influencer für schöne Bilder und tolle Geschichten.

Ich bin glücklich, mit sehr vielen Unternehmen zusammenarbeiten zu können, die meine Ideen der Vermarktung und Selbstvermarktung mittragen. Ich bin eher schüchtern und nicht jemand, der ein Selfie nach dem anderen schießt und darauf achtet, dass das Gesicht im richtigen Licht ist. Ich poste Ski- und Actionfotos und ich bin selbstbewusst genug zu wissen, dass es hochwertiger Content ist. Ich mache meine Arbeit mit viel Freude und habe eine treue Fanbase. Ich bescheiße nicht und kaufe keine Follower dazu, ich verbiege mich nicht für Sponsoren und führe mit ihnen offene und gute Gespräche, wie sie und wie ich die Welt der sozialen Medien sehen. Damit fahre ich sehr gut.

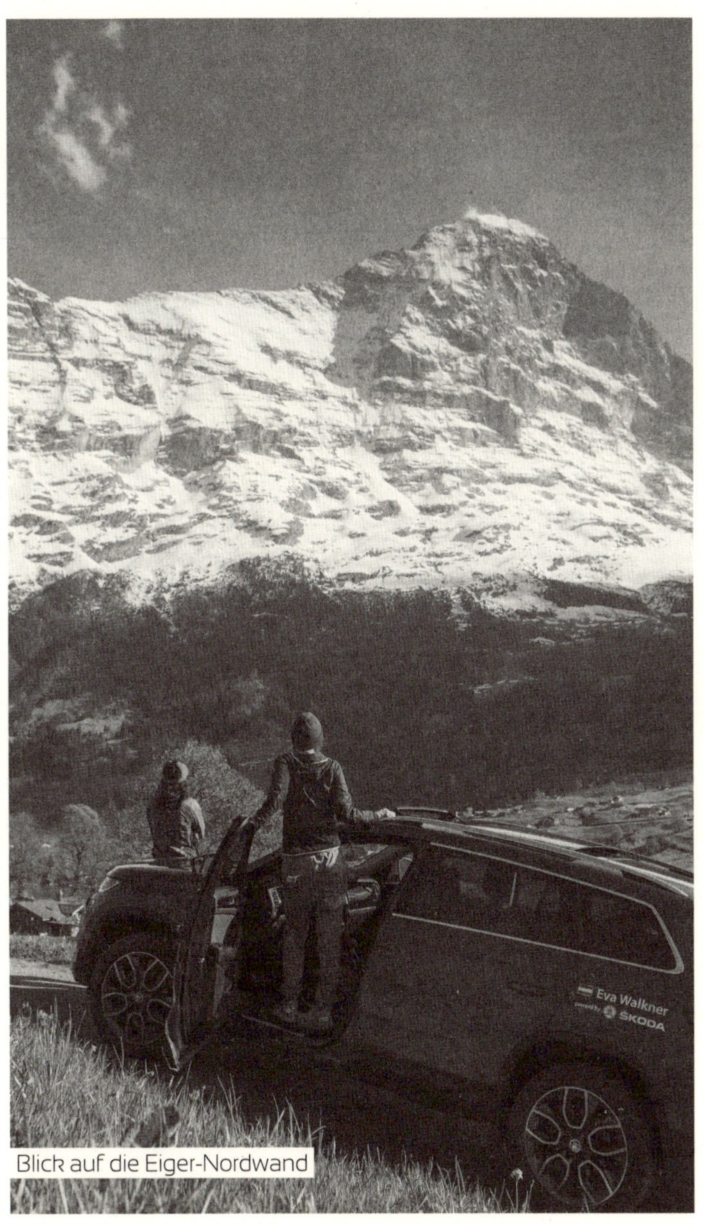

Blick auf die Eiger-Nordwand

***

Als ausgebildete Medienfachfrau betreue ich Matthias in journalistischen Fragen und erledige für ihn die Pressearbeit sowie das Management. Vor vielen Jahren hab ich ihm zusätzlich zu seiner Facebook-Fanpage einen Instagram-Account eingerichtet. Anfänglich meinte er, dass er keinen benötige, nun freut er sich aber schon, über die große Anzahl an Followern und postet in der wettkampffreien Zeit auch selber. Der „Dakar"-Sieg hat seine Zahlen gepusht, er steht kurz vor der 100.000er-Marke. Diese Zahlen sind für ihn in seinen Sponsorengesprächen ebenfalls wichtig. Auch hier gilt: Am besten bist du ein erfolgreicher Athlet, der Resultate bringt, der repräsentativ ist, eine gute Fanbase und viele Follower hat und diese authentisch mit auf seine Abenteuer nimmt. Ein Profisportler der all dies mitbringt, wird bei Unternehmen sehr geschätzt.

Matthias ist seine Präsenz in den sozialen Netzwerken sehr wichtig geworden, es gefällt ihm, wenn seine Beiträge 500.000 Mal oder öfter aufgerufen werden. Aufmerksamkeit ist eine Form der Anerkennung und diese kommt auch seinen Sponsoren zugute. Jedenfalls kennt er ganz klar seine Prioritäten. Er will in seiner Sportart ganz oben stehen und Erfolge feiern, dafür schlägt sein Herz, dafür trainiert er, und wenn er aufgrund seiner hohen Beliebtheitswerte in den sozialen Medien auch ein Influencer ist, dann nur, solange es nicht auf Kosten seiner Leistung passiert. So finde ich es okay, so ist es ein sehr guter Mix.

***

Es ist mir sehr wohl bewusst, dass Sponsoring-Entscheidungen bei meinen Partnern wie ŠKODA, Millet oder Blizzard auch wirtschaftlichen Fragen standhalten müssen. Wichtig für Unternehmen ist, dass nicht nur unsere Sympathiewerte hoch sind, sondern auch Präsenz in den Medien und sozialen Medien gegeben ist. Es zählt unser Bild in Verbindung mit dem Logo des Sponsors, oder noch besser: mit einem seiner Produkte.

So sehr die Sponsoren auf die Wahrung eigener Interessen achten – alles andere wäre kontraproduktiv – so sehr sind Matthias und ich auch frei in der Gestaltung unserer Online-Auftritte. Dies macht die Zusammenarbeit mit unseren Kooperationspartnern ungezwungen, angenehm und letztlich für alle Parteien erfolgreich.

Ich bin jemand, der sich für keinen Sponsor verbiegen würde. Wenn es für beide Seiten passt, dann pflege ich in der Regel sehr gute und produktive Partnerschaften, die über viele Jahre gehen. Ich bin niemand, der viel wechselt, nur weil hier oder dort ein verlockenderes Angebot winkt. Bei meinem letzten Skisponsor habe ich fast kein Budget bekommen, trotz meiner Titel, aber die Philosophie der kleinen Start-up-Firma hat mir gefallen – das Team, die Menschlichkeit und Wertschätzung für jeden Einzelnen war einfach großartig. Große Budgets sind etwas Schönes, und klar, ich muss auch von etwas leben, aber in erster Linie müssen für mich das Zwischenmenschliche und die Firmenphilosophie passen sowie der Respekt füreinander, egal ob jemand Athlet, Reinigungskraft oder Head of Marketing ist – das macht für mich keinen Unterschied. Mir selbst treu bleiben, das war immer das Wichtigste für mich.

Bei der Dakar 2018

AUF EIGENEM WEG ZUM TRIUMPH

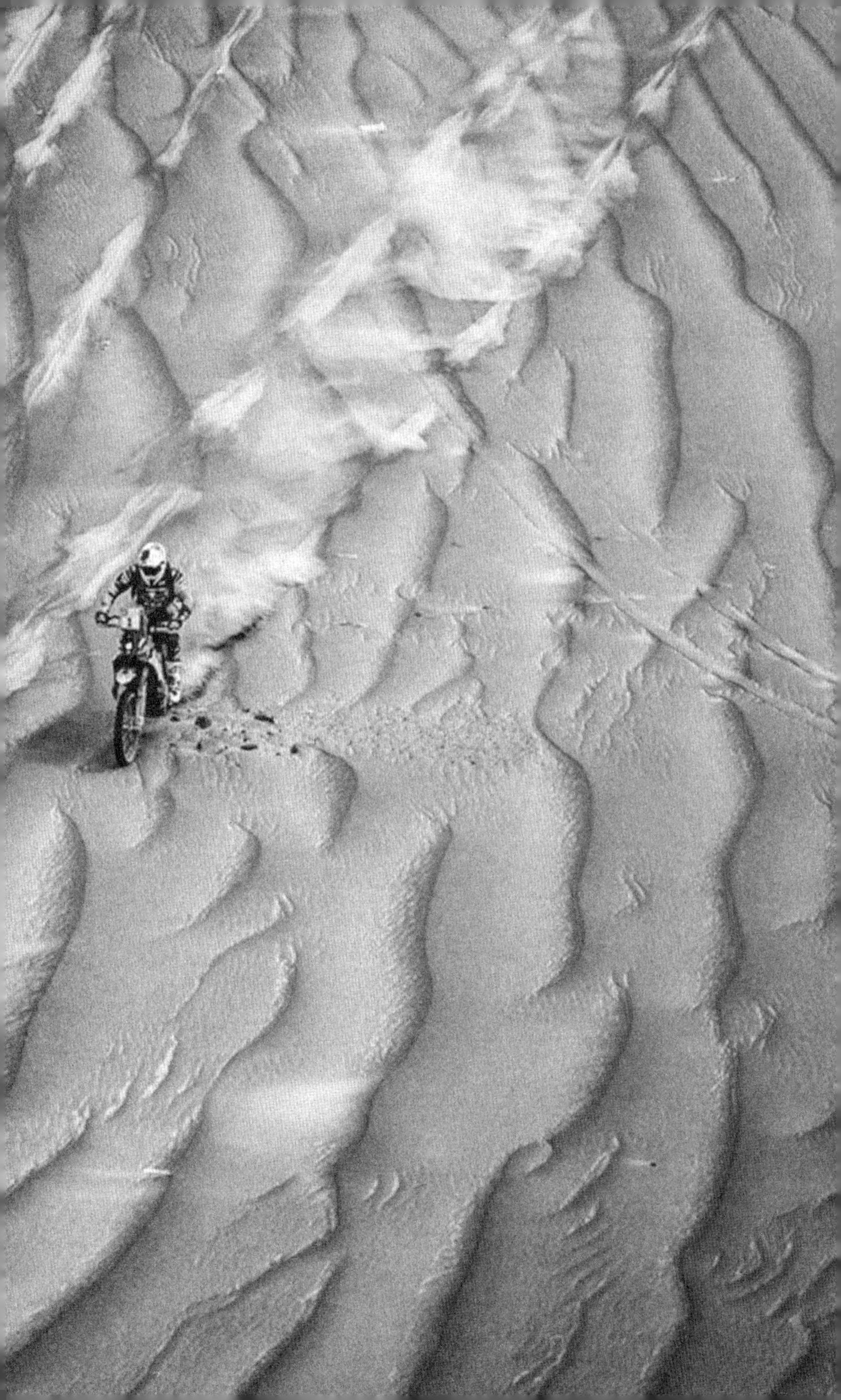

Es ist der 16. Januar 2018 und es läuft die zehnte Etappe der „Dakar“ von Salta nach Belén in Argentinien. 797 Kilometer stehen insgesamt auf dem Programm, 424 davon sind Verbindungs- und 373 Wertungskilometer. Der erste Teil ist bestritten, dazwischen wechseln wir die Reifen und ziehen grobstollige auf. Sand- und Flussdurchfahrten stehen nunmehr hauptsächlich auf dem Programm, und Rallyereifen sind rutschig(er). Ich fülle meinen Camelbak mit Wasser, Gels und Müsli, unterhalte mich mit KTM-Manager Stefan Huber und sage zu ihm: „Ich kann nicht schneller fahren. Wenn ich es mache, dann navigiere ich falsch.“ Jeder weiß, dass schnell Lesen einige Minuten an Zeit gewinnt. Jeder weiß auch, dass sich Verlesen viel mehr Zeit kosten kann. In den letzten Tagen habe ich einige Minuten verloren, weil andere zügiger und wagemutiger als ich waren. Ich hingegen fahre niemandem nach, weil mir dieser den Eindruck macht, dass er sich auskenne. Habe ich 2017 nicht gemacht, mache ich auch bei dieser Auflage nicht.

Auf diesem zehnten Teilstück gestaltet sich die Navigation komplex und schwierig. Als wir mit den zweiten Wertungskilometern in einem Flussbett beginnen, sollen 346,8 Kilometer auf der Anzeige aufscheinen. Wenn diese Kalibrierung nicht gemacht wird, und man mit 347 Kilometern losfährt, sind Probleme programmiert.

***

Das Roadbook ist die Bibel der „Dakar". In ihm sind Markierungen vermerkt, die die Teilnehmer vom Start ins Ziel lotsen sollen, jede Abzweigung, jeder markante Richtungswechsel, jede Flussüberquerung ist eingezeichnet. Noch eine Hilfe steht zur Verfügung und nennt sich CAP. Dieser zeigt die Luftlinie an, in der der nächste Kontrollpunkt liegt. Abweichungen sind zwar an der Tagesordnung, doch 10, 15 Grad zu wenig oder zu viel sind vertretbar, dann weiß ich, dass die kalkulierte Richtung passt.

Auf den Etappen sind eine ganze Reihe von Wegpunkten anzupeilen, doch sie sind nicht gleich. Es gibt den „WPM", was für Way Point Masked steht, und den „WPC", was für Way Point Control steht. Befinde ich mich innerhalb eines Radius von 800 Metern zum WPM, dann schaltet sich das GPS ein und lotst mich in das Zentrum des WPM. Doch wenn es zuvor 30 Kilometer über und rund um Dünen gegangen ist, wenn die tatsächlichen Kilometer mit den vorgesehenen nicht mehr zusammenstimmen, dann ist es schon eine Herkulesaufgabe, in den Radius einzudringen. Wenn ich dem WPM bis auf 200 Meter nahe gekommen bin, dann gilt der Kontrollpunkt im Sinne des Reglements als erreicht und das GPS schaltet sich wieder ab. Wenn ich aber nicht exakt von diesem wieder losfahre, dann können sich Fehler in der Weiterfahrt einschleichen. Ein WPM muss also nicht notwendigerweise auch zu einem Navigationspunkt werden.

***

Ich habe nichts zu verlieren bei dieser „Dakar“. War schon auf dem Podest vorangegangener Etappen, liege aber in der Gesamtwertung zurück und hoffe darauf, es noch unter die ersten Drei zu schaffen. Unter diesen Prämissen fährt es sich einfacher, lockerer und auch ruhiger. Das Roadbook bringt mich in ein Flussbett, das rund 1 bis 1,5 Kilometer breit ist. Hier irgendwo auf der linken Seite, muss der nächste WPM sein. Das GPS aktiviert sich, ich bewege mich in die angezeigte Richtung und weil ich nicht unter Druck stehe, fahre ich bis ins virtuelle Zentrum des Wegpunktes, wo ich alle Messinstrumente neu kalibriere.

Ich fahre weiter, drifte durch den Sand und fühle mich glücklich in meiner Haut als Motorrad-Rallyefahrer. Die Spuren meiner Konkurrenten führen links in ein Bachbett, und obschon eine Abzweigung dieser Art vermerkt ist, fahre ich geradeaus. Alle Indikatoren sprechen für mich, aber vielleicht kennen die anderen eine Abkürzung?

Vor mir sind die Besten unseres Sports unterwegs, Toby Price, Antoine Meo, beide von KTM, oder Kevin Benavides und Joan Barreda auf Honda. Sie hinterlassen Spuren, die ich nicht übersehen kann. Und ich fahre geradeaus weiter. Bin ich verrückt? Überheblich? Arrogant? Nein, keines von allem. In diesem Moment weiß ich nicht, dass ich dabei bin, die „Dakar“ zu entscheiden. Ich bin lediglich selbstbewusst genug, auf mich vertrauen zu können. Alle wissen, was für ein harter Arbeiter ich bin, dass ich immer mein Bestmögliches gebe, nicht nur am Renntag. Ich bin fleißig, überlasse nichts dem Zufall, bin somit auch bestens vorbereitet, sage ich mir. Ich habe alles getan, was zu machen war, ich habe keinen Vorwurf zu befürchten. Und selbst wenn: Ich bin niemandem Rechenschaft schuldig. Außer mir selbst.

Andere meinen, dass meine Aktion unter einem psychologischen Aspekt eine der größten denkbaren in der Geschichte des Sports überhaupt war. So weit will ich nicht gehen. Meine Denkweise in der Situation war banal: Wenn es aufgeht, geht es auf. Sonst geht die Welt auch nicht unter.

Einen halben Kilometer bin ich ohne Spuren unterwegs, ehe ich zu jener Abzweigung komme, die meiner Meinung nach die richtige sein muss. Die Kilometerzahlen stimmen überein, der CAP auch. Ich kann nur „all in" gehen. Ob ich Vierter oder Achter werde in der Gesamtwertung macht auch keinen großen Unterschied, beruhige ich mich.

Der nächste Referenzpunkt ist 18,5 Kilometer entfernt, und weil die Abweichung des CAP stellenweise zunimmt, fahre ich einige Kilometer mit dem flauen Gefühl des Nichtwissenden im Magen. Ich bin auf dem falschen Weg, denke ich mir, was habe ich übersehen? Soll ich am besten umkehren? So eng liegen Erfolg und Misserfolg bei der Rallye Dakar zusammen. Auch wenn 90, 95 Prozent des eigenen Potenzials ausgeschöpft werden, sind die restlichen 5 bis 10 Prozent schwer abzurufen. Soll ich also sechs Kilometer zurückeilen oder zwölf Kilometer weiterfahren in der Hoffnung, dass es passt.

Na ja: Ob ich 10, 15 oder 30 Kilometer falsch unterwegs bin – auch schon wurscht.

Cool bleiben ist eine Eigenschaft, die mich sicher auszeichnet. Ich häufe nicht Fehler über Fehler an, indem ich das Roadbook schlecht lese, verwegener fahren muss und den nächsten Fehler in der Navigation mache. Aber auch mir gehen hunderte und tausende Gedanken durch den Kopf, wenn ich Spuren von Maschinen sehe und diese mit meinen Konkurrenten oder mit Motorrädern von Zuschauern assoziiere.

An diesem Tag sind wenige Personen an der Strecke. Ich fahre 20 Kilometer mit Halbgas, verliere zwei, drei Minuten. Bei Kilometer 368 muss ein Way Point Control passiert werden, und diesem müssen die Teilnehmer bis auf 300 Meter nahekommen. Meine Anzeige ist bereits über diesen Wert hinaus, und wieder beginnt die Grübelei. Wie weit fahre ich über diesen Punkt hinaus? Wann soll ich umkehren. Als sich das GPS bei 368,8 km öffnet, juble ich vor Freude. Die Richtung passt! Was ich nicht weiß, ist, dass ich in Führung liege und dass sich die anderen an dieser Stelle um zwei, drei Kilometer verfahren werden.

17 Kilometer später finde ich problemlos die Ausfahrt aus einem extrem verwinkelten Flussbett, weil ich schon einen Kilometer zuvor beginne, nach der richtigen Kurve Ausschau zu halten. Die Strecke ist nunmehr sandig, und noch immer sehe ich keine Spuren. Wo sind die anderen?! Ich bin auf dem richtigen Weg, das weiß ich, aber die anderen haben abgekürzt!

Zuweilen spielen die Gedanken verrückt. Ich bin realitätsfremd und will nicht wahrhaben, dass es heute so gut für mich läuft. Ich kann mir nicht vorstellen, dass ich die gestellten Aufgaben um so viel besser und geschickter als meine Konkurrenten gelöst habe. Wie kann das sein? Der Argentinier Kevin Benavides hat an diesem Tag in seinem Heimatland bis zu diesem Zeitpunkt quasi perfekt navigiert, es ist unmöglich, dass er sich dermaßen verfährt. Also nochmal, wo sind die anderen?

Beim WPM bei Kilometer 399,2 erhalte ich Gewissheit, dass ich richtig navigiere, und eine leichte Freude über einen guten Tag macht sich breit. Ich bleibe stehen, suche nach Spuren – und finde keine. Sind meine Mitstreiter dermaßen schnell unterwegs, dass der Wind die Reifenabdrücke wieder zugeweht hat? Das kann doch nicht sein, getrödelt habe ich ja auch nicht.

Den nächsten WPC muss ich im Kamelgras anfahren und darf ihn um maximal 300 Meter verfehlen. Immer wieder weiche ich Büschen aus, es ist schwierig, die Luftlinie zum Ziel zu halten. Ich muss suchen, finde ihn aber rasch – an diesem Tag passt anscheinend alles zusammen.

Oder auch nicht? Bei Kilometer 455 sehe ich Spuren und denke mir: Aha, die sind schon durch. Aber was soll's ich fahre konzentriert weiter, komme unfallfrei durch. Der französische Yamaha-Pilot Adrien Van Beveren indes übersieht wenige Kilometer vor dem Ziel ein Loch, er zieht sich Schulter- und Rippenbrüche zu und ist ein halbes Jahr lang außer Gefecht. Mit ihm hätte ich mich wohl um den „Dakar"-Sieg 2018 duelliert.

***

Im Ziel bin ich zuerst einmal glücklich darüber, dass der Tag vorbei ist.

Den ehemaligen Skistar und „Dakar-Sieger“ Luc Alphand, der für das französische Fernsehen bei der Rallye Dakar ist, frage ich: „Wie viele sind denn schon da?“ „Niemand! Du bist der Erste! Die haben sich alle verfahren!“ „Oh – das ist ein guter Tag“, grinse ich.

„Was war da draußen los?“ „Was ist passiert?“ „Hast du alle Wegpunkte angefahren?“ Es prasseln Fragen über Fragen von Medienvertretern über mich herein. „Warum sollte ich nicht alle Way Points haben?“, antworte ich. „Nur weil andere sie nicht finden, heißt es doch nicht, dass ich sie auch nicht gefunden habe.“

Zehn Minuten später bin ich immer noch der einzige Fahrer, der die Etappe zu Ende gebracht hat. Das ist ein sehr, sehr guter Tag, schmunzle ich. Pablo Quintanilla ist mit knapp zwölf Minuten Rückstand der Zweite im Ziel. Meine Hauptkonkurrenten verlieren allesamt 40, 45 Minuten.

Teammanager Alexander Doringer lobt mich am Abend der zehnten Etappen – „super gemacht“ – und gibt mir gleich auch die Hausaufgabe für die weiteren Tage auf: „Weiterhin konzentriert bleiben, Fokus behalten!“ Die „Dakar“ ist noch vier Teilstücke lang, und wir von KTM befinden uns in einer unüblichen Situation. Auf Platz zwei liegt nicht einer von uns, sondern Honda-Pilot Joan Barreda. Ich bin der

Mann, auf dem plötzlich die Verantwortung liegt, die seit 2001 anhaltende KTM-Siegesserie (2008 wurde die Rallye nicht ausgetragen) fortzusetzen.

Aus Europa erreichen mich Text- und WhatsApp-Nachrichten, in denen mir meine Freunde, Sponsoren und Gönner zur aktuellen Heldentat gratulieren. Ich dusche und esse und beschäftige mich mit einem Dauergrinser mit dem Roadbook des nächsten Tages. Es ist schwer, bei der Sache zu bleiben, deswegen investiere ich in jede Beschreibung ein paar Sekunden mehr. Meine Gedanken schweifen ab. Was würde sich ändern, wenn es wirklich passieren würde? Wenn ich „Dakar"-Sieger würde? Doch ich hole mich selbst aus meinen Tagträumen: Noch ist nichts entschieden!

Schlaftabletten sorgen für eine gute Nacht, ich überstehe die darauffolgende Marathonetappe, und wieder einen Tag später wird das Teilstück aufgrund widriger Wetterverhältnisse ersatzlos gestrichen.

48 Stunden fehlen zum größtmöglichen Triumph meiner Karriere. Bin ich nervös? Nein. Bin ich euphorisch? Vielleicht ein wenig. Bin ich weiterhin fokussiert? Das auf alle Fälle!

Und dennoch. Am 13. Tag übersehe ich unkonzentriert eine Kurve, fahre ins Gras hinaus und stürze ins Geröll. Die Räder stehen in der Luft, und die spitzen Steine beschädigen die Leitung des Kühlers; diese ist richtig verbogen und flachgedrückt. Ich denke an Tom, meinen Motormechaniker. Hundert Kilometer ohne Wasser wird eine Maschine schon aushalten, meinte er einmal. Vorsichtig navigiere und rette ich mich ins Ziel.

Es fährt sich anders, wenn dich das Gesamtklassement mit einer „1" aufweist und wenn von Medien ausgesprochene oder vom Team unausgesprochene Erwartungen an dich herangetragen werden. Seit der zehnten Etappe gehe ich weniger Risiko ein, verbleibe in meinem „Wohlfühlbereich", verliere aber auch täglich Minuten. Blinde Kurven fahre ich statt mit 80 mit 74 km/h. Wo es 130 km/h dahingehen könnte, begnüge ich mich mit 125 km/h.

***

Wäre es bei der letzten Etappe um Minuten und Sekunden gegangen, wäre ich wohl durchgedreht.

Gestartet wird nach gestürztem Klassement – die Letzten zuerst, die Ersten zuletzt –, zudem sind die Motorräder nach den Autos an der Reihe. Ich fahre in eine Staubwand und bin froh, rund 22 Minuten Vorsprung auf Benavides zu haben. Das soll, das muss reichen. Zudem werde ich von Pablo Quintanilla unterstützt. Er fährt für das KTM-Tochterunternehmen Husqvarana, doch er hat keine Chancen auf einen Spitzenplatz mehr und sichert mich quasi ab. Ein Freundschaftsdienst unter Sportkollegen, ein Deal unter Firmen und Teams, wie man ihn auch in anderen Sportarten kennt und sieht. Auf schmalen Pisten rasen wir an Autofahrern vorbei, wo immer es nur geht. Ich werde unruhig, wenn ich kilometerlang hinter einem der Vierräder festhänge und lediglich mein großer Vorsprung beruhigt mich ein wenig.

Dieser wird schmelzen. Aber es wird reichen.

Cordoba hat für die österreichische Sporthistorie eine besondere Bedeutung. 1978 schlugen Krankl, Prohaska und Co. den noch amtierenden Weltmeister Deutschland mit 3:2. Dies geschah acht Jahre vor meiner Geburt. Oft habe ich davon gehört und auch ein paar Szenen daraus im Fernsehen gesehen, doch das „Wunder von Cordoba" bleibt für mich abstrakt und unpersönlich. Es gehört nicht zu meiner Geschichte.

Cordoba 2018 hingegen ist meine Geschichte. Nach 43:06:01 Stunden, in denen ich 4240 Wertungskilometer zurückgelegt habe und nochmals in etwa dieselbe Distanz an Verbindungskilometern durch Peru, Bolivien und Argentinien, strecke ich den Beduinen, den der Sieger erhält, in den Nachthimmel. Geschafft! „Dakar"-Sieger! Den größtmöglichen Erfolg in meinem Sport gefeiert! So müssen sich Tennisspieler fühlen, wenn sie ein Grand-Slam-Turnier gewinnen, oder Olympiasieger.

In die Glücksmomente mischen sich so viele andere Gedanken. Ich bin froh für das Team und denke an all jene, die mich auf das oberste Treppchen der „Dakar" gebracht haben: an meine Eltern, an meine Oma, an meine Geschwister, an meine Freundin, an Wolfgang Hillinger, Ferdinand Hirscher, Heinz Kinigadner, an meinen Mechaniker Tom Huber, an das KTM-Team und an viele andere. Am schnellsten verliert man den Respekt gegenüber jenen, die man am besten kennt. Wie oft habe ich mit Ferdl Hirscher diskutiert und gestritten? Wie oft waren kleinste Kleinigkeiten Auslöser von Wortgefechten zwischen meinem Bruder Gerald und mir? Ich blicke in die Gesichter der KTM-Leute und Gänsehaut läuft mir über den Rücken. Sie alle waren und sind für mich da und reißen sich den Arsch auf für einen, der kein leichter Kollege ist, einer der sich gegen Experten stellt, um seine Meinung durchzusetzen. Ihnen allen kann ich mit diesem Sieg etwas zurückgeben: die Gewissheit, dass sich unser aller Engagement ausgezahlt und zum Erfolg geführt hat.

An jenem 20. Januar 2018 gewinnt Thomas Dreßen (GER) überraschend die Weltcup-Abfahrt auf der Streif, und Marcel Hirscher, mein Freund aus Kindestagen, wird Worte sagen, die mich zutiefst berühren: „Matthias hat gekämpft, hat niemals locker gelassen. Und dass er das jetzt gewinnt, da bin ich sprachlos. Das ist mein Sportler des Jahres, weil was der geleistet hat, ist schwer zu fassen."

Ich denke an Zweifler, Neider und Skeptiker, mein erster Platz ist auch Genugtuung all den Besserwissern gegenüber, die glaubten, dass ich es nicht schaffen könnte. Aber nun bin ich nicht nur „Dakar"-Sieger, sondern noch dazu der erste Österreicher, dem dies auf dem Motorrad gelingt. Ich lebe meinen Traum, auch wenn dieser vor knapp zehn Jahren ein Albtraum war und ich die Sinnhaftigkeit meines Tuns hinterfragte.

***

Ich sitze im Flieger zurück nach Europa, mache die Beine in der Business-Class lang und denke an den Beduinen im

Handgepäcksfach. Die harten Anfänge meiner Motorrad-Laufbahn kommen mir in den Sinn, meine schwere Verletzung zwei Jahre zuvor.
Warum ist dieser Triumph gerade mir vergönnt? Warum darf ich das erleben?

Nachdenklich versuche ich diese Fragen zu sortieren und zu beantworten. Weil ich viel investiert habe in meine Karriere, bis zu einem Punkt, an dem es dermaßen mühsam und schwierig wurde, dass mir fast die Leidenschaft für meine Tätigkeit abhandenkam. Weil ich für den Sport 24 Stunden am Tag lebe. Weil ich nicht der Beste und Talentierteste bin, aber meine Schwächen kenne und an meinen Stärken arbeite. Weil ich ein harter, akribischer, genauer Arbeiter bin.

Wenn ich verliere, muss ich mich niemandem gegenüber rechtfertigen, wenn ich gewinne, genauso wenig. Mir fällt ein, was ich mir auf dem Hinflug dachte. Wenn du am letzten Tag der „Dakar" mit 20 Minuten Vorsprung führst, dann genieße diesen Tag. Großer Genuss war in der Staubwolke nach Cordoba zwar wenig dabei, die Siegerehrung hat dafür aber entschädigt.

Zu Hause erwartet mich großer Bahnhof: in Salzburg, in Kuchl, überall werde ich gefeiert. 50 Medientage überfordern mich. Ich bin ein Rennfahrer und kein Vermarkter in eigener Sache – aber wie sagt das Sprichwort: Wer mit dem Erfolg nicht umgehen kann, der soll sich vor ihm hüten. Als „Dakar"-Sieger, so viel ist klar, stehe ich im Mittelpunkt. Erzähle immer wieder die gleichen Geschichten, setze mich in Pose für die immer gleichen Fotos. Der Rallye-WM-Lauf in Abu Dhabi Ende März 2018 rückt immer näher, die Zeit für das Training geht mir ab. Einen Tag verbringe ich in Mattighofen im Werk von KTM, wo Chefetage und Angestellte während deren Arbeitszeit mit mir feiern. Ich bemühe mich, auf alle Glückwünsche in den sozialen Netzwerken persönlich zu antworten.

Zu schätzen weiß ich, was mir als „Kuchler Bauernbub" – auch wenn ich nicht aus einer Bauernfamilie stamme – an Gutem widerfahren ist. Der Hunger nach mehr ist da. Ansichtssache ist, ob mein Rucksack leichter oder schwerer geworden ist. Ich habe schon mehr erreicht, als ich mir je erträumt hätte. Das macht mich locker. Doch Erfolg verpflichtet.

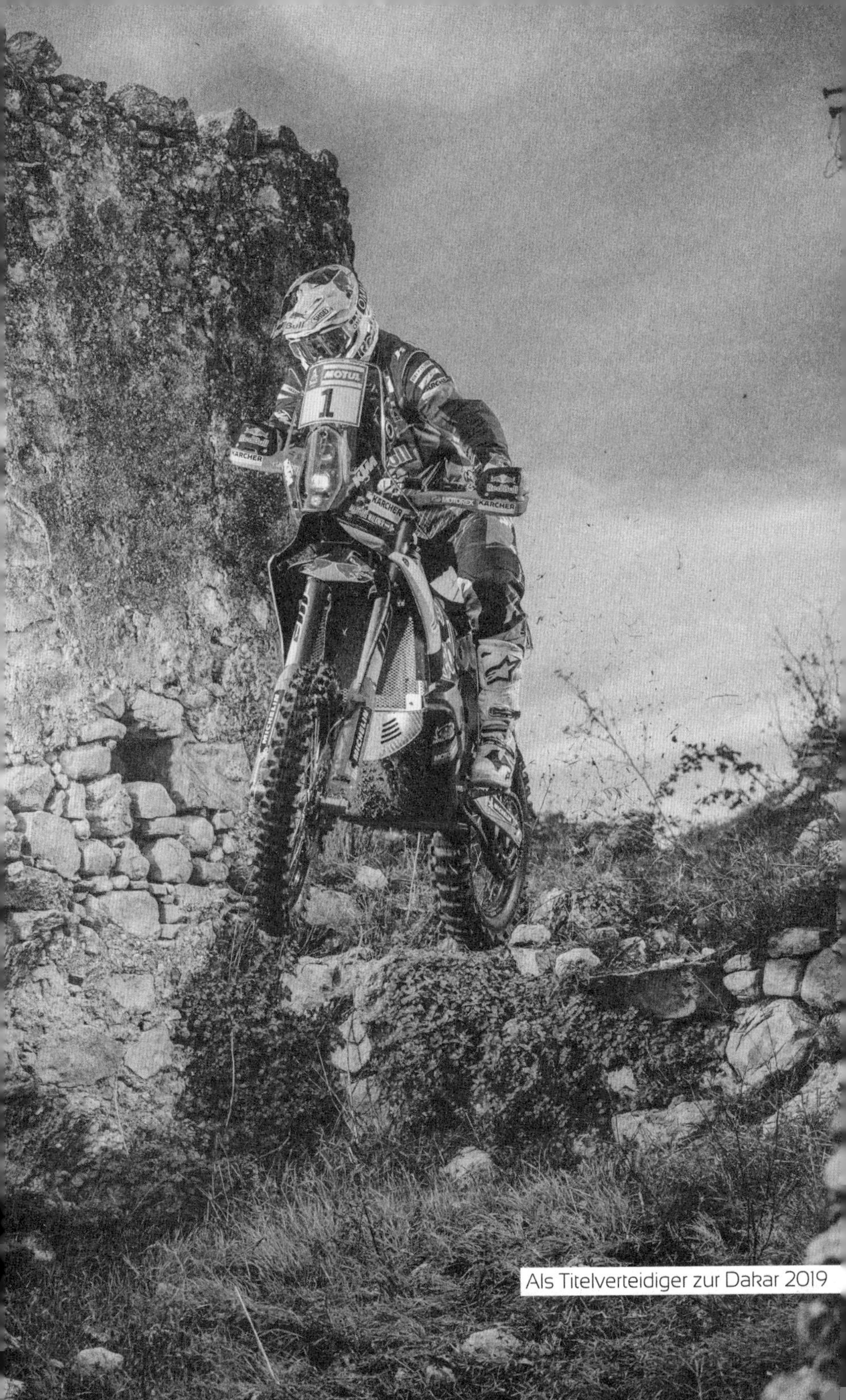

Als Titelverteidiger zur Dakar 2019

Bei der Dakar 2019

AUS MATTHIAS´ TAGEBUCH

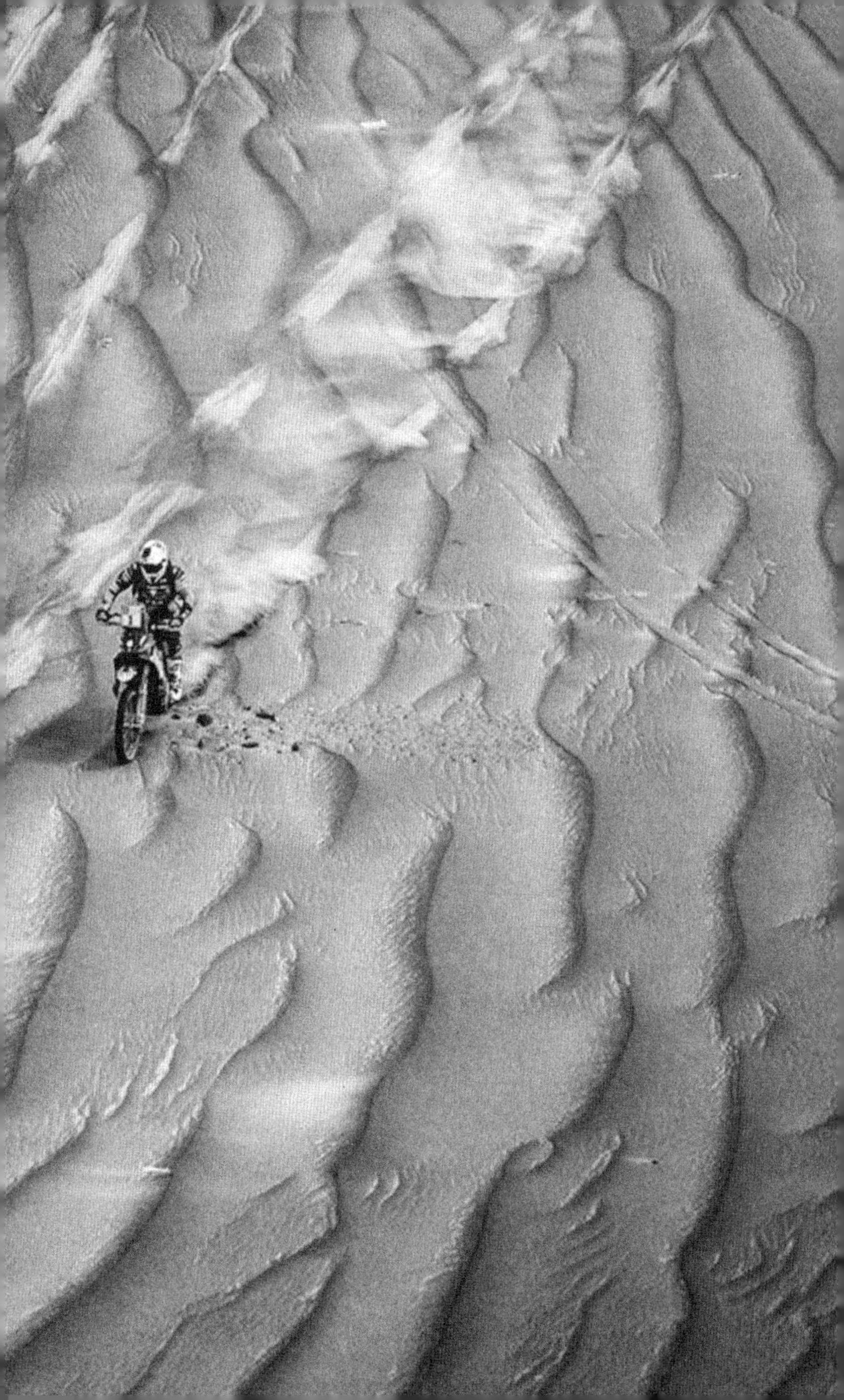

ETAPPE 1

EIN GUTER ERSTER TAG!

Ich wusste zu Beginn nicht genau, wie es mir gehen würde, weil ich gesundheitlich die letzten Tage echt nicht fit war und auch wenig auf dem Rallye Motorrad gesessen bin. Aufgrund der umgedrehten Startreihenfolge sind die Erstplatzierten vom letzten Jahr zum Schluss gestartet. Wir hatten dadurch schon einige Spuren vor uns und es wurde eine ziemlich schnelle Partie mit ca. 90 km/h Durchschnitt. Hab dann gemerkt, dass ich wieder in das Rennen und den Speed reinfinden muss und es sich auf diesem Untergrund noch ungewohnt anfühlt.

Ich bin als 7. ins Ziel, 3:12 hinter Joan Barreda und nur 20 Sekunden hinter dem Drittplatzierten. Also, es ist alles sehr eng beinander.

Ich fühle mich gut und freue mich schon auf die nächsten Tage.

Danke für euren Support!

ETAPPE 2

Hallo daheim! Boah! Es war eine lange und – wie schon erwartet –extrem schnelle Etappe heute. Wir Motorräder mussten ja wenig selber navigieren, weil die Autos zuerst gestartet sind und eine richtig gute Spur vorgelegt haben. Für mich war es echt schwer einzuschätzen, wie schnell das Tempo vorne sein wird, ich bin ja als Siebenter relativ weit hinten gestartet. Später konnte ich dann Toby einholen. Ich hab mir dabei echt ein bissl schwer getan und dann für mich entschieden, mein eigenes Tempo zu fahren und mal zu schaun, was am Ende rauskommt. Ich wollte nicht schon am zweiten Tag zu taktieren beginnen. Gleich zu Beginn hatte ich eine ziemliche Schrecksekunde. Ich habe in dem Fesh-Fesh-Sand einen Stein übersehen und wäre beinahe über den Lenker abgestiegen. Durch den Aufprall hab ich dann kurz ein paar Sterne gesehen, aber zum Glück war es nicht so schlimm. Nach dem Refueling hatte ich noch einen Sturz, der aber glimpflich ausgegangen ist. Alles in

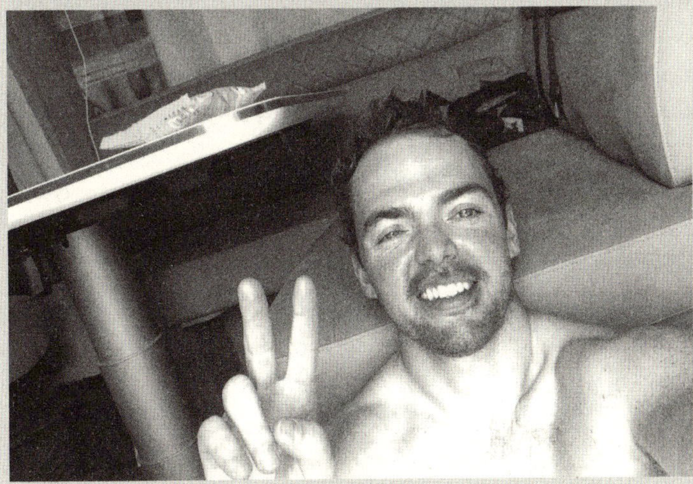

allem war es eine richtig coole Etappe heute, aber ich bin froh, wenn wir morgen wieder die Stage aufmachen müssen, damit das extrem hohe Tempo wieder etwas zurückgeht. Heute haben alle brutal gepusht. Danke daheim fürs Mitfiebern!!!
LG Hiasi

ETAPPE 3

Endlich im Ziel, wenn auch nicht ganz so glücklich. Die ersten 60 Kilometer konnte ich gut aufmachen und navigieren, dann habe ich in den Dünen eine Abrisskante übersehen. Ich habe mich vorwärts überschlagen. Zum Glück nicht so viel passiert, nur ein wenig die Lippen und das Gesicht angeschlagen. Barreda, Brabec und ich sind dann gemeinsam gefahren – es lief ziemlich gut. Bei Kilometer 100 kam plötzlich extrem dichter Nebel auf, sodass man wirklich keine fünf Meter Sicht mehr hatte. Barreda ist eine Klippe runter mit lauter riesen Steinen, ich bin ihm gefolgt, weil dort unten der Wegpunkt war. Eigentlich hätten wir die Klippe umfahren sollen, aber wenn man maximal 3–5 Meter sieht, ist es fast nicht möglich, den Weg zu finden. Zum Glück habe ich zu Hause viel trainiert und mir gute Enduro-Skills angeeignet. Mit Müh und Not bin ich dann irgendwie wieder raufgekommen. Barreda war noch weiter unten und kam nicht mehr raus, für ihn war dort Schluss. Danach lief es wieder recht gut. Kurz vor dem Refueling war für mich ein eindeutiger Fehler im Roadbook, dort haben sich die meisten verfahren. Die Veranstalter müssen dies jetzt noch genauer analysieren. Es ist halt besch..., dass ich wieder der Leidtragende bin und am meisten verliere (weil ich die Wer-

tungsprüfung aufmachen musste), wenn den Veranstaltern so ein Fehler unterläuft. Ich bin gespannt, was hier noch rauskommt und hoffe echt, dass das letzte Wort noch nicht gesprochen ist. Natürlich ist das alles sehr ärgerlich, aber wir dürfen nicht vergessen, dass bei der Rally Dakar eigene Gesetze gelten. Ich hab zwar nun 21 Minuten Rückstand auf den Führenden Quintanilla, aber es ist noch alles drinnen und wir haben erst Tag 3, da kann noch viel passieren. Ich werde morgen auf jeden Fall wieder mein Bestes geben. Danke an euch alle für eure motivierenden und aufbauenden Worte und Mitteilungen.
LG aus Peru, Hiasi

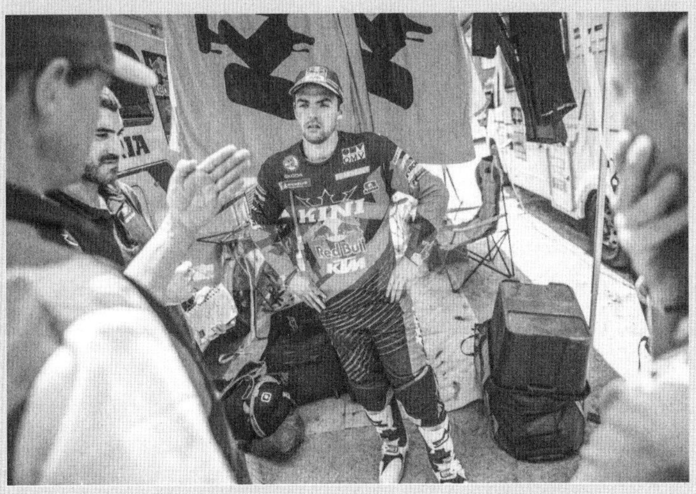

Side Note: Ich bin von gestern noch extrem verärgert!
Es gab einen Roadbook-Fehler und die Note 177 hat auf fast zwei Kilometern nicht gestimmt. Der Veranstalter hat dies auch bestätigt. Dadurch habe ich einiges an Zeit verloren.

Es gibt ein Reglement, das besagt, dass, auch wenn der Veranstalter im Roadbook einen Fehler macht, es keine Möglichkeit für einen Protest gibt. Deswegen werde ich auch keine Zeit gutgeschrieben bekommen. Ist echt frustrierend. Aber hilft nichts. Ich blicke nach vorne und fokussiere jetzt wieder auf die heutige Marathon-Etappe.

ETAPPE 4

Die heutige Stage war brutal schnell, speziell auf den ersten 200 Kilometern.

Es ist mir richtig gut gegangen und ich habe mich heute wieder sehr gut gefühlt, auch wenn ich vom gestrigen Sturz etwas angeschlagen war.

Die Navigation war nicht besonders schwer. Die Spuren der vorderen Fahrer haben natürlich für den Kontrast in den Off-Pisten im Sand geholfen.

Nach dem Refueling hab ich eine Situation falsch eingeschätzt: Ich bin eine Abrisskante runtergesprungen und in den Gegenhang rein, den ich flacher eingeschätzt hatte. Ich habe im ersten Moment geglaubt, dass ich mir den Knöchel gebrochen habe. Aktuell geht's, aber es tut schon ziemlich weh und ich humple ordentlich.

Gegen Ende hab ich dadurch noch einiges an Zeit liegengelassen, weil wir ein grobes Bachbett mit riesigen Steinen gefahren sind.

Im Großen und Ganzen kann ich echt zufrieden sein. Bin aber auch echt fertig ...

Morgen ist noch der zweite Teil der Marathon-Etappe und dann kommt endlich der Ruhetag.

ETAPPE 5

Den Tag Pause kann ich jetzt echt gut gebrauchen!

Das war heute sehr mühsam und schwierig. In der Früh habe ich zwei Schmerztabletten genommen, weil mein Knöchel ziemlich schmerzt. Ich habe keine Ahnung, was für Schmerztabletten ich da bekommen habe, aber es waren auf jeden Fall andere, als ich sonst nehme. Zum einen haben sie nicht viel geholfen und zum anderen war ich im Kopf ziemlich benebelt und extrem müde. Kurz vor dem Start der Speziale hab ich vergessen nachzutanken und dann ein wenig Stress bekommen. Ich konnte mir aufgrund dessen keine optimale Position für den Start aussuchen. Ich war gerade mal Achter nach dem Massenstart und bin dann die ersten 200 Kilometer nur im Staub der anderen gefahren. Das war nicht besonders lustig und sehr gefährlich. Die Sicht war extrem schlecht und ich habe viele harte Schläge abbekommen und Steine übersehen.

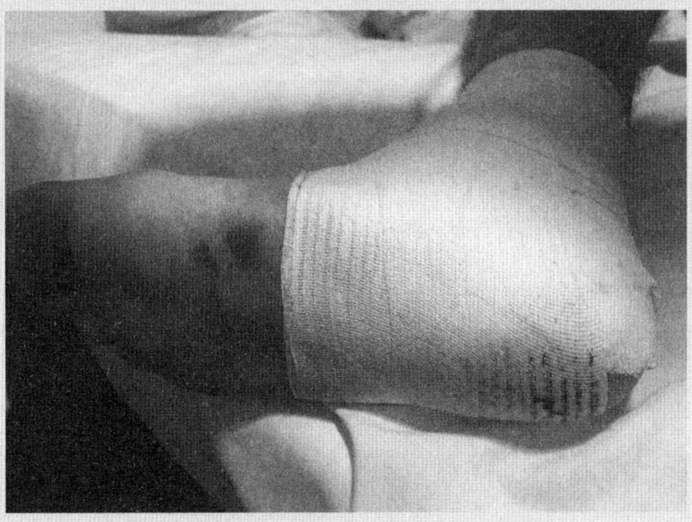

Ab Kilometer 280 bin ich dann vorausgefahren. Ab dort war es eigentlich nur noch eine Taktiererei vom ganzen Feld und jeder hat das Tempo noch mehr gedrosselt. Keiner wollte heute gewinnen, um dann die nächste Etappe nicht eröffnen zu müssen. Mir war es dann einfach zu blöd und ich hab die Führung übernommen und somit auch die Navigation. Es war sowohl zum Fahren als auch zum Navigieren richtig schwer, aber ich habe die rechtlichen 40 Kilometer fehlerfrei erwischt. Ich wollte einfach nur so schnell wie möglich ins Ziel und habe auf die ganze Taktiererei ein wenig „gepfiffen". Ich bin dann auch als Erster ins Ziel gekommen. Allerdings habe ich im Nachhinein noch 3 oder 4 Strafminuten bekommen weil ich unabsichtlich in einer Speed-Zone ein „speeding" ausgefasst habe. Im Nachhinein bin ich sogar fast ein wenig froh darüber. Es ist nicht viel Zeit dazugekommen, aber dadurch starte ich bei der nächsten Etappe nicht von ganz vorne. Heute spüre ich meinen Körper ziemlich stark, ich bin echt froh, dass wir morgen einen Ruhetag haben.

RUHETAG

Jordi VILLADOMS: Matthias macht bisher einen guten Job, er macht einen gute Navigationsjob und hat einen guten Rhythmus gefunden. Alles ist noch offen. Er hatte dieses Pech mit dem fehlerhaften Roadbook, was ihn viel Zeit gekostet hat. Konsistenz ist sehr wichtig, es bringt nichts, wenn du einen Tag eine gute Leistung bringst und den anderen Tag wieder ganz hinten bist. Matthias macht das sehr gut und er ist in einer guten Position. Er hat große Chancen

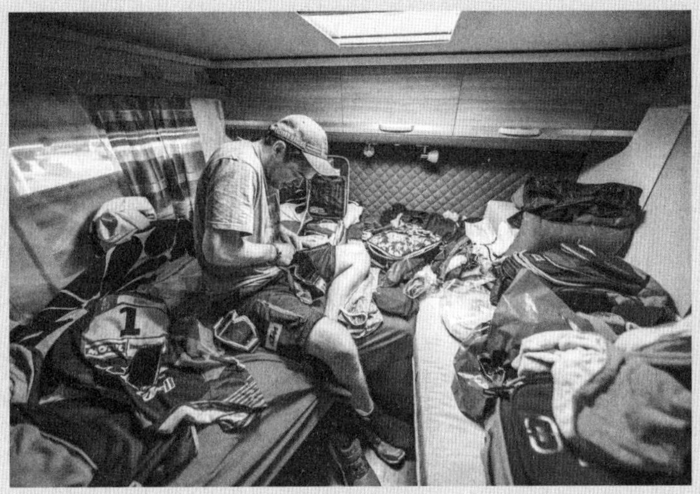

die „Dakar“ noch für sich zu entscheiden. Auch wenn er große Schmerzen im Sprunggelenk hat, das ist die „Dakar“ und das gehört einfach dazu. Matthias wirkt positiv und ich bin überzeugt, dass er das packt.

Heinz KINIGADNER: Bis jetzt ist noch alles offen! Hiasi hat vielleicht am ersten Tag etwas zu sehr taktiert und hätte vielleicht voll angreifen müssen. Aber mit diesen ständigen Änderungen jeden zweiten oder dritten Tag, dass es einen Massenstart gibt, dann die verkehrte Reihenfolge, ... kann noch niemand wirklich sagen, was nun die bessere Strategie wäre. Das wird sich die kommenden Tage rausstellen. Beim Massenstart waren wir natürlich alle sehr neugierig, wie die Fahrer ins Ziel fahren. Wir hatten ein wenig Angst, dass die Fahrer alle vorm Ziel „stehen bleiben“, weil niemand als Erstes durchfahren wollte, um dann nicht als Erster die nächste Etappe eröffnen und navigieren zu müssen. Matthias wird als Dritter starten und ich denke, damit kann er gut leben. Alles ist noch komplett offen, in dieser Woche wird sich entscheiden, wer die wenigsten Fehler macht.

ETAPPE 6

Das war ein richtig langer Tag heute!
Wir sind um 04:27 Uhr im Dunkeln losgefahren – 270 km Verbindungsetappe.
Zu Beginn der Wertung hatten wir richtig schwere Dünen: Sehr weich und auch viele Kompressionen mit viel rauf und runter. Hab dort relativ viel Zeit verloren. Vor allem deshalb, weil ich mein verletztes Sprunggelenk mehr spüre, je technischer und langsamer es wird. Also speziell, wenn ich mich mit einem Bein abstützen muss. Ich habe meinen Fuß sowohl innen als auch außen am Stiefel einbandagiert, um ihn zu stabilisieren.

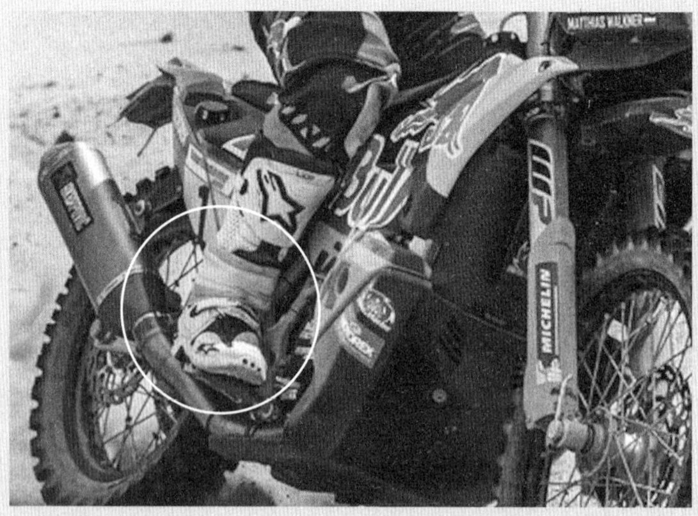

Wenn es schneller wird, dann fühle ich mich wieder wohler und ich konnte daher im 2. Teil der Etappe richtig gut Gas geben. Ich hab ordentlich gepusht und konnte den anderen dann auch noch einige Minuten abnehmen.
Bei Kilometer 300 hab ich dann weder hinter noch vor mir jemanden gesehen und war mir nicht sicher, was ich machen sollte, attackieren oder taktieren.
Außerdem war der Wind heute extrem stark. Meine Lippen sind vom Sand komplett offen.
Aber insgesamt war es ein lässiger Tag. Da gab es Wellen, die ich schon kannte von einer vorhergehenden Etappe und die konnte ich mit 140–160 km befahren und ordentlich abheben – ohne Gefahr.
Das hat dann schon wirklich Spaß gemacht.
Ich habe heute nicht sonderlich viel verloren und starte morgen als Dritter. Das ist zwar nicht unbedingt die beste Ausgangsposition, aber es sind zumindest zwei Spuren vor mir.
Es ist die Rally Dakar und es sind noch vier lange Etappen zu bewältigen, es kann also noch sehr viel passieren.
Morgen ist ein wichtiger und entscheidender Tag. Ich werde mich heute extrem gut vorbereiten, gut essen und früh ins Bett gehen.

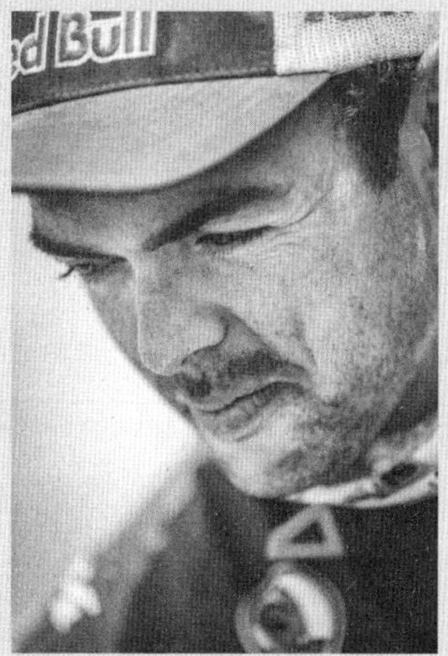

ETAPPE 7

Ein extrem anstrengender Tag war es heute! Ich hatte ein sehr gutes Tempo und hab ordentlich gepusht. Bis zum Refueling war ich Zweiter oder Dritter. Wir sind dann in einen anderen Abschnitt gefahren, eine harte enge Piste im Flussbett. Hier habe ich einiges an Zeit verloren. Ich konnte Quintanilla und Benavides dann bei Kilometer 200 fast einholen. Die beiden haben sich dann aber verfahren und ich musste 40–50 Kilometer die Piste alleine aufmachen, bis sie mich später wieder eingeholt haben. Im Sand kommen die anderen extrem schnell wieder an dich ran. Ich hab also wieder viel Zeit liegengelassen. Wir waren dann in einer Gruppe mit Price, Benavides, Van Beveren und Brabec. Alle gemeinsam konnten wir einen Wegpunkt nicht finden und haben sicher 10 Minuten gesucht. Van Beveren und ich haben ihn dann als Erste gefunden und ich bin dann wieder vorne weggefahren. Die fünf Minuten, die ich dadurch gewinnen konnte, hat die Gruppe bis zum Schluss dann natürlich wieder aufgeholt. Gegen Ende war es wieder extrem schnell und lässig zu fahren, es hat richtig viel Spaß gemacht. Bis ich dann eine Kreuzung versäumt habe. Ich war dann wieder Vierter. Dann noch einen Sturz am Ende. Benavides hat vor mir bei einer „Danger 2“-Note mehr als erwartet runtergebremst. Um nicht in ihn reinzuspringen, musste ich so sehr abbremsen, dass sich das Motorrad vor der Kompression so aufgeschaukelt hat, dass ich es nicht mehr stabilisieren konnte und einen ordentlichen Crash hingelegt habe. Mein Körper tut jetzt schon ziemlich weh von den ganzen Stürzen. Man kann sich das gar nicht vorstellen unter welchen Bedingungen wir hier fahren. Es ist leider echt immer alles sehr abhängig von der Startposition. Auch wenn die Ausgangssituation sicher nicht optimal ist, ist noch alles drinnen. Ich gebe jeden Tag mein Bestes!!!

ETAPPE 8

Der heutige Tag ist brutal schnell vergangen! Es war eine extrem wichtige Etappe, die viel verändern kann. Bis jetzt ist die Rallye wirklich sehr gut verlaufen für mich. Ich habe mich nie wirklich groß verfahren, das einzige frustrierende war dieser Roadbook-Fehler, der mich viel Zeit gekostet hat. Wie es aussieht, wird es nochmal extrem knapp! Für den Sieg wird es sich zwar nicht mehr ausgehen aber ein Podium ist wieder möglich jetzt. Wie schnell sich alles ändern kann, hat man an Brabec gesehen.

Die ersten 160 Kilometer waren eine extrem schnelle Piste (sandig und mit herausragenden Steinspitzen) und ich bin sicher 34 % schneller gefahren als die Tage zuvor und

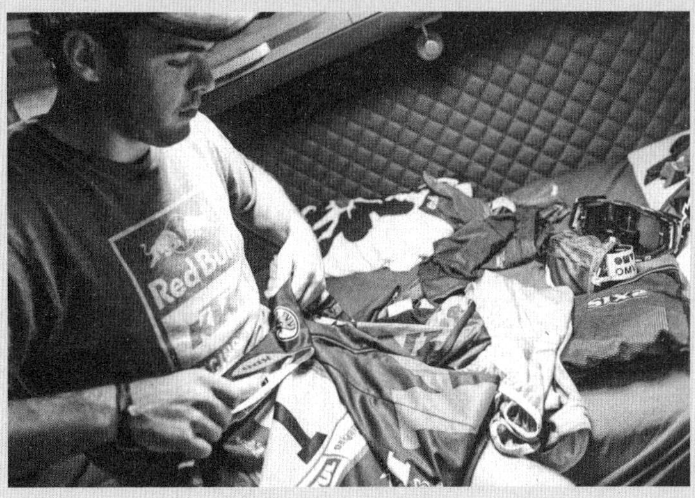

habe auch mehr riskiert. Ich habe immer versucht die halbe Sekunde länger stehenzulassen! Dafür war mir leider das Fahrwerk etwas zu weich, auch mit den vollen Tanks und dem weichen Fesh-Fesh-Sand. Ich hatte dann einen Sturz, wo ich einiges an Zeit eingebüßt habe. Beim Refueling war ich 3–4 Minuten hinter Toby, das war ziemlich frustrierend für mich. Denn ich bin bei meinen 100 % angelangt. Nach dem Auftanken bin ich dann mit der Wut im Bauch gefahren, ich habe mein Setup verändert und meinen Lenkungsdämpfer und die Gabel ordentlich zugedreht. Die letzten 200 Kilometer bin ich dann gefahren, als ob es um alles ginge. Ich habe versucht mir den Streckenverlauf schon zwei bis drei Dünen vorher genau anzuschauen. Ein kleiner Sturz in einen Gegenhang hat mir dann meine Schulter und mein Sprunggelenk wieder etwas beleidigt. Aber es sind nur noch zwei Tage und die beiße ich jetzt auch noch durch. Danke an alle! Hiasi

ETAPPE 9

Jetzt wird es schön langsam zach. Mein Sprunggelenk tut schon so extrem weh, dass ich nur noch froh bin, wenn es morgen vorbei ist. Das Tempo war heute höher als ich erwartet hatte. Wir haben uns vorne abgewechselt. Wir sind dann in die Berge gekommen mit viel Fesh-Fesh-Sand und wieder extrem dichtem Nebel. Die Sicht war gleich null und es wurde brutal gefährlich. Bei Kilometer 200 war es ein wenig chaotisch, da wir einen Wegpunkt nicht finden konnten. Es ist dann wirklich schwierig: fahre ich alleine weiter und dorthin, wo ich glaube, dass er ist, oder bleibe

ich bei meinen Konkurrenten?! Ich habe ihn dann als Erster oder Zweiter gefunden und bin losgefahren. Die anderen haben dies relativ schnell erkannt und sind mir gefolgt. Wir sind dann wieder gemeinsam gefahren. Bei Kilometer 280 ist Van Beveren einen ganz anderen CAP gefahren, um 20 Grad zu weit rechts wie das Roadbook angezeigt hatte. Es waren zwei Noten mit CAP zu fahren (einmal 83 und einmal 60) und ich dachte mir, dass er ihn vielleicht kalkuliert hat, weil er CAP 70 gefahren ist. Dass er vielleicht mehr weiß als wir und er die gerade Linie nimmt. Der Wegpunkt ist dann nicht aufgegangen. Schei...e!!! Van Beveren wollte uns absichtlich auf eine falsche Fährte locken und das wär ihm auch beinahe gelungen. Niemand wusste, wo wir sind, inmitten der hohen und extrem weichen Dünen haben wir dann herumgesucht. Du kannst wirklich neun Tage eine super „Dakar“ abliefern, aber wenn du nur einen Wegpunkt nicht findest, kann alles mit einem Schlag vorbei sein. Ich hab dann echt einen Stress bekommen! Van Beveren ist dann wo ganz anders gefahren und ich hab mich dann nicht recht getraut ihm zu folgen ... In diesen Momenten die richtige oder falsche Entscheidung zu treffen – das alles war heute brutal stressig und schiach für mich. Der Wegpunkt ist dann aber aufgegangen. Zusammen mit Cornejo bin ich vorausgefahren, Price und Quintanilla haben uns noch eingeholt und wir sind alle gemeinsam ins Ziel. Dem Motorrad wird bei diesen Bedingungen auch wirklich alles abverlangt. Ich habe eine gute Ausgangsposition für morgen und ein Podium wäre echt cool. Aber wie wir jeden Tag immer wieder sehen, es kann bis zum Ende etwas passieren. Einen Tag noch Daumen drücken!!!!
DANKE!!!! Hiasi

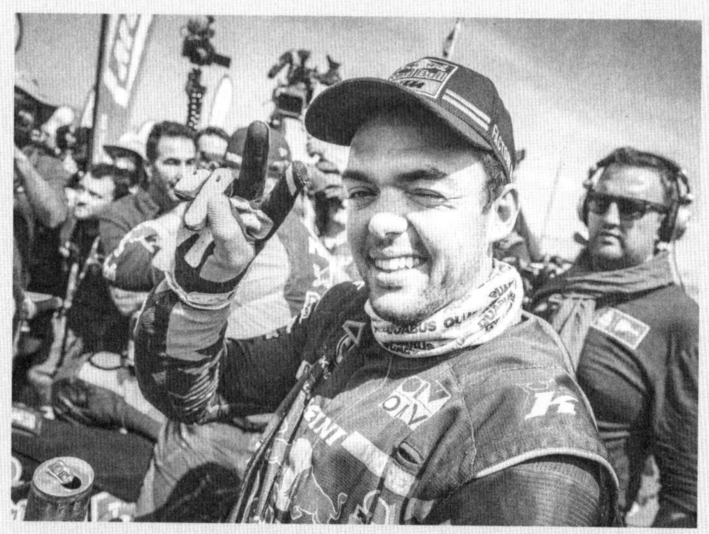

ETAPPE 10

2. PLATZ !!!

Servus daheim,

ich bin wirklich froh, dass dieser Kampf jetzt vorbei ist …

Heute in der Früh wusste ich schon, dass die Etappe sehr gefährlich wird. Mit blöden langen Abrisskanten in Valleys, in denen es wenig Auswege gibt. Meist mit ca. 100 km/h-Schnitt. Nichtsdestotrotz hab ich ordentlich Gas gegeben, aber auch versucht halbwegs auf Sicherheit zu fahren.

Bin dann sehr motiviert gewesen und habe auch versucht, die letzten hundert Kilometer zu genießen.

Ich sehe es wirklich als Privileg an, was ich hier tun darf. Und dass ich es auch schaffen kann, aufs Podium zu fahren, wenn alles passt.

Die gesamte Rally war so hart, dass ich mir wirklich gesagt habt: Jetzt ist es auch mal Zeit zum Genießen. Hab mich dadurch dann aber auch gut gepusht.
Das Motorrad hat super funktioniert, ich hab dann auch die Dämpfer sehr stark zugedreht, um noch mehr Gas geben zu können.
Mit 90 km/h hab ich eine Düne falsch eingeschätzt und bin voll in den Gegenhang reingesprungen. Dabei hab ich in der Luft dann noch einen Gang runtergeschaltet und versucht, gleich bei der Landung noch einen Zug nach vorne zu schaffen. Bin dann mit dem Helm vollgas auf den Lenker geschlagen und das schon verletzte Sprunggelenk hat es mir wieder sehr stark beleidigt. Dann war es nur noch mein Ziel, einfach ins Ziel zu kommen.
Ich wusste aber auch, dass ich nicht zu viel Zeit liegenlassen darf.

Mit dem Adrenalinschub hab ich es dann geschafft, die Zähne zusammenzubeißen und ich hab mir selber keine Zeit gegeben, an die Schmerzen im Bein zu denken.
Das ist mir dann auch echt gut gelungen. Ich hab die Wegpunkte gut erreicht und kam gut voran. Gleichzeitig hab ich auch an die anderen Fahrer gedacht. Ich wusste, dass alle heute nochmals richtig pushen würden und hab diese Abrisskante als große Gefahr auch für andere gesehen. Ich hab dann auch ein paar Minuten später einen Rettungshubschrauber in diese Richtung fliegen sehen und gehofft, dass niemandem was Schlimmeres passiert ist …

Mit Tränen in den Augen bin ich dann über die Ziellinie gefahren.

Ich hab einfach extrem viel Energie reingesteckt und extrem bemüht war jeden Tag und ist extrem lässig wenn es so aufgeht wie aktuell.

Ich möchte an dieser Stelle auch nochmals ein großes Lob an das gesamte Team von KTM Factory Racing aussprechen. Es hat alles super funktioniert. War mit Sicherheit unsere beste „Dakar" gemeinsam. Die Luft ist auf diesem Niveau so dünn. Daher auch ein riesen Kompliment an Toby Price Racing den harten Hund. Unglaublich, wie er das durchgedrückt hat.
Und auch an Pablo Quintanilla. Hoffentlich bleibt er am Podium. Er hätte es sich mindestens genauso verdient wie ich.

DANKE vielmals für alles.
Euer Support ist in schwierigen Phasen extrem viel wert.
Freue mich, wenn ich nach Hause komme und viele von euch wieder treffe!

Macht euch ein Bier oder einen Sekt auf und stoßt auf uns alle an!
WIR HABEN ES GESCHAFFT!

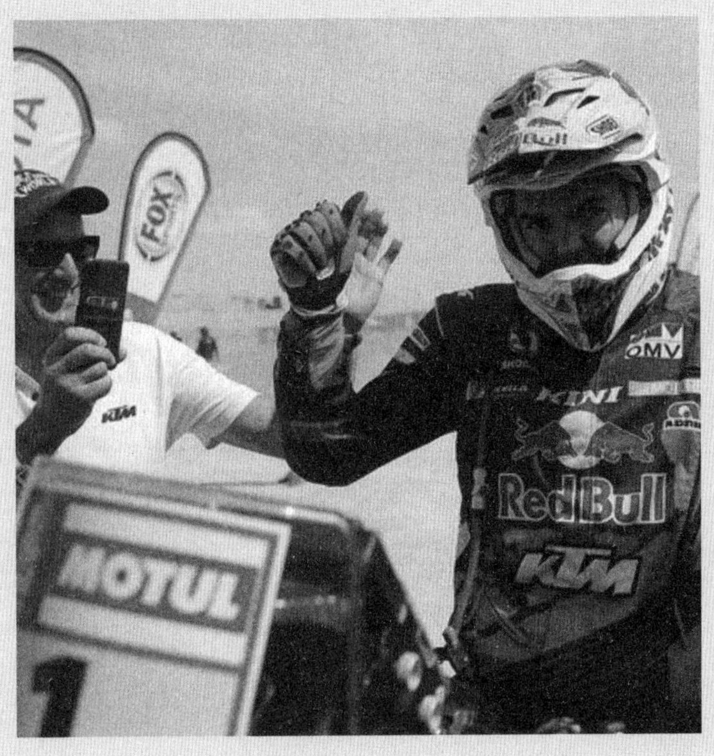
FOX
KTM
OMV
KINI
Red Bull
KTM
MOTUL
1

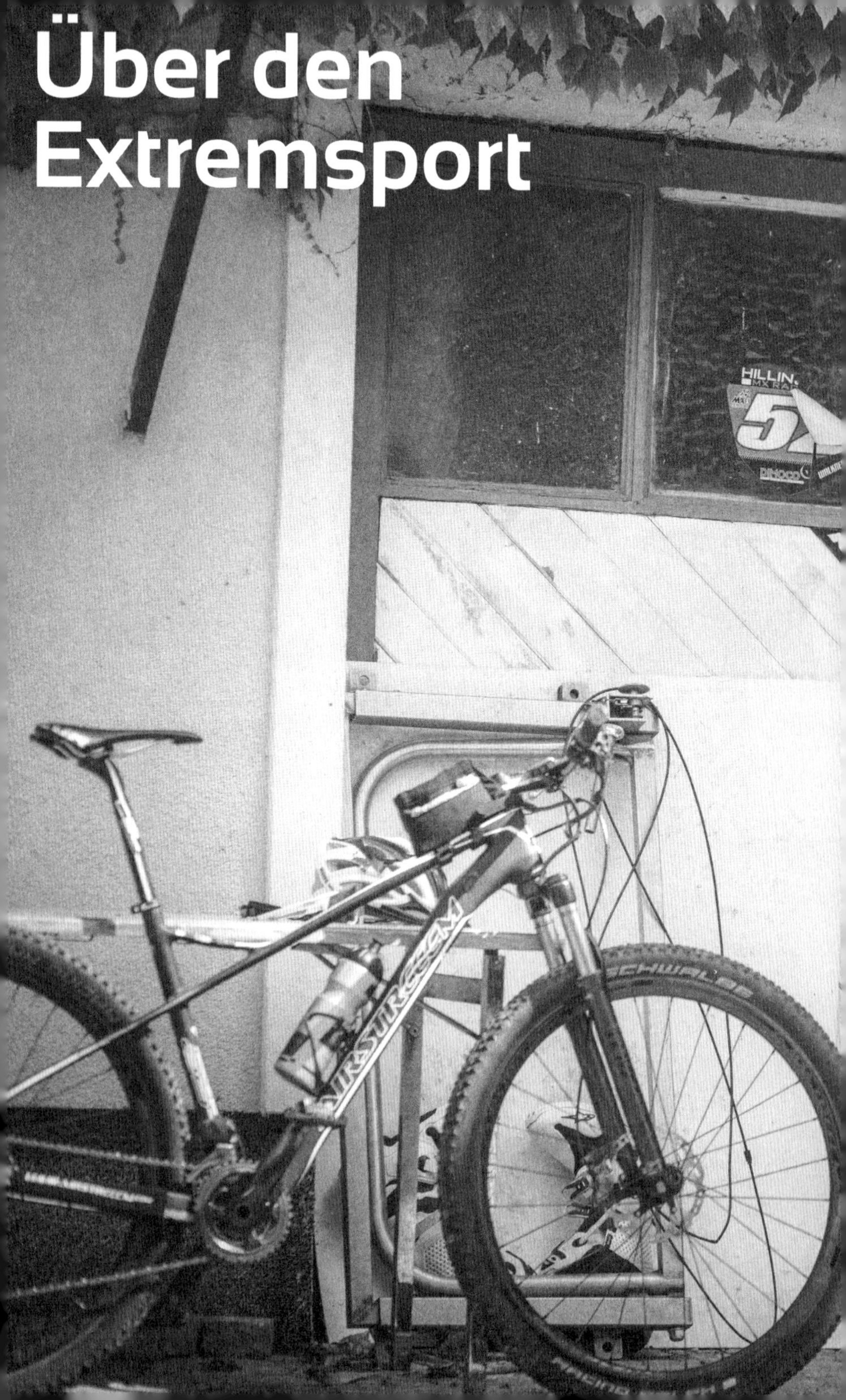

Über den Extremsport

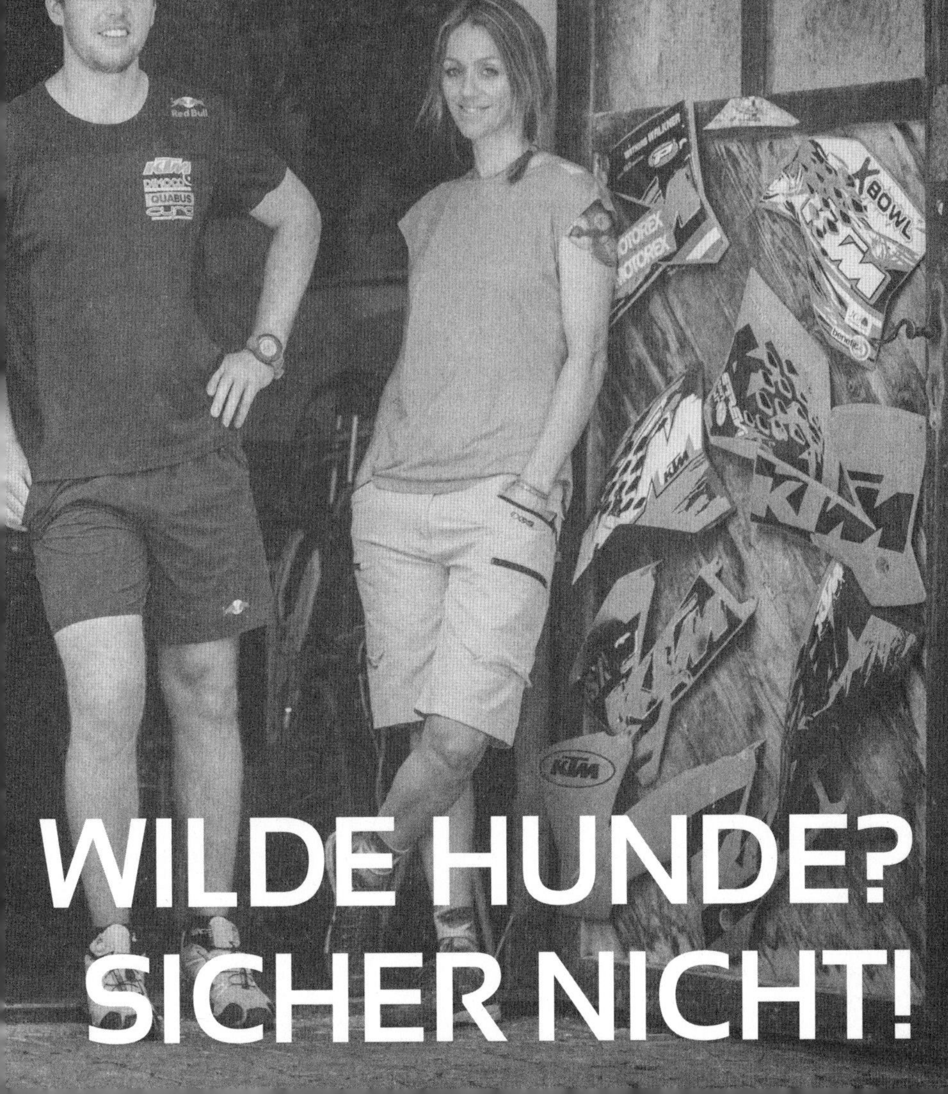

WILDE HUNDE? SICHER NICHT!

Es ist der 6. Januar 2015 als der polnische Motorradfahrer Michal Hernik bei der „Dakar" an Dehydration stirbt; ein Jahr später kommt ein Zuschauer um. Es sind dies die letzten beiden Todesfälle eines Events, das von 1978 bis heute 67 Menschenleben gefordert hat. 2005 stirbt der zweifache Motorrad-Sieger Fabrizio Meoni, 2006 Andy Caldecott. Weil es nicht nur Sportler, sondern auch Zuschauer trifft, gilt in den Ortschaften ein Tempolimit.

Es ist der 19. April 2016 als Estelle Balet bei Dreharbeiten zu einem Snowboard-Freeride-Film in einer Lawine auf dem Le Portalet (Mont-Blanc-Gruppe) ums Leben kommt. Und es ist der 18. Juli des gleichen Jahres, an dem Matilda Rapaport ebenfalls bei Filmarbeiten und ebenfalls in einer Lawine im chilenischen Farellones umkommt. Am 1. März 2018, just vor dem World Tour Stopp Andorra, stirbt ein Bergführer in den weißen Massen – er wäre für die Sicherheit der Sportler am Berg zuständig gewesen. Die Namensliste könnte noch weiter fortgesetzt werden …

Die Betroffenheit ist immer groß und bei den Begräbnissen fließen Tränen. Jeder Einzelne verspricht sich, vorsichtiger zu sein, und die Organisatoren arbeiten und feilen an ihren Sicherheitskonzepten. Aber der Sport ist schnelllebig, die Karawane zieht weiter, während die Trauernden alleine zurückbleiben.

***

„Muss das jetzt auch noch sein?", fragt mich meine Mutter Anneliese, als ich vom Motocross auf die Rallye-Maschine umsteige. Sie weiß, wie gefährlich es da draußen sein kann, und im Gegensatz zu unserem interessierten aber doch entspannten Vater sorgt sie sich immer sehr um uns. Wenn ich bei Wettbewerben unterwegs bin, ist sie ein Nervenbündel, während einer „Dakar" schläft die Mama kaum, zündet auch eine Kerze an und betet dafür, dass ich gesund zurück nach Hause komme. „Ich weiß schon, was ich mache", sage ich ihr.

***

Je weniger ich ihr von meinen Filmprojekten und Freeride World Tour-Rennen erzähle, umso weniger wird sie sich aufregen, denke ich mir. Wenn etwas Wichtiges passiert, werde ich es ihr schon sagen. Jedenfalls kommt von Mama immer wieder die Frage, ob ich es denn nicht bleiben lassen möchte – nach dem schweren Unfall, nach dem ersten WM-Titel, nach dem zweiten Titel. Ich weiß ihre Anteilnahme zu schätzen und auch den Umstand, dass sie letzten Endes empathisch akzeptiert, wie ich – und auch Matthias – das eigene Leben führen will. Es ist sicher nicht immer leicht für sie, das ist mir bewusst, und es ist auch für mich nicht immer ganz einfach, zu wissen, dass sich unsere Mutter ständig Sorgen macht.

***

Wenn mir gesagt wird, dass ich ein „wilder Hund" sei, dann muss ich mich fast ein wenig ärgern. Ich bin vieles, aber sicher kein „wilder Hund". Ich bin Schritt für Schritt in den Motorsport hineingewachsen, ich bin ja nicht sofort 40, 50 Meter weit gesprungen, sondern zuerst 5, dann 10, dann 17, dann 30. Ein Sprung von der Bischofshofener Skisprungschanze, den ich übrigens vor sieben, acht Jahren gerne einmal gemacht hätte, hat sich nie ergeben. Die einzig mögliche Zeit wäre gleich im Anschluss an die Vierschanzentournee, doch der Absprungtisch hätte adaptiert werden müssen. Nunmehr liegt Anfang Januar der ganze Fokus auf der „Dakar", da bin ich auch schon in Südamerika und heuer zum ersten Mal in Saudi Arabien. Aber 80, 100 Meter könnte man dort schon fliegen, denke ich.

„Wilde Hunde" sind in meiner Wahrnehmung jene, die es ohne Rücksicht auf Verluste krachen lassen. Die bei ihren Aktionen eine Fifty-Fifty-Chance haben, entweder im Ziel oder im Krankenhaus zu landen. Die entweder als verwegene Helden gefeiert werden oder mit ihrer Karriere abschließen müssen.

All dies ist mir fremd. Ich bin bereit, Risiken einzugehen, um Chancen, die sich mir bieten zu nutzen. Ich bin einer, der keine Angst davor hat, zu verlieren und zu versagen, denn letztlich ist der Weg zum Erfolg auch mit Mut und Entschlossenheit gepflastert. Größten Wert lege ich jedoch darauf, bestmöglich vorbereitet zu einem Wettbewerb und zu jeder einzelnen Etappe anzutreten. Wenn es dann wirklich darauf ankommt, bin ich kaltschnäuzig und kopfstark – aber niemals unnötigerweise verwegen. Ich würde niemals mein Leben oder meine Gesundheit riskieren, um eine Aktion zu setzen, von der ich nicht hundertprozentig überzeugt bin. Klar ist, dass folgenlose Stürze verdrängt und vergessen werden, und klar ist, dass ich auch schwache Momente habe. Bei der Dakar 2017 verfahre ich mich, gebe mit einer Wut im Bauch Vollgas und rase mit 150 km/h über 400 m hohe Dünen, ohne zu wissen, wie sie auf der anderen Seite aussehen, ob sie leicht abfallen, oder ob da plötzlich ein zehn Meter hoher Abriss ist. Das nenne ich unkontrolliertes Fahren! Und im Ziel sage ich mir: Das machst du nie wieder, das geht kein zweites Mal gut.

Ja, Motorradfahren birgt Risiken, umso mehr, wenn ich im Gelände mit 100 Stundenkilometern und mehr unterwegs bin. Nicht alle Eventualitäten hängen von mir ab, Tiere beispielsweise sind eine mögliche große Gefahrenquelle. Zuweilen sind die Probleme auch hausgemacht. Bei einem KTM-Trainingslager in Spanien im Frühsommer 2018 sind Sunderland, Quintanilla, Benavides und andere dabei. KTM legt bei solchen Trainings extrem viel Wert auf Sicherheit, überwacht werden wir mit eigenen GPS-Trackern und ein medizinisches Team ist auch dabei. Jeder fährt mit einem eigenen Roadbook und prinzipiell sollten wir uns nicht begegnen. Dann verfährt sich der eine. Dann sinkt die Konzentration bei einem anderen. Und ein dritter muss einen Stopp einlegen.

Am letzten Trainingstag fallen einige Dinge zusammen und ich werde von der Crew gewarnt, dass ich auf den mir entgegenkommenden Pablo Quintanilla treffen werde. Bei Kilometer 185 von 250 geplanten ist es dann so weit, auf einer uneinsichtigen Waldstraße kreuzen sich unsere Wege. Ich fahre rund 80 Stundenkilometer, weil ich weiß, dass Gefahr im Verzug ist, Pablo ist aber nicht informiert und mit Vollgas unterwegs. Wir beide reagieren richtig, ich weiche rechts, er links aus. Zwischen uns liegen 20 Zentimeter, die einen Aufprall bei hoher Geschwindigkeit verhindern.

Es ist nicht meine Art, laut zu werden, doch diesen Zwischenfall spreche ich schärfer an, als man es von mir gewohnt ist. Es geht mir darum, das Team in die Verantwortung zu nehmen, klar zu machen, was passieren hätte können.

Was mich in einem Risikosport besonders stört, ist Gleichgültigkeit. Beim Fußball verliert eine Mannschaft, nicht nur ein Einzelner. Bei KTM bin ich der Fahrer, der um sich herum ein Team benötigt, auf das er sich verlassen können muss, in dem jeder andere seinen Job bestmöglich ausübt und nicht Dienst nach Vorschrift macht. Fehler sind menschlich, Fehler passieren – wichtig ist, welche Schlüsse daraus gezogen werden und was in Zukunft anders, nämlich besser, gemacht wird. Die Professionalität, die ich von mir selbst einfordere, verlange ich auch von anderen. Wir alle haben unsere Arbeit zu erledigen, weil wir alle erfolgreich sein wollen.

Es nützt nichts, den Kopf wegzuwerfen und verbal um sich zu hauen, wenn Dinge nicht wie geplant passieren. Deswegen versuche ich, so gelassen wie nur möglich zu bleiben – eine Eigenschaft, bei der ich mir einiges von Wolfgang Hillinger abschaue. Wenn die Diskussionen zwischen Gerald und mir eskalieren, rufe ich ihn zuweilen an und er beruhigt die Lage. Bei einer anderen Gelegenheit leiht er mir seinen Porsche nach einem Rennsieg, und ich damals 25-jähriger Autofanatiker fahre damit eine Woche lang spazieren. Nach einem KTM-Partytag, bei dem wir uns unter anderem mit Jetskis in einem gewöhnlichen Swimmingpool austoben und mit dem Wasserstrahl Geschirr und Fenster ruinieren, beginnt es zu hageln. Es fallen golfballgroße Steine vom Himmel, ich werde von einigen getroffen und rette mich ins Haus. Nachdem das Gewitter vorbei ist, trete ich vor die Tür und sehe, wie es andere Autos erwischt hat. Der Porsche scheint aus der Ferne nichts abbekommen zu haben – es ist eben eine andere Qualität, frohlocke ich. Ich trete an den Wagen, streiche über die Karosserie, und mir wird ganz anders. Das Rücklicht ist kaputt, die gesamte Karosserie verbeult.

Ich rufe Hillinger an. „Sitzt du eh?"
„Was ist los?"
„Dein Porsche hat einen Hagelschaden. Einen Totalschaden."
„Ernsthaft?"

Wenn es mein eigenes Auto wäre, ich würde wahrscheinlich durchdrehen. Wolfgang Hillinger bleibt gelassen. Was soll er anderes machen, ändern kann man die Situation ohnehin nicht mehr und es hätte immer noch schlimmer ausgehen können.

Gelassenheit hilft, mit Rückschlägen umzugehen und sich neu zu positionieren. Einmal wird ein zugesagtes großes Service, damit ich über den Winter komme, an meinem Fahrwerk nicht gemacht. Ich fühle mich verschaukelt und entscheide in diesem Moment, dass auch ich mir selbst der Nächste bin und ich nicht mehr versuchen werde, es jedem recht zu machen. Es ist dies ein einschneidendes Erlebnis in meinem Leben, von da an setze ich meinen Schädel – auch in Kontrast zu vielen gutgemeinten Meinungen – durch.

Was ich mir in den Kopf setze, kommt nicht von irgendwoher, sondern basiert auf sportlicher Lebenserfahrung, reflektierter Einstellung, Engagement und Willen. Und nicht auf der Attitüde eines „wilden Hundes".

***

Ich bräuchte das Adrenalin, deswegen würde ich nach schweren Verletzungen in die Berge zurückkehren. Stimmt nicht, das ist reißerischer Boulevard. Aber ich habe alles schon gehört: dass Freerider Verrückte wären, die sich in unnötige und unkalkulierbare Gefahren begäben, dass sie lebensmüde sind, quasi.

Nicht selten liest man nach einem tödlichen Lawinenunfall in der Kommentarleiste der sozialen Medien, dass es keinerlei Mitleid gäbe, die seien ja selber schuld, diese Adrenalinjunkies, oder es geschehe ihnen nur recht. Diese Aussagen, die mit Abgebrühtheit, Gleichgültigkeit und Empathielosigkeit getätigt werden, haben eine gewisse Berechtigung. Wir alle sind für unser Handeln verantwortlich und müssen die

Konsequenzen tragen, egal wie diese aussehen. Eine Person, die an einer Herz-Kreislauferkrankung stirbt, weil sie nie auf ihren Körper und gesunde Ernährung geachtet hat, der Lungenkrebspatient, der für sein Leben gerne und viel geraucht hat – wir alle müssen die Konsequenzen für unser Handeln und Tun übernehmen. Aber haben wir das Recht, diese Menschen öffentlich in Facebook-Kommentaren zu verurteilen? Nein.

Ich lese den Eintrag einer deutschen Bergsport-Bloggerin. In diesem schreibt sie, wie sehr sie es als Frau genieße, beim Bergsteigen immer wieder mal die Verantwortung in die Hände ihres Freundes zu legen, um in Bereiche zu kommen, in die sie sonst nicht hinkommen würde. Die Gesellschaft geht mehr und mehr in diese Richtung, ich gebe Eigenverantwortung ab, ich bin der Aufgabe zwar nicht gewachsen, aber mein stärkerer Partner zieht mich schon rauf. Und der Helikopter steht auf Abruf bereit, sollte sich die Erschöpfung als zu groß herausstellen – die Bergretter sind ja Tag und Nacht einsatzbereit. Früher wurde man für seine Fehler am Berg mehr oder weniger sofort bestraft, heute wird mit dem Smartphone die Bergrettung gerufen, per Whatsapp der Standort geschickt und schon naht Hilfe. Weil wir nach und nach verlernen, Verantwortung für unser Tun und Handeln zu übernehmen und mit dem Wissen einer sicheren, abrufbereiten Rettung auch mehr riskieren, als es unsere Fähigkeiten und unser Können eigentlich zulassen, passieren Unfälle, die nicht notwendig wären. Natürlich lockt der Bergtourismus auch Menschen, die sich überschätzen und denen die Gefahren nicht bewusst sind. Die Berge sind zum riesengroßen Spielplatz mutiert – und der Respekt schwindet. Der unverspurte Tiefschneehang neben der Piste sieht einfach zu einladend aus, um ihm widerstehen zu können. Die lauernde Gefahr wird beim Anblick des in der Sonne glitzernden, diamantbestückten Hangs schnell verdrängt. Der Spaß steht über allem und nein zu sagen, ist schwer – verdammt schwer. Dieser Punkt zeichnet mich aus, ich verschiebe meine Grenzen nur Schritt für Schritt und langsam, und ich akzeptiere die Konsequenzen, wenn mir ein Fehler unterläuft. Ich würde aber niemals meine Verantwortung in die Hände einer anderen Person legen!

Ich bin also weder verrückt noch lebensmüde noch ein „wilder Hund". Freeriden ist nicht mit anderen Sportarten zu vergleichen, darüber brauchen wir nicht zu diskutieren. Das Risiko ist beim Schwimmen, Fußball oder Tennis überschaubarer. Jeder definiert aber für sich, was Extremsport

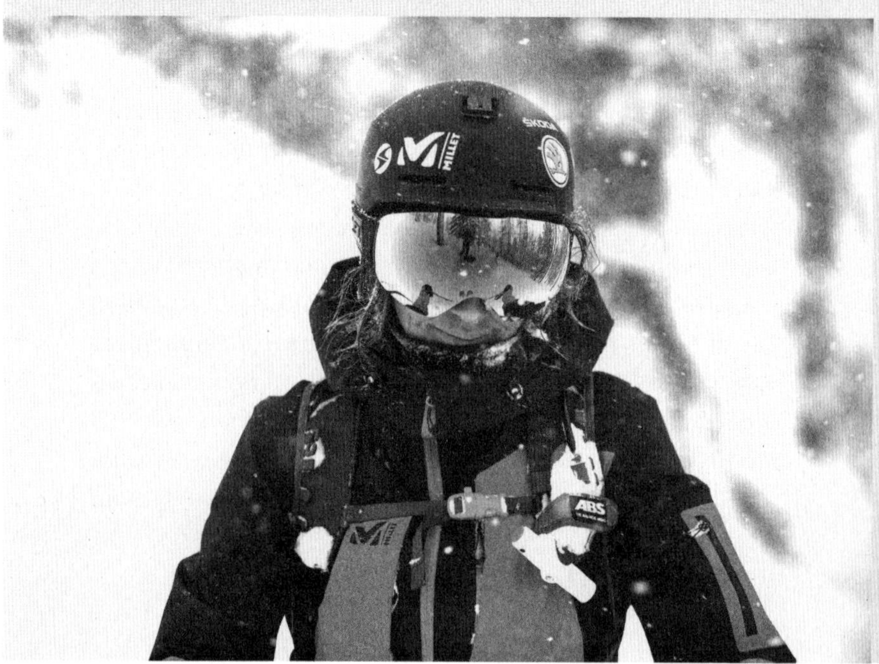

ist, was „extrem" eigentlich bedeutet: für die einen ist es eine steilere Bergwanderung, für die anderen, mit einem Wingsuit vom Gipfel hinunterzufliegen. Das, was ich mache, würde ich als spannend bezeichnen und nicht als extrem. Denn ich habe einen Plan und jahrelange Erfahrung. Was ich heute zuwege bringe, hätte ich vor zehn Jahren nicht gekonnt. Damals hatte es auch für mich den Anschein des Nicht-Machbaren, doch ich lernte und entwickelte mich weiter. Ich bin zu einer Expertin geworden, was das Lesen von Wetterkarten und Lawinenlageberichten angeht. Ich trainiere den Ernstfall mit dem LVS-Gerät, das ein Signal aussendet, wenn ein Mitglied der Gruppe oder auch ich von einer Lawine verschüttet werden. Je öfter die Suche simuliert wird, umso erfolgreicher und schneller wird sie im Notfall sein. Wenn es darum geht, Leben zu retten, bleibt keine Zeit, Fehler zu machen. Ich mache nichts, was außerhalb meiner Fähigkeiten liegt,

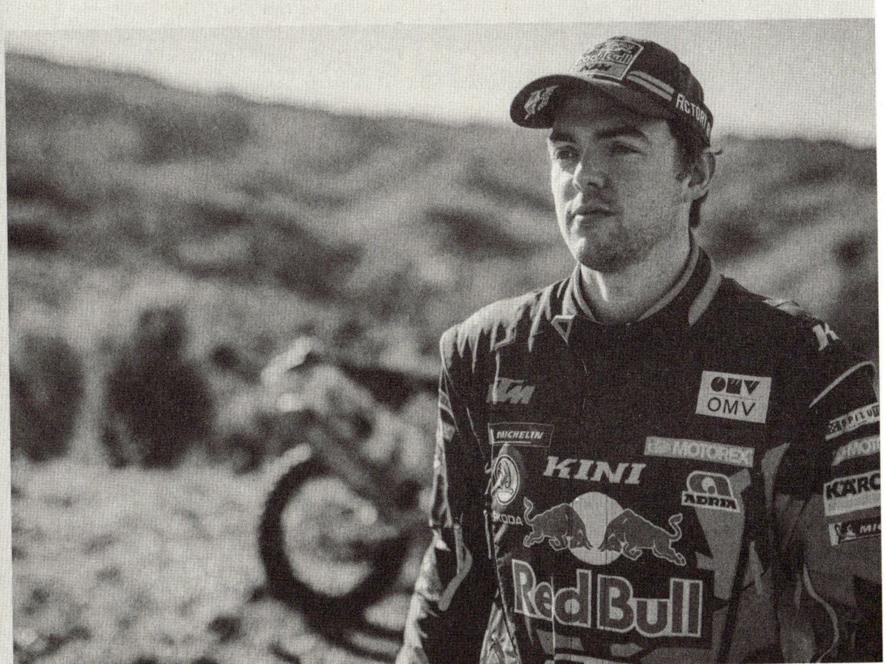

und von meinem subjektiven Gefühl her bin ich etwas ängstlich. Das mag verwundern, ist aber so. Doch Angst ist nichts Negatives. Eine gesunde Angst hilft, die eigenen Grenzen nicht zu überschreiten. Und trotzdem, dieses gewisse Restrisiko begleitet einen stetig, egal wie sehr man sich in einem Gebiet, in einem Fach zuhause fühlt. Und das ist mir durchaus bewusst.

Der „Obelix" in Andermatt ist ein 15 Meter hohes Cliff, das noch nie von einer Frau gesprungen worden ist. Ich stehe oben bei meinem „Drop In", blicke hinunter und versuche meinen Absprung zu finden. Ich bin extrem angespannt, und ich weiß, was ich kann, wie ich es springen werde. Wenn ich keinen Fehler mache, sage ich mir, dann werde ich den Sprung stehen können. Wenn ich zögere und mich passiv verhalte, werden Fehler passieren. Ich gehe den Sprung immer und immer wieder im Kopf durch. Ich überwinde die eigene Angst, verlasse meine Komfortzone mit dem guten Gefühl, zu wissen, dass ich es kann. Ich stehe den Sprung. Nun ist der „Obelix" von einer Frau bezwungen. Diese Aktion ist ein weiterer Beweis für mich, wie gut ich mich kenne. In den letzten fünf Jahren bin ich bei dutzenden Fahrten und Sprüngen pro Winter nur insgesamt (!) zwei Mal gestürzt. Ich kann mich auf mich verlassen. Vielleicht ist dies auch ein Indiz dafür, dass ich noch mehr könnte und manchmal noch mehr riskieren sollte, aber ich gehe ungern über meine Grenzen hinaus: weil ich weiß, wie sehr mich eine Verletzung zurückwirft und mein Körper nicht mehr viel ertragen kann nach so vielen Operationen und Verletzungen.

Zu mir selbst bin ich härter als zu anderen. Das ist mein Naturell. Wenn ich im Krankenhaus liege, dann trifft es mich weniger, als wenn Matthias im Spital ist. Das nimmt mich dann ziemlich mit. Ich vergönne ihm auch den Erfolg mehr als mir. Ich bin ein extrem selbstloser Mensch. Wenn Menschen in meinem engsten sozialen Umfeld glücklich sind, dann bin ich es auch. Deswegen schenke ich auch gerne. Um meinen ersten WM-Titel zu feiern, habe ich Mama zum „Döllerer" eingeladen, das ist ein Gourmetrestaurant in Golling, eines der besten Restaurants in Österreich, bei dem die Zubereitung der Speisen zur Kunst wird. Aus den Getränken dampft es, Molekularküche wird großgeschrieben, unter den neun Gängen des „Oberjoch"-Menüs befindet sich auch Taube. Es ist ein Erlebnis, eines, das ich meiner Mutter und mir nicht jeden Tag bieten kann, doch es ist jeden Cent wert! Und die Mama verdient so einen Abend wirklich. Sie hat ja immer wieder gefragt, wann ich denn endlich mit dem Freeriden aufhören würde, und ich habe sie immer wieder auf später vertröstet. Ich betreibe meinen Sport so sicher wie möglich und lasse mich auch nicht unter Gruppenzwang setzen. Wenn drei Burschen unbedingt in einen Hang einfahren wollen, ich aber unsicher bin, dann werde ich ihnen nicht folgen. Klar ist aber auch: Wenn meine Zeit abgelaufen ist, ist es vorbei. Dann lieber mit 40 und einem erfüllten Leben als mit 80 und für mich langweiligen Jahren. Ich glaube ans Schicksal. Und ich glaube daran, dass, wenn etwas passiert, ein tieferer Grund dahintersteckt. So selbstlos ich einerseits bin, so egoistisch bin ich aber auch, wenn es um mein eigenes Leben geht.

***

Spätestens wenn es dich einmal erwischt hat, vergeht es dir, ein wilder Hund zu sein, sagt mein Bruder Gerald. Und wenn es dich nochmals erwischt, fügt er dann an, bist kein wilder, sondern ein dummer Hund ... Und ich gebe ihm in dieser seiner Einschätzung absolut recht. Meine Erfahrungen mache ich auch, ich bin von Verletzungen nicht verschont geblieben, aber – von den schweren Verletzungen 2016 abgesehen – es sind keine großen. Ein Kreuzbandriss, ein Schulterbruch, eine Handverletzung und ein Knöchelbruch, der sich allerdings als extrem langwierig herausstellt. Na ja, ich habe auch immer eine kleine Kassette an Glücksbringern dabei, wenn ich zur „Dakar" fliege. In dieser sind verschiedene Dinge enthalten, auch solche, die meine Großmutter weihen hat lassen.

Weder ich noch meine Schwester kommen über das Risiko zum Erfolg, wir sind beide ehrgeizig und zielstrebig und können beide auch stur sein, doch der Erfolg hat uns nicht geändert. Selbstverständlich unterscheiden wir uns in einigen Aspekten, sie hat größere Freude daran, unterwegs zu sein, während ich lieber daheim bin. Mir ist es wichtig, dass im Job alles passt, dass mein Motorrad auf dem bestmöglichen Stand ist und ich vernachlässige nebensächliche Aspekte. Ich diskutiere nicht über Dinge, die mich nicht interessieren. Eva ist viel aufmerksamer und detailorientierter, bohrt nach, so lange, bis wirklich alles passt.

Wie es mit meinem Leben nach dem Rallye-Sport weitergeht, weiß ich nicht. Bei KTM fühle ich mich wohl, ich würde gerne in diesem Unternehmen verbleiben. Aber noch ist die Zeit, ernsthaft darüber nachzudenken, nicht gekommen. Noch bin ich mit Leib und Seele Motorradfahrer.

***

Was ist nun aber gefährlicher? Rallye-Motorradfahren oder Ski-Freeriden?

„Was du machst, so von hohen Felsen runterspringen, könnte ich mir für mich nicht vorstellen."

„Ach was, das, was du machst, ist für mich nicht nachvollziehbar: mit 150 Sachen durch die Wüste rasen und 40, 50 Meter weit springen. Und nebenbei noch zu navigieren und alle paar 100 Meter auf das Roadbook zu schauen. Unglaublich! Nein: Unvorstellbar!"

Das Roadbook des Lebens

Es gibt einen Anfangspunkt, den Start, es gibt eine Note, eine Anmerkung nach der anderen, und diese führen in ihrer Gesamtheit zum Schlusspunkt, dem Etappenziel. Das Roadbook gehört zu den primären Navigationselementen und ist somit eine der wichtigsten Komponenten für Erfolg oder Misserfolg im Rallye-Sport.

Die Streckenführung der Etappe, somit auch die Noten eines Roadbooks, ist unterschiedlich. Da gibt es Passagen, die man mit 170 Sachen auf einer Geraden und mit wenigen Gefahrenstellen „durchbrettern" kann. Dann wiederum findet man Abschnitte, bei denen eine kurvige Bergstraße das Tempo rausnimmt und die besondere Achtsamkeit erfordert. Gefahrenzonen, Kreuzungen, Hochgeschwindigkeitsabschnitte enden in bösen Stürzen, wenn man eine Herausforderung übersieht oder unterschätzt.

Doch haben nicht nur Rallye-Sportler, sondern wir alle ein Roadbook? Steht nicht jeder von uns immer wieder, Tag für Tag, Monat für Monat, Jahr für Jahr vor Weggabelungen, wichtigen Entscheidungen, neuen Herausforderungen?
Zuweilen scheint uns alles einfach, es geht wie auf einer

Geraden dahin Richtung Ziel. Das Leben ist unbeschwert, man muss kaum etwas dafür tun um voranzukommen. Wir spüren Lebensfreude pur und sind einfach nur glücklich, da zu sein, weil Privat- und Berufsleben harmonieren, weil unsere Ambitionen realistisch und umsetzbar sind, weil wir Freude an einfach allem haben.

Diese Momente, die so wertvoll sind, scheinen im Roadbook aber nur mit einer geraden Linie auf. Dann, wenn das Leben kompliziert wird, wenn die Probleme größer, die Ziele höher, die Rückschläge mehr werden, dann füllt sich unser persönliches Roadbook mit kurvenreichen Noten, mit schwer zu erkennenden und zu findenden Abzweigungen. So, wie sich der Rallye-Pilot verfahren kann, so können auch wir im Leben Fehler machen und müssen Rückschläge hinnehmen. Unsere schweren Verletzungen waren weder geplant noch gewollt und gewünscht schon gar nicht – aber sie sind geschehen auf der Straße unseres Lebens.

Doch was wären unsere besonderen Momente des Triumphs ohne die Niederschläge und Schmerzen des Misserfolges? Schätzt man den Erfolg und die Gesundheit nicht erst dann noch mehr, wenn ihnen Niederlagen und Rückschläge vorausgegangen sind?!

Egal auf welcher Note des Roadbooks wir uns gerade befinden und wie viele Abzweigungen, Gefahrenzonen und steinige Bergstrassen hinter uns und noch vor uns liegen – ist es nicht genau das, was das Leben ausmacht? Geht es im Leben nicht darum, die kleinen und großen Prüfungen und Herausforderungen zu meistern? Eine lange Gerade vom

Start bis ins Ziel, auf der wir auf einer geebneten Straße mit 170 Stundenkilometern einfach dahinrasen könnten, würde unser Leben wohl nicht so sehr bereichern wie ein Roadbook mit tausenden Noten.

Das Roadbook zeigt uns den Weg. Doch weil wir es in unserem Leben selber mit-schreiben und mit-gestalten können, haben auch andere Personen darauf Einfluss. Deswegen gilt an dieser Stelle unser besonderer Dank unseren Eltern und unserem Bruder Gerald, den Großeltern sowie all unseren Verwandten, unseren Partnern, Freunden und treuen Sponsoren. Sie haben uns stets unterstützt in den schlechten und schweren Zeiten, und sie haben mit uns gefeiert in den Momenten des Glücks und des Erfolges. Danke an alle, die uns auf unseren Lebenswegen begleitet haben und begleiten, und die dadurch unser Roadbook zuweilen auch zu ihrem eigenen machen.